U0857649

大国学文化系列丛书

泺尚·创意中国调研报告(2018)

本卷主题:文体产业的动能转换与生态系统

黄泰康　名誉主编
昝胜锋　主　　编

山东大学出版社

图书在版编目(CIP)数据

泺尚·创意中国调研报告.2018/昝胜锋主编.
—济南:山东大学出版社,2018.8
ISBN 978-7-5607-6130-5

Ⅰ.①泺… Ⅱ.①昝… Ⅲ.①文化产业—调查报告—
中国—2018 Ⅳ.①G124

中国版本图书馆 CIP 数据核字(2018)第 195162 号

责任策划:陈海军
责任编辑:王文珺
封面设计:张 荔

出版发行:山东大学出版社
社 址 山东省济南市山大南路 20 号
邮 编 250100
电 话 市场部(0531)88363008
经 销:山东省新华书店
印 刷:济南景升印业有限公司
规 格:787 毫米×1092 毫米 1/16
21.25 印张 349 千字
版 次:2018 年 8 月第 1 版
印 次:2018 年 8 月第 1 次印刷
定 价:80.00 元

世界未来发展的根本方向是身心健康、本来如一！

《泺尚·创意中国调研报告(2018)》

课 题 组

一、学术指导单位

农工党中央联络委　大国学院　文化产业协作体

二、编撰单位

文化产业山东省文化科技重点实验室（山东大学）

山东大学体育产业研究中心　山东大学文化产业研究院

三、顾问委员会

陈昌智　全国人大常委会副委员长、民建中央主席

陈宗兴　全国政协原副主席、农工党中央原常务副主席

桑国卫　全国人大常委会原副委员长

陈　竺　全国人大常委会副委员长、农工党中央主席

蔡达峰　全国人大常委会副委员长、民进中央主席

刘晓峰　全国政协原副主席、农工党中央原常务副主席

齐续春　全国政协原副主席、民革中央原常务副主席

何　维　全国政协原主席、农工党中央常务副主席

四、专家委员会

王永章（中华文化促进会）　　　王育济（山东大学）

孙晋海（山东大学） 胡惠林（上海交通大学）

范　周（中国传媒大学） 范建华（云南省社科联）

陈少峰（北京大学） 顾　江（南京大学）

祁述裕（国家行政学院） 齐勇锋（中国传媒大学）

李　炎（云南大学） 金元浦（中国人民大学）

李凤亮（南方科技大学） 单世联（上海交通大学）

黄永林（华中师范大学） 彭岚嘉（兰州大学）

黄昌勇（上海戏剧学院） 傅才武（武汉大学）

盘　剑（浙江大学） 李　季（清华大学）

李向民（南京艺术学院） 向　勇（北京大学）

蔡尚伟（四川大学） 曹　莉（曲阜师范大学）

五、专业指导委员会

吴江波（文化部） 刘　皓（山东省委宣传部）

康海民（青海省文化新闻出版厅） 赵红川（四川省文化厅）

宋　波（河北省文化厅） 刘显世（山东省图书馆）

王　涛（山东省文化厅） 辛　龙（青岛市文广新局）

孙俐君（潍坊市文广新局） 张新志（济南市委宣传部）

杨德军（莱芜市文广新局） 徐　伟（济宁市文广新局）

郭春森（中国海瓷集团） 于双胜（淄博市委宣传部）

冷大伟（威海市文广新局） 马　健（德州市文广新局）

李成才（烟台市委宣传部） 李文凯（沧州市委宣传部）

王　虎（济南明府城管理中心） 岳仁强（槐荫区委宣传部）

安　丽（泰山区委宣传部） 于　阳（济南国际创新设计产业园）

刘　牧（中国画院培训中心） 夏　冰（中国艺术研究院）

林国良（中华妈祖研究会） 王海平（农村教育发展中心）

席学军（华江饭店集团）

汪明华（《人民艺术家》杂志社）

李康化（上海交通大学）

卜希霆（中国传媒大学）

周建新（深圳大学）

詹一虹（华中师范大学）

梁　君（广西师范大学）

胡洪斌（云南大学）

郭新茹（南京师范大学）

阮南燕（浙江传媒学院）

唐月民（山东艺术学院）

吴承忠（对外经贸大学）

解学芳（同济大学）

石振国（山东大学）

昝胜锋（山东大学）

六、报告编撰委员会

名誉主编　黄泰康　农工党中央联络委员会主任、教授、博导

国家药品监督管理局原正司级干部、研究员

名誉副主编　刘　娟　大国学院副总干事、林则徐基金会名誉副会长、教授

曲凤宏　农工党中央专职副主席兼秘书长

徐永清　武警部队原政委上将

林　强　林则徐基金会会长

隋　路　农工党中央办公厅主任

洪　伟　公安部办公厅副主任

郭　廉　国家开发银行行务委员

薛国强　武警部队副司令员

吴志明　海峡出版集团副总经理 民建福建省委主委

主　　编　昝胜锋

副 主 编　陈　旭　周朋飞　李　娇　唐月民　黄仕熙

陈永和　唐小龙　俞建文　谢海光　张宪亮

编辑工作组　昝胜锋　陈　旭　周朋飞　李　娇　孙　敏　崔甜雪

石振国　丁庆建　成会君　杜高山　高　岩　王　飞

田　雨　张宪亮　李拓键　郭学庆　范泽斌　孙国晓

韩　英　侯　滢　张凌云　李　伟　何振科　董雪梅

贾国静　袭著燕　邵明华　丁培卫　王晓鹏　李大伟

朱　伟　臧丽娜　唐月民　刘德健　海玉娟　康兆乐

盛希林　周福代　高　鹏　张克成　高　龙　施明槟

王余松　张逸凡　王　斐

前 言

2017年10月，党的十九大在北京胜利召开，确立了习近平新时代中国特色社会主义思想的指导地位。学习宣传贯彻党的十九大精神，明确新时代文化产业的发展思路，不仅是2018年文化产业工作的重中之重，更是为下一个发展周期确立新起点，是文化产业在中华民族伟大复兴的进程中寻求新的坐标的开始。2017年，当我们拨开纷繁的文化产业事件表象看本质，会发现在这一年当中，不论是区域文化产业发展新动向的形成、文化消费的渐次启动，还是新兴业态的持续升温，都显示出文化产业发展质量的进一步提升和发展空间的进一步拓展。

在这一年中，全国上下坚持把学习贯彻党的十九大精神和习近平新时代中国特色社会主义思想作为首要政治任务，坚持读原著、学原文、悟原理，坚决贯彻落实党中央国务院的决策部署，对党的十八大以来文化领域的23项重要政策文件的落实情况进行了梳理。围绕党的十九大报告中关于文化工作的部署，制定了具体的贯彻落实措施，文化规划政策法规落实和文化体制改革工作取得新成效，文化工作服务党和国家发展大局的作用进一步得到发挥，艺术创作持续繁荣，公共文化服务水平不断提高，文化产业、文化市场发展蓬勃、繁荣有序，文物保护利用、“非遗”保护传承工作成效明显，文化科教事业加快创新发展，文化事业保障能力不断提升。

《泺尚·创意中国调研报告（2018)》重点关注2017年文化及体育领域发生的大事件：第一，“一带一路”被写入党的十九大报告和《中国共产党章程》，彰显了中国共产党为人类进步事业而奋斗的光辉形象。首届“一带一路”国际合作高峰论坛在京举行，“一带一路”的建设动力澎湃激荡。联合国高度评价“一带一路”战略，将人类命运共同体理念和共商、共建、共享全球治理观纳入联合国决议，由此带来了“一带一路”工作在人文交流方面的稳步提升，使中华文化的影响力在更加深入的文化交融中持续向前推进。第二，《“十三五”国家战略性新兴产业发展规划》(以下简称《发展规划》)自2016年底印发后，于2017年开始重点实施。《发展规划》提出，战略性新兴产业代表新一轮科技革命和产业变革的方向，是培育发展新动能、获取未来竞争新优势的关键领域，要以数字技术和先进理念推动文化创意与创新设计等产业加快发展，促进文化与科技的深度融合，使相关产业相互渗透，到2020年形成文化引领、技术先进、链条完整的数字创意产业发展格局，《发展规划》从创新数字文化创意技术和装备、丰富数字文化创意内容和形式、提升创新设计水平、推进相关产业融合发展等四个方面指明了“十三五”时期我国数字文化创意产业的发展方向。第三，我国提出文化体育工作的总体思路：深入学习贯彻习近平总书记关于体育工作的重要论述，围绕建设社会主义体育强国的目标，树立大体育文化观，充分发挥体育文化在社会主义文化强国建设中的重要作用，用文化自信引领体育文化建设。挖掘丰富的体育文化内涵，夯实中国体育发展的社会基础和文化根基。近年来，体育产业成为我国国民经济发展新的增长点，自从《国务院关于加快发展体育事业促进体育消费的若干意见》出台后，国家体制机制的改革中开始将体育产业交由市场主导，以企业为主体成为体育产业的“大势所趋”。体育产业要想实现价值的极速增长，必须改变传统发展模式，创新产业价值。2017年，我国体育产业在IP(知识财产)、商业模式、场馆运营、科技含量、新媒体价值等方面都涌现出了创新的典型和模式，体育与文化、教育、旅游、地产、传媒、信息、金融等产业的融合发展进一步加深，体育产业的内涵和外延不断丰富拓展，新兴业态层出不穷，融合后的外溢效应也为体育产业价值的快速增长提供了助推力。第四，针对近年来各地在推进特色小镇过程中出现的概念不清、定位不准、急于求成、盲目发展以及市场化不足等问题，国家加强了对特色小镇建设的指导和规范。2017年7月，住建部发布通知，要求在推进特色小镇的规划、建设和发展的过程中，要尊重小镇现有格局，不盲目拆除老街区；保持小镇宜居尺度，不盲目盖高楼；传承小镇传统文化，不盲目搬袭外来文化。12月，国家发展改革委、国土资源部、环境保护部和住房城乡建设部共同发布《关于规范推进特色小镇和特色小城镇建设的若干意见》，明确指出了特色小镇建设中的问题，并针对这些问题提出了解决要求。8月，住建部公示了第二批全国特色小镇名单。种种迹象表明，在对第二批特色小镇进行申报及评选的过程中，国家发展特色小镇的风向有所改变，将更加注重新兴产业等特色产业，也将更加看重特色小镇的文化IP。第五，十九大报告中提出要实施乡村振兴战略，坚持农业农村优先发展，按照产业兴旺、生态宜居、乡风文明、治理有效、生活富裕的总要求，建立健全城乡融合发展体制机制和政策体系，加快推进农业农村现代化。报告提出的实施乡村振兴战略，意在更好地解决农村发展不充分、城乡发展不平衡等重大问题，加快补上“三农”这块全面建成小康社会过程中的短板，可谓高瞻远瞩，意义深远。

基于对当下文化及体育产业发展情况的分析，泺尚中国创意产业网在成功出版发行《泺尚·创意中国调研报告（2013～2017)》的基础上，重点关注了中国文化生态建设、乡村振兴工作及文体产业的发展现状，结合当下文化、体育产业发展的新趋势和新要求，筹划编写了《泺尚·创意中国调研报告（2018)》。作为泺尚中国创意产业网、泺尚有道文化创意产业规划设计院的学术支持机构，山东大学文化产业研究院、山东大学体育产业研究中心的昝胜锋博士团队，依托专业的学术研究基础和丰富的文体产业区域调研经验，承担了本报告的具体编纂工作。本报告专注中国文化生态建设、文体产业、乡村振兴等领域的理论研究及实践调研分析，聚焦文体热点，探究产业发展路径，以期帮助读者更好地认识当前国内文体产业的发展现状及趋势。

本报告由四部分内容组成，包括文化生态建设调研报告、文体产业报告、乡村振兴战略调研报告、泺尚年度评选榜单。

第一篇为中国文化生态建设调研报告。内容包括齐鲁文化融入“一带一路”研究、山东省创建国家级文化和科技融合试验区研究、济宁市文化发展调查研究报告(2017～2022年)、德必文创园区建设调研报告、文化产业园区设施与服务规范研究报告等，选取的主题具有鲜明的代表性，从文化融入经济、科技及产业载体等各个角度，展示中国文化生态建设的情况。

第二篇为中国文体产业调研报告。内容包括青岛市创建国家运动休闲城市研究、东营市体育产业研究、泰山皮影产业发展研究、粤港澳大湾区幸福产业调研报告等，以宏观层面上的区域规划到微观层面上的具体产业的发展为线索，深入剖析文体产业发展的价值与意义，分析并评判其现状、借鉴经验与启示，为其设计顶层构思方案，并对相关问题提出对策与建议，向读者呈现具有前瞻性、参考性的理论成果。

第三篇为中国乡村振兴战略调研报告。内容包括邹鲁文化生态保护实验区建设研究、滨州邹平美丽乡村建设情况、济宁市基层文化设施调研等。2018 年的中央一号文件《中共中央国务院关于实施乡村振兴战略的意见》中以很大的篇幅对乡村绿色发展进行了部署，将推进乡村生态环境保护和治理、加快美丽乡村建设列为 2018 年各地“三农”工作的重中之重。本篇按照国家及各地政府对乡村振兴发展的总体要求，在统筹规划乡村文化建设、社会建设、生态文明建设等方面提出了方案及发展对策。

第四篇为泺尚年度评选八大榜单。梳理 2017 年度文化体育界的重大事件及流行关键词，以拨云见日，探析其背后的深层原因。

本书是国家社科基金 2016 年度项目“云经济时代的体育与文化、旅游等产业融合研究”的阶段性成果。我们将以“泺尚·创意中国调研报告”系列图书为载体，整合国内外政产学研力量，推动中国传统文化与现代创意产业协同发展，助力文化强国和美丽中国的建设。

最后，感谢农工党中央联络委、大国学院、世界书画院、文化产业协作体、中国管理科学研究院全球智库战略研究所、山东大学体育产业研究中心、山东大学文化产业研究院、泺尚中国创意产业网、文化产业山东省文化科技重点实验室（山东大学)、济南国际创新设计产业园等提供的智力或财力帮助。

《泺尚·创意中国调研报告（2018)》编委会

2018 年 5 月 2 日

目　录

开卷语

《泺尚·创意中国调研报告(2018)》年度总评

2017年,习近平总书记在十九大报告中指出,中国特色社会主义进入新时代,我国社会主要矛盾转化为人民日益增长的美好生活需要和不平衡不充分的发展之间的矛盾。"美好生活的需要"换言之即是消费升级催生的新需求,人民美好生活的需要日益广泛,多元、高质、跨界的文化产品是未来经济结构调整升级的刚需。

党的十八大以来,我国在文化领域的建设取得了丰硕成果。2017年,国家出台了繁荣群众文艺、发展公共图书馆事业、加强古籍保护工作、推动公共数字文化建设的4部专项规划,实施了"阳光工程——中西部农村文化志愿服务行动计划",为中西部贫困村招募了671名文化志愿者和800名乡村学校少年宫志愿者,全面完成了第一次全国可移动文物普查工作,普查可移动文物1.08亿件(套),文物收藏单位1.1万余个。2017年前三季度,全国规模以上文化及相关产业营业收入同比增长11.4%,增速提高4.4个百分点,154家试点单位的文创产品经营年收入近15亿元,同比增长20%。2017年,希腊、越南、保加利亚、以色列、缅甸5国的中国文化中心揭牌或启动,海外中国文化中心总数达35个。2017年9月6日,国家统计局发布的文化产业最新数据显示,2016年全国文化及相关产业增加值为30785亿元,同比增加13.0%,占GDP 4.14%,同比增加0.17个百分

点。我国的文化产业增加值占 GDP 比重逐年增长,十八大以来,文化产业整体保持快速增长的态势。(见图 0-1)

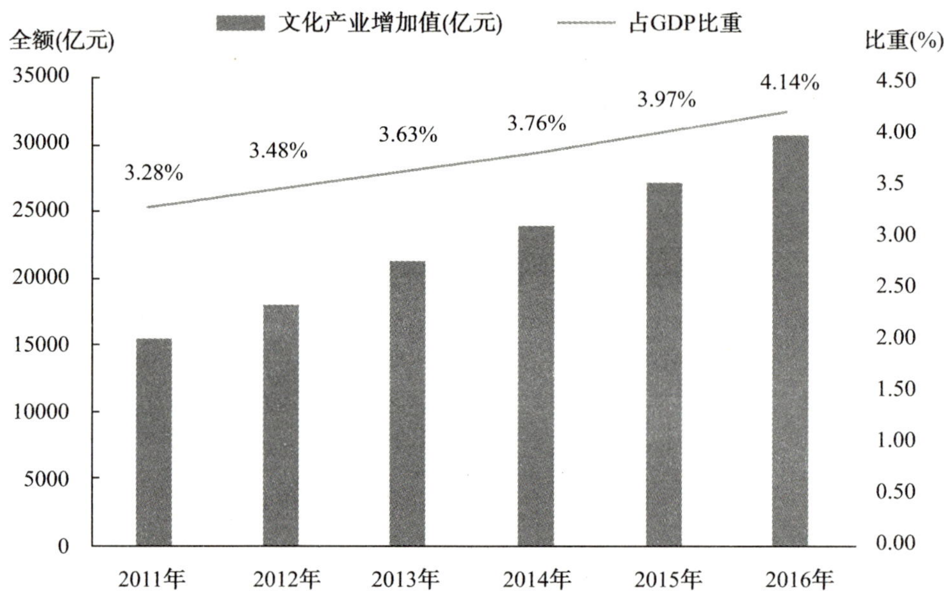

图 0-1　2011～2016 年文化产业增加值占 GDP 比重

如表 0-1 所示,据针对全国 5.5 万家规模以上文化及相关产业的企业进行的调查,2017 年,上述企业实现营业收入 91951 亿元,比上年增长 10.8%(名义增长,未扣除价格因素),增速提高 3.3 个百分点,继续保持较快增长率。2017 年,文化及相关产业 10 个行业的营业收入均实现增长。其中,实现两位数增长的行业有 4 个,分别是:以"互联网+"为主要形式的文化信息传输服务业,营业收入 7990 亿元,增长 34.6%;文化艺术服务业,434 亿元,增长 17.1%;文化休闲娱乐服务业,1545 亿元,增长 14.7%;文化用品的生产,33665 亿元,增长 11.4%。分区域看,东部地区规模以上文化及相关产业的企业实现营业收入 68710 亿元,占全国的 74.7%;中部、西部和东北地区分别为 14853 亿元、7400 亿元和 988 亿元,占全国比重分别为16.2%、8.0%和 1.1%。从增长速度看,西部地区增长 12.3%,中部地区增长 11.1%,东部地区增长 10.7%,东北地区下降 0.9%,但降幅比上年收窄 12.1 个百分点。(见表 0-1)

表 0-1　　**2017 年文化及相关产业收入情况调查**

		绝对额(亿元)	比上年增长(%)
总收入		91951	10.8
行业类型	新闻出版发行服务	3566	7.2
	广播电视电影服务	1749	6.1
	文化艺术服务	434	17.1
	文化信息传输服务	7990	34.6
	文化创意和设计服务	11891	8.6
	文化休闲娱乐服务	1545	14.7
	工艺美术品的生产	16544	7.5
	文化产品生产的辅助生产	9399	6.4
	文化用品的生产	33665	11.4
	文化专用设备的生产	5168	3.7
区域	东部地区	68710	10.7
	中部地区	14853	11.1
	西部地区	7400	12.3
	东北地区	988	−0.9

2018 年 1 月,中国人民大学发布了中国省市文化产业发展指数(2017)和中国文化消费指数(2017),综合指数排名前十的省市为北京、上海、江苏、浙江、山东、广东、湖南、四川、天津、河北。从数值来看,2017 年全国省市文化产业均值达到 74.1,比去年的 73.71 略有增长;从增速来看,2017 年指数增速高于 2016 年指数增速。从 2010～2017 年的指数变化可以看出,我国文化产业发展指数平均值基本呈现正增长的态势。在经历了 2010～2011 年的高速增长、2012～2014 年的稳步增长、2015～2016 年的基本稳定之后,2017 年,文化产业发展指数再次呈现增长态势。中国文化消费指数(2017)显示,我国文化消费综合指数持续增长,由 2013 年的 73.7 增至 2017 年的 81.6,平均增长率为 2.6%;文化消费环境和消费满意度指数呈稳步上升趋势,其中,文化消费环境指数上升速度最快,年平均增长率为 6.9%。数据表明,2017 年之前的 4 年中,我国的文化消费环境有了很大改善,文化产品种类不断丰富,质量逐步提升,消费渠道也越来越多样化、便捷化,为居民的文化消费营造了良好氛围。

一、回首 2017 年

回首 2017 年,我国文化领域的一系列工作进一步推进:不断加强理论武装,牢牢掌握意识形态工作领导权;创造性转化、创新性发展中华优秀传统文化,在国际舞台树立文化自信;文化产业政策顶层定格、重点领域布局落子;文化资本市场逐步回归理性;新兴文化产业业态发展势头强劲。

(一)掌握意识形态工作的领导权

意识形态决定文化的前进方向和发展道路。马克思主义是我们立党立国的根本指导思想,是社会主义意识形态的旗帜和灵魂。中共十九大报告中指出,必须不断推进马克思主义中国化、时代化、大众化,建设具有强大凝聚力和引领力的社会主义意识形态,使全体人民在理想信念、价值理念、道德观念上紧紧团结在一起。加强理论武装,这是牢牢掌握意识形态工作领导权的关键。围绕中共十九大提出的一系列新的重要思想、重要观点、重大论断、重大举措,围绕干部群众在学习贯彻中普遍关注的热点问题和存在的思想困惑,2017 年 11 月 1 日,包括 3 名政治局委员在内的 36 名中央宣讲团成员奔赴各地宣讲,并在 10 天之内覆盖了 31 个省、自治区、直辖市以及新疆生产建设兵团。2017 年,哲学社会科学界贯彻落实习近平总书记在哲学社会科学工作座谈会上的讲话精神,着力提升学术原创能力,推进中国的学术理论创新,国家社会科学基金资助各类项目 2.5 万余项,各类成果验收结项 1 万余项,各类研究专著出版 1.2 万多部。

1.不断加强互联网内容建设

互联网是意识形态工作的主阵地,要做好意识形态工作,就要把互联网的建设、管理、运用作为重中之重,建立网络综合治理体系,营造清朗的网络空间。2017 年正式施行的《中华人民共和国网络安全法》《互联网新闻信息服务管理规定》等一系列管网治网的法律法规,为加强网络管理提供了有力的法治保障。“净网”“秋风”“护苗”等一系列剑指网络违法有害信息的专项整治行动先后开展,一大批违法违规网站、微博账号、QQ 群、微信群组等被依法关闭。2016 年以来,共清理网上色情低俗庸俗信息 1800 余万条、虚假信息 900 余万条、涉侵权盗版的有害信息 370 余万条。

2.高度重视创新传播手段

传播力决定影响力,意识形态建设在一定意义上就是传播能力建设。2017年,多层次、立体化的现代传播体系基本形成,在此基础上,我国坚持以推进传统媒体和新兴媒体深度融合为重点,打造了一批形态多样、手段先进、竞争力强的新型主流媒体和新型媒体集团,提高了新闻舆论传播力、引导力、影响力、公信力,实现了我国整体传播力量的跨越式发展。2017年我国文化传播领域的工作,可以总结为"报网端微百花齐放,文图音视争奇斗艳",其中,《人民日报》客户端的《穿越时光,这是我保家卫国的样子》创下迄今为止单个H5产品(以第5代HTML标准制作的网页应用)访问量最高纪录;新华社"国家相册"栏目推出的微视频《大道之行》,综合运用图片、视频、3D动漫等元素,展现了"一带一路"倡议的多彩空间。

(二)创新发展中华传统文化

1.深入挖掘中华传统文化

中华优秀传统文化是中华民族的精神命脉,是涵养社会主义核心价值观的重要源泉,是我们在世界文化激荡中站稳脚跟的坚实根基。近年来,思想文化工作者努力深入挖掘中华传统文化蕴含的思想观念、人文精神、道德规范,结合时代要求继承创新,努力展现中华文化的永久魅力和时代风采。2017年,"我们的节日"主题活动持续开展,秉承"长中国人的根、聚中国人的心、铸中国人的魂"宗旨,深入挖掘春节、元宵、清明、端午、七夕、中秋、重阳等传统节日的文化底蕴,焕发了时代活力,将它们打造成了爱国节、文化节、情感节,树立了节日新风。

2.不断丰富文化艺术创作

2017年,我国的文学、戏剧、电影、电视、音乐、舞蹈、美术、摄影、书法、曲艺、杂技以及民间文艺、群众文艺等领域,涌现出了一批批思想含义精深、艺术精湛、制作精良的文艺作品。适逢中共十九大召开、中国人民解放军建军90周年、香港回归20周年,我国推出了《将改革进行到底》《法治中国》《大国外交》《巡视利剑》《辉煌中国》等电视专题片,生动讲述了以习近平同志为核心的党中央治国理政的"中国故事",成为党员干部的"必修课"和普通群众的"必追剧";电影《建军大业》《血战湘江》《湄公河行动》等好评如潮,《战狼2》以56.83亿元的票房收益创造了国产电影票房的最新纪录;《鸡毛飞上天》《急诊科医生》

《春天里》等现实题材的电视剧也引发了持续关注。

3. 推进文化交流合作

2017 年，结合“一带一路”建设，我国推出的“感知中国”“中国文化年”“欢乐春节”等文化品牌活动和丝绸之路影视桥、丝路书香等工程，深化了中外人文交流合作，丰富了海外人士对中国文化传统的认知，提高了他们对中华文化的认同感，推进了我国的国际传播能力建设；继莫言获诺贝尔文学奖、刘慈欣获雨果奖、曹文轩获国际安徒生奖后，毕飞宇、王安忆、李敬泽、刘震云、迟子建等一批优秀中国作家的作品被译成外文。2017 年，中国国际电视台(中国环球电视网)成功启播；人民日报社实现主要英文社交媒体平台全覆盖，脸书账号的“粉丝”量达 3000 万，推特账号的“粉丝”量达 260 万；中央电视台海外频道用户量达 4 亿，分布在全球 168 个国家和地区；上海昆剧团带着汤显祖的“临川四梦”开启世界巡演；国家大剧院管弦乐团赴美巡演……这些都体现了世界经典的中国诠释和中国文化的世界表达。

(三)文化产业政策涌现亮点

1. 宏观定调，各项“十三五”规划陆续出台

2017 年是我国实施“十三五”规划的重要一年，文化领域各项规划纷纷出台，为“十三五”时期接下来的文化建设指明了方向。基于《国家“十三五”时期文化发展改革规划纲要》的宏观定调，文化产业、文物事业、文化旅游、文化科技、群众文艺、文化扶贫、文物科技、公共图书馆事业、公共数字文化、古籍保护、新闻出版广播影视、版权工作等各细分领域均有相应规划出台，如《居民文化服务业“十三五”规划》《“十三五”推进基本公共服务均等化规划》《“十三五”全国旅游公共服务规划》《服务贸易发展“十三五”规划》等文件中，也均有与文化产业相关的内容。此外，文化部还出台了《文化部“一带一路”文化发展行动计划(2016～2020 年)》，对“十三五”期间的“一带一路”文化发展指明了方向。

2. 高度重视传统文化的传承和弘扬

2017 年伊始，中共中央办公厅、国务院办公厅就印发了《关于实施中华优秀传统文化传承发展工程的意见》，首次以中央文件形式专题阐述了中华优秀传统文化的传承发展工作。3 月，国务院办公厅发布通知，转发了由文化部、工业和信息化部、财政部制定的《中国传统工艺振兴计划》。2017 年，中央文化产业发展专项资金新增了支持中华优秀传

统文化传承发展项目。值得注意的是,戏曲工作也受到了格外的重视。在政策方面,国家先后印发了《关于新形势下加强戏曲教育工作的意见》《关于戏曲进乡村的实施方案》《关于戏曲进校园的实施意见》《关于进一步做好戏曲进校园工作的通知》。文物工作方面,文物安全受到高度重视,国务院办公厅印发了《关于进一步加强文物安全工作的实施意见》,国家文物局开展了全国文物安全状况大排查行动,整治文物法人违法案件,开展长城执法督察"回头看",会同公安、工商部门开展了打击文物犯罪,整顿文物流通市场等五大专项行动。

3."啃硬骨头",文化体制改革持续深入

近年来,我国的文化体制改革在新的起点上向纵深拓展,取得了一批开拓性、引领性、标志性的制度创新成果,基本形成了文化领域"四梁八柱"性质的改革主体框架。2017年,文化体制改革继续推进,在中央文化企业、文化行业协会、公共文化服务等方面均有布局。在文化央企改革方面,自2017年初以来,有关政策频频发布,改革发展蓝图逐渐清晰。坚持落实双效统一、规范文化国资评估交易、推进国资监管"放、管、服"改革、探索国资预算改革等,进一步做大、做优、做强,成为我国文化企业的领军者,是文化央企义不容辞的责任与使命。针对文化类行业组织存在的乱象,2017年5月,中共中央办公厅、国务院办公厅印发《关于加强文化领域行业组织建设的指导意见》,从明确职能定位、做好培育发展工作、加强自身建设、强化规范管理等方面对文化领域行业组织建设提出了具体的要求。公共文化服务方面的文化体制改革更加注重均等化建设以及引入社会力量参与。2017年1月,文化部等5部委联合印发《关于推进县级文化馆图书馆总分馆制建设的指导意见》,提出引导社会力量参与总分馆制建设。9月,中宣部、文化部等7部门联合印发《关于深入推进公共文化机构法人治理结构改革的实施方案》,这标志着我国公共文化体制机制改革迈出了新步伐。

4.文化加分,特色小镇更注重特色

针对近年来各地在推进特色小镇过程中出现的概念不清、定位不准、急于求成、盲目发展以及市场化不足等问题,2017年,国家加强了对特色小镇建设的指导和规范。7月,住建部发布通知,要求在推进特色小镇的规划建设发展过程中,要尊重小镇现有格局、不盲目拆老街区;保持小镇宜居尺度、不盲目盖高楼;传承小镇传统文化、不盲目搬袭外来文化。12 月,国家发展改革委等 4 部委共同发布《关于规范推进特色小镇和特色小城镇建设的若干意见》,明确指出特色小镇建设中的问题,并针对问题提出解决要求。此外,2017 年 8 月,住建部公示了第二批全国特色小镇名单。据了解,在对第二批特色小镇进行申报及评选的过程中,国家发展特色小镇的风向有所改变,本次以及未来的评定将更加注重新兴产业特色小镇,也更看重特色小镇的文化 IP。

(四)文化资本市场回归理性

1. IPO(首次公开幕股)文化企业较去年同期有所增加,网络文学走向风口

随着我国市场经济的快速发展与日益完善,愈来愈多的文化企业谋求上市融资,据《经济日报》记者查阅发现,截至 2017 年 12 月 11 日,A 股(人民币普通股)共有文化传媒类企业 144 家,再加上文化创意和设计服务业以及文教、工美、体育类和娱乐用品制造业的文化企业,这一数量则更为庞大。据统计,2017 年,我国 IPO 的文化企业达到 24 家,其中选择在 A 股上市的有 21 家,在香港上市的有 3 家,而 2016 年有 15 家上市的文化企业。从行业分类来看,2017 年 IPO 的多数为文化创意和设计服务、文教、工美、体育类和娱乐用品制造业的文化企业。在影视行业领域,2017 年,影视企业 IPO 仍然热度不减。值得一提的是,网络文学这一独具中国特色的在网络环境下发展形成的文化产业业态在 2017 年走向了风口,其中可以称得上 2017 年资本市场亮点的是 9 月 21 日掌阅科技在 A 股上市和 11 月 8 日阅文集团在香港上市,加上 2015 年 1 月 21 日上市的中文在线,目前国内已有三家上市的网络文学经营企业。

2. 文化企业登录新三板数量下降,“互联网+文化”融合加深

据统计,2015 年,我国有 358 家文化企业挂牌新三板,2016 年该数值高速增长,全年共有 818 家文化企业挂牌新三板,增幅高达到 128.49%。进入 2017 年,虽然文化企业挂牌新三板的热度不减,截至 2017 年 10 月,数量达到 354 家,但与 2016 年相比,我国文化企业挂牌新三板的数量大幅下降。2017 年,互联网公司不断向文娱业加码,以腾讯、阿里巴巴、百度等为代表的互联网公司继续增加与文化企业的合作,不断创新“互联网+”商业模式,与文化企业进行了横向合并和跨界整合。2017 年,以 BAT(百度、阿里巴巴、腾讯)为代表的互联网企业不断加大对文化企业的投资布局,使得互联网与文化的融合加深。在国家统计局公布的 2017 年前三季度全国规模以上文化及相关产业企业营业收入

情况中,以“互联网+”为主要形式的文化信息传输服务业营业收入达5503亿元,增长36.0%。另一方面,与文化产业的衔接也不断为互联网企业的发展提供新的契机。

3.文化传媒行业融资规模持续回落,文化产业基金融资通道宽广

根据投中研究院统计,文化传媒企业融资案例数量自2014年起呈现上升态势,在2016年上半年达到顶峰后开始回落。2017年前三季度,文化传媒行业共发生融资事件186起,同比下降29.28%。2017年,整个文化产业领域融资案例中金额高居榜首的是乐视网获得融创中国战略投资60.4亿元人民币,并列第二位的新潮传媒和上海麦克风文化传媒有限公司旗下蜻蜓FM分别获投人民币10亿元。文化产业快速发展的背后,文化产业投资基金发挥着重要作用。近年来,我国多地的政府及相关机构纷纷成立文化产业投资基金,旨在推动当地文化产业的发展,取得了一定的成绩。数据显示,2012～2016年,我国文化产业基金的数目和募集规模呈现总体上涨趋势,文化产业投资基金总规模已破千亿元。

(五)新兴文化业态势头强劲

1.文化旅游进入2.0时代

以历史文化资源为依托的旅游开发是文旅产业的1.0版本,现阶段新兴的文化旅游则是以资本、创意和科技为驱动的文化旅游2.0版本。河南文化旅游研究院编著的《中国文化旅游发展报告2017》指出:随着大众旅游的兴起以及全域旅游的大力推进,人们对旅游品质的需求不断提高,文化旅游日受青睐。越来越多的人走出家门去体验不同地方的丰富多样的特色文化,去追寻悠久历史所留下的沧桑痕迹。在旅游演艺方面,居民对户外娱乐的需求提高、政策对文化演出的引导支持、旅游演艺产品的不断优化和创新,都让中国的旅游演艺市场进入快速发展的阶段。主题公园行业是一个充满想象力和创造力的产业。2016年,全球主题公园市场趋于平稳增长,其中中国的主题公园独占鳌头,表现十分抢眼。在全球TOP10主题公园集团中,亚太地区占据的三席,均为中国的主题公园集团。

2.“文化+”融合发展态势已经启幕

文化艺术向社会生活、实体经济全面渗透,与我国的经济产业转型和战略升级联动起来,将推动中国经济的新发展。文化产业不再是传统的业态,而成为“文化经济”。文化可以独立存在,但许多时候文化是“魂”,为其他产业之“体”赋能,从而带动其他产业发

展。2017 年,中央提出实施“乡村振兴战略”。文化在乡村振兴战略中能够发挥巨大作用,从空间布局和产业布局方面进行综合考虑,可以使文化与农业结构调整联动,让特色文化资源优势转化为产业优势,让文化产业造福一方百姓。需要注意的是,文化领域里,发展不平衡、不充分的情况比其他领域更严重,城乡不均衡、流向不均衡、服务进出口也不均衡。文化产业需要“对症下药”,推进供给侧结构性改革,向高质量发展,不断提质增效,尤其是传统文化产业,要研究用户需求,跟上技术进步要求,创新体制机制,把握机遇,加快发展。

3.创意想象力和互联网新技术成功开拓出新的市场

据 2017 年的数据显示,我国文化及相关产业的 10 个行业中,以“互联网+”为主要形式的文化信息传输服务业增速居首位,增长超过 30%。创意想象力和互联网新技术带来的产品和产业迭代极快,过去光线传媒、华谊兄弟还是以新兴文化产业的身份上市,可短短几年,和互联网大电影、短视频相比,他们就成为了传统产业。连古老的戏曲也用创意和互联网打开了新市场,如戏缘 APP 以线上戏曲内容为主线,以名家公开课、超级擂台为亮点,以戏曲直播、资讯与演出票务为服务,为戏迷提供看戏、学戏、听戏、唱戏及与艺术家互动的平台。文化产业的发展就是“文化力的发展”,从文化原创力到文化生产力再到文化创新力,文化企业只有善于抓住这转瞬即逝的发展机遇,才能读懂用户,做强自己,赢得市场。

二、思考 2018 年

我国文化产业在 2017 年涌现出的新业态、新热点、新脉动,彰显着我国文化产业蓬勃发展的澎湃力量。进入新时代,我国社会的主要矛盾已经转化为人民日益增长的对美好生活的需要和不平衡不充分的发展之间的矛盾。而我国的文化产业也在实现较快增长的同时,处在了结构调整、提质升级的关键时期。提供丰富的精神食粮,补齐文化产品供给的“短板”,满足人民过上美好生活的新期待,推动社会主义文化繁荣兴盛,这是文化产业无法推卸的责任。新时代,文化产业更要肩负起新使命,更要拔节生长、欣欣向荣。

(一)文化创意产业布局落子

当下,文化创意产业已成为国民经济和社会发展的重要支柱产业,是推动城市创新驱动发展、经济转型升级的重要动力。在各一线大城市的2018年政府报告中,上海推出的文化创意产业创新50条尤其值得关注。报告中指出,上海将通过大力促进文化创意和设计服务与实体经济深度融合,"互联网+"行动和"文化+"思维双管齐下,抢占产业制高点,推进供给侧结构性改革,促进传统产业改造提升,培育实体经济发展的新动能。上海"文创50条"中指出,上海将落实影视、出版、动漫游戏等产业发展扶持政策,启动实施网络文化提升计划,加快建设演艺、艺术品等产业集聚区和文化装备产业基地。在北京的政府工作报告中,也提出要增强首都的文化创造力和影响力,深化文化体制改革,激发文化市场活力,并提出要设立文化创新发展基金,积极培育新型文化业态,建设文化创意产业发展引领区。同时,深圳、广州、天津、武汉、南京等城市的政府工作报告中也提到要着力发展文化创意产业,推进文化消费。由此可见,文创产业将会在2018年迎来重大发展机遇。

(二)数字文化产业路径清晰

数字文化产业以文化创意内容为核心,依托数字技术进行创作、生产、传播和服务,呈现技术更迭快、生产数字化、传播网络化、消费个性化等特点,有利于培育新供给、促进新消费。当前,我国的数字文化产业已成为我国文化产业发展的重点领域和数字经济的重要组成部分,并促进了新动能、新消费的培育。国家统计局在2017年7月发布的《十八大以来"文化及文化产业"发展数据总结》中指出,文化产品和服务的生产、传播、消费的数字化、网络化进程加快,基于互联网和移动互联网的新型文化业态成为文化产业发展的新动能和新增长点,"互联网+文化"优势明显,文化创意和设计服务业蓬勃发展。各项政策的出台,让数字文化产业的发展路径更为清晰。2017年4月,文化部出台《关于推动数字文化产业创新发展的指导意见》,进一步确定了数字创意产业的发展方向和路径。2017年8月,国务院印发《关于进一步扩大和升级信息消费持续释放内需潜力的指导意见》,再度提出大力发展数字创意产业,并透露将制定相关政策,促进数字创意产业的进一步发展。

(三)文化旅游资源配置合理

2018年3月13日,国务院机构改革方案提请十三届全国人大一次会议审议,根据该方案,改革后,国家旅游局与文化部合并,组建文化和旅游部,不再保留原文化部、国家旅游局。调整旨在增强和彰显文化自信,统筹文化事业、文化产业发展和旅游资源开发,提高国家文化软实力和中华文化影响力,推动文化事业、文化产业和旅游业融合发展。文旅融合已经成为现实发展方向,要求旅游发展的文化导向和文化深入,正符合产业转型升级的需求变化。旅游产业是文化产业的重要组成部分和重要载体,依托传统文化资源与创意文化发展旅游产业,会是一条康庄大道。同时,文化和旅游部的结合,可避免多头管理,加强领导,更科学合理地配置文化和旅游资源。

(四)科学推进乡村振兴战略

自党的十九大报告提出乡村振兴战略以来,“乡村振兴”已经成为热点,2018 年中央一号文件又以实施乡村振兴战略为主题,确立了实施乡村振兴战略的基本工作思路。同时,城镇化是现代化的必由之路,是我国最大的内需潜力和发展动能所在,对全面建设社会主义现代化国家意义重大。2018 年的博鳌论坛给我们带来了海量的智慧和思路,农业农村部部长韩长赋表示,要采取超常规措施,防止城镇化过程中乡村的凋敝。城镇发展最大的挑战是保证乡村在城镇化过程中不衰败,乡村振兴战略为乡村发展提供了全面的制度政策框架:要继续坚持“以工哺农”“城市反哺农村”的基本原则,在新型城镇化进程中科学推进乡村振兴战略。

(五)全民健身时代悄然来临

近年来,各种体育运动、健身项目已成为年轻人追求时尚生活的标配。据相关数据显示,2011 年,在中国田协注册的马拉松赛事仅为 22 场;2016 年,注册数目突破 300 场;2017 年,马拉松赛事达到 500 场左右。由此我们可以深刻感受到,全民健身时代已悄然来临。“推进全民健身,完善健身设施”也在各大城市的政府报告中被提及,其中,上海提出新建和改建 80 条市民健身步道、60 片市民球场、300 个益智健身苑点;广州提出新建社区体育公园 100 个;深圳要新建 100 个以上便民利民健身场所。同时,多个城市也提出要提升竞技体育水平,大力发展体育产业、健身产业,在 2018 年,这将会继续成为热门领域。

(六)知识付费前景依然可期

“知识付费”可以说是贯穿 2017 年的热词,2018 年年初火爆一时的直播问答,也与知识付费有着千丝万缕的联系。目前,市场上知识付费产品的产品形态分为音频、图文、视频直播及录播、一对一咨询或在线问答等,知名产业包括得到、喜马拉雅、知乎等。但是

2017 年,社会各界一直有对于知识付费的质疑。据公开报道显示,知乎 live 的收入成绩除在 2017 年 3 月和下半年开学季有上升外,单月参与人数和单月收入都出现了下滑趋势。火爆的分答,其活跃用户的增长也遭遇瓶颈。对于知识付费这个领域,长远来说拥有好的前景,只是当下国内爱看书的人非常少,人们缺乏对知识的敬畏与渴望。在各大城市的政府工作报告中我们看到,积极修建各种图书馆、推进全民阅读、打造书香城市成为多个城市的重要建设目标。政策倾向将会加快全民阅读时代的到来。对于知识付费来说,这项政策也预示着知识付费的红利期不远了,这个领域的未来依然可期。

产业的健康发展,离不开外部环境的有力支撑。在营造外部环境的过程中,政府就像一名优秀的管家,发挥着不可或缺的作用,但这并非意味着政府要亲力亲为,直接代替文化企业去经营,而是要积极搭建平台,建立更好的制度,加强监管,为产业营造更好的发展环境。文化产业实现高质量发展,还要"练好内功"。众所周知,文化消费是文化产业发展的内生动力。如今,"80 后""90 后"甚至"00 后"消费群体不断壮大,其消费观念、消费习惯对文化产业提出了新的要求。要想扩大文化消费,释放文化产业的新活力,就要坚持内容为王,秉持工匠精神,踏踏实实做内容,精心打磨,提高文化产品的供给质量,提供让消费者满意的产品和服务。文化是一个国家、一个民族的灵魂,文化兴则国运兴,文化强则民族强。2018 年,我们共同期待文化产业再吐芳华。

(由《泺尚·创意中国调研报告(2018)》课题组根据相关资料整理研究)

第一篇

中国文化生态建设调研报告

第一章

齐鲁文化如何融入“一带一路”研究报告

习近平总书记强调，“一带一路”建设需要我们弘扬丝绸之路精神，继承和发扬和平合作、开放包容、互学互鉴、互利共赢的“丝路精神”，这有助于宣传好当代中国发展、讲好中国故事，为实现互利共赢奠定文化根基。自 2013 年习近平总书记提出“一带一路”倡议以来，“一带一路”倡议不仅成为推动全球经济治理变革的新引擎，也开启了中外文化交流的新篇章。山东省在“一带一路”文化交流中有着丰富的历史文化资源，齐鲁文化不仅是重要的地域文化，也是中华文化的核心和代表，儒家学说、孔孟文化正在通过“一带一路”进行着广泛传播。

2017 年 8 月，山东省服务业办公室陈清华主任、服务业项目处张光忠处长、王海东副处长三人与山东大学文化产业规划研究团队昝胜锋博士一行进行座谈，就齐鲁文化如何融入“一带一路”建设的问题深入探讨。陈清华主任提出，齐鲁文化融入“一带一路”的关键是在厘清齐鲁文化与“一带一路”历史联系的前提下，重点分析目前山东省文化走向世界的现状，具体包括当前山东省如何对接“一带一路”战略，政府和民间如何开展对外文化交流活动，如何建设文化对外交流平台机制等，要从中找出存在的症结，比如平台建设的滞后、复合型人才的匮乏、文化内容创新的不足等，并根据这些症结提出有针对性的对策建议。昝胜锋博士指出，我们要深入挖掘齐鲁优秀传统文化的资源价值，丰富文化发展的载体，推动齐鲁文化融入经济实践，搭建山东省与“一带一路”沿线国家沟通交流、洽谈对接的有效平台，深化人文、投资、贸易、招商等方面的合作。张光忠处长表示，要从推动服务业发展的角度提出齐鲁文化融入“一带一路”的对策建议，发挥齐鲁文化优势，深入推进服务业领域对外开放，积极探索我省与“一带一路”沿线国家服务业领域的深度合作。山东省服务业办公室委托山东大学文化产业规划研究团队，联合启动“齐鲁文化如何融入‘一带一路’研究报告”课题。随后，昝胜锋博士于 2017 年 8～10 月组织展开调研活动，撰写了《齐鲁文化如何融入“一带一路”研究报告》。现将本报告部分前期研究成果摘录，以飨读者。

第一节　现实基础

作为两条古代丝绸之路的交汇点和起始点，山东省与“一带一路”有着深厚的历史渊源。山东省是中国古代丝绸业最为发达的地区之一，也是古代丝绸之路的重要货源地和海上丝绸之路的首航地之一。山东半岛地处我国东部沿海，是黄河流域最便捷的出海通道，是东北亚经济圈的重要组成部分，是环渤海地区对接长三角地区的桥头堡，也是由南向北扩大开放、由东向西梯度发展的战略节点。山东省由此被确定为国家“一带一路”规划海上战略支点和新亚欧大陆桥经济走廊沿线重点地区。加快推动齐鲁文化融入“一带一路”文化交流合作格局、打造国际文化合作交流中心，有利于发挥山东省文化资源富集的独特优势，增强沿线国家对中华传统文化的认同感，奠定坚实的民间人文交流基础，扩大齐鲁文化在沿线国家的知名度和影响力，为山东省参与建设丝绸之路经济带和 21 世纪海上丝绸之路奠定坚实的文化根基。

一、齐鲁文化融入“一带一路”的理论阐释和作用机理

(一)理论阐释

1. 多元交融的“一带一路”

“一带一路”建设的核心内容是努力实现“五通”，即政策沟通、道路联通、贸易畅通、

货币流通和民心相通(图1-1-1),打造国际合作新平台,增添共同发展新动力。

我国秉持和平合作、开放包容、互学互鉴、互利共赢的理念,全方位推进务实合作,打造政治互信、经济融合、文化包容的利益共同体、命运共同体和责任共同体。文化先行是丝绸之路经济带建设中"民心相通"的根本保障,丝绸之路沿线国家间的跨文化交流不仅在国家层面,更在民间交往层面。传承和弘扬丝绸之路的友好合作精神,推动中国与沿线各国广泛开展文化领域的交流合作,不仅可以为其他领域的合作打下坚实的人文基础,更有助于发掘沿线深厚的人文资源,在交融往来中实现不同文明的互学互鉴,实现文化成果的互利共赢。

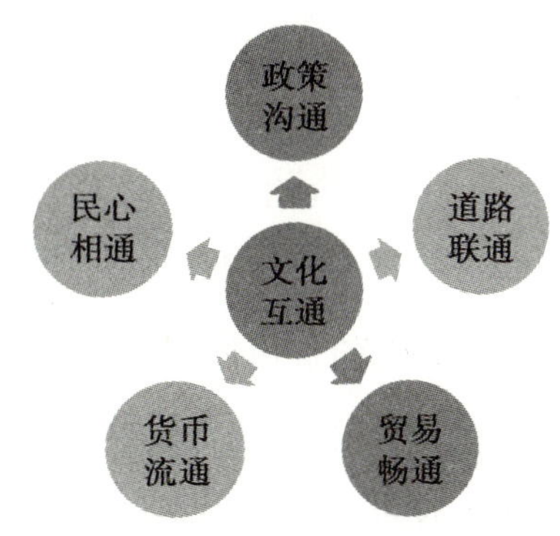

图1-1-1　"一带一路"文化先行的意义

2.提供价值导向的"齐鲁文化"精髓

齐鲁文化(图1-1-2)是先秦时期在山东地区逐步形成和发展的一种地域文化,是齐文化、鲁文化在漫长的相互交流、融合的历史过程中最终形成的一个有机文化整体。齐文化强调务实、变革、包容的民本精神,具有兼容性、变通性,是智者型文化;鲁文化重人、重礼、重德、重义,具有传统性、守常性,是仁者型文化。齐鲁文化对"一带一路"的发展具有价值导向作用,主要表现在:第一,齐鲁文化符合我国的国家精神和所有民族的文化精神,甚至蕴含世界性的文化理念,并得到了普遍信仰和遵从。通过文化传达的价值观念交流可促使各国间相互理解,为"一带一路"战略推进带来"精神合力"。第二,齐鲁文化为区域经济发展奠定了良好的思想基础,其传递的精神理念渗透在文化资源和产业的诸多领域,聚化于文化产品和服务的生产、交换、消费等各环节中,并在处理对外开放关系的相关问题时依然适用。第三,齐鲁文化是中华传统文化的主要源头和重要组成部分,中华文化走出去离不开齐鲁文化走出去。2013年,习近平总书记视察山东,对山东省挖掘齐鲁文化资源优势、弘扬优秀传统文化提出了特别的期望,而当前"一带一

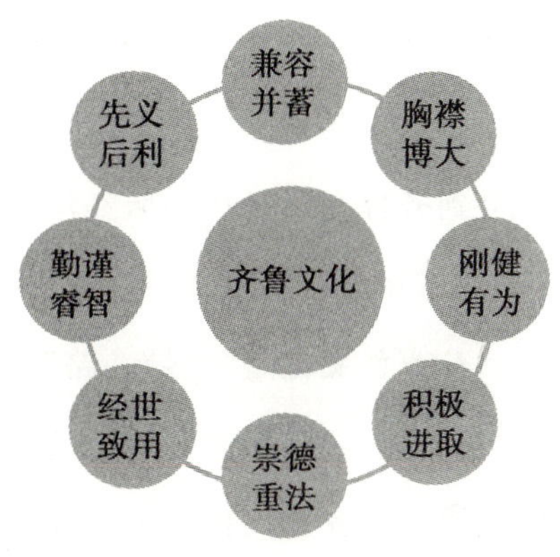

图1-1-2　齐鲁文化精神特质

路”战略的实施也为山东省发挥文化资源优势、建设文化强省提供了重要机遇。

(二)作用机理

1.齐鲁文化是“一带一路”聚合共同利益的重要纽带

“一带一路”沿线的中华文明、印度文明、伊斯兰文明、西方文明、东正教文明之间,虽有各自的核心价值观,但彼此在追求发展进步、维护和平稳定、提升民众生活水平等方面都有着共同的价值追求。通过践行非机制性的交流合作,通过产业方式聚合强大的发展推动力,以文化带动产业融合、区域协同是“一带一路”文化先行的题中之意,齐鲁文化可以成为我省、我国与沿线各国及地区缩小分歧、扩大共识、聚合利益的重要纽带。

2.齐鲁文化是“一带一路”化解冲突挑战的重要源泉

“一带一路”沿线涉及60多个国家、40多亿人口,形成了大小明显不等、发展层次各不相同、文化显著多样的利益攸关方,需要依托文化的交流、对话增进彼此的理解认同,以文化之手补充经济杠杆、取代军事威胁。通过“一带一路”战略传播和弘扬齐鲁文化,可以在交流互动中增进了解,潜移默化地对“一带一路”沿线各国产生影响,使他们从中领会到齐鲁文化所在地域经济快速发展、社会安定和谐的内在支撑,形成相互欣赏、相互理解、相互尊重的人文对话格局。

3.齐鲁文化是“一带一路”实现持久建设的内源和动力

“一带一路”建设是复杂的系统工程,既有来自国外的各种风险,也有来自国内的不同挑战。以齐鲁文化为重要代表的中华文化,其诚实守信、创业进取等思想精髓会帮助人们进一步挖掘经济的发展潜力,从而促进人们的观念向更高层次演化,拓展整合对外交流资源。推进齐鲁文化融入“一带一路”战略,有利于运用先进地域文化对经济活动及决策产生影响,推动合作共赢理念在各项机制中创新,有力促使其发展、演化,减少语言、文化等因素对经济合作的障碍,形成多方式、多层次的交流格局。

二、齐鲁文化与“一带一路”的历史联系和发展现状

山东省是中华文明的重要发祥地之一,创造和积淀了博大精深的齐鲁文化,留下了极其丰厚的文化遗产,其中众多的文物遗存是“一带一路”的重要载体和历史见证。初步文物调查发现,山东省沿海有大量的古代港口、码头、航标、沉船、古建筑等文物点,与“海上丝绸

之路”密切相关的重要遗产点约有50处(表1-1-1),分布于青岛、烟台、威海、潍坊、日照、东营、滨州、淄博等市,其中全国重点文物保护单位有9处,省级重点文物保护单位有27处。

表1-1-1　　齐鲁文化代表性遗产资源

不可移动文物		可移动文物		非物质文化遗产		
世界文化遗产	4处	国有可移动文物收藏单位	671家		项目	传承人
全国文保单位	196处			联合国教科文组织“人类非物质文化遗产代表作”	8项	
				国家级	173项	52人
省级文保单位	1711处	登记文物	558万余件	省级	751项	309人
市县级文保单位	7812处			市级	2509项	1617人
与“海上丝绸之路”密切相关的重要遗产点	50余处			县级	7513项	4339人

基于优质的文化资源,山东省大力推进重大文化遗产片区保护战略,努力实现区域文化遗产保护与利用的协调发展,全面构建齐鲁文化遗产保护传承体系,逐步开拓形成文化遗产保护新格局,为齐鲁文化走出去提供了坚实的支撑载体(表1-1-2)。

表1-1-2　　齐鲁文化保护传承重点载体

各级各类博物馆	中国传统村落	文化生态保护实验区		“非遗”生产性保护示范基地		乡村(社区)儒学讲堂
		国家级	省级	国家级	省级	
352家	37个	1个	9个	3个	31个	9200个

(一)历史联系

从历史渊源看,齐鲁文化与“一带一路”脉脉相通,有着深厚广阔的融合基础。

第一,古代山东是两条丝路的交汇点,也是海上丝绸之路东海航线的起始点。两汉时期,山东的临沂、定陶、亢父(在今济宁地区)是全国三大纺织中心,在唐代,全国的蚕桑丝纺业也出现了山东和河南、河北、四川、江南五地争艳的局面。春秋战国时期,齐国以山东半岛为核心,首先开辟了“东方海上丝绸之路”,是目前已知的我国最为古老的海外贸易和友好往来航线。第二,山东丝绸是齐鲁文化的重要物质载体,众多市镇因丝绸贸易而兴。春秋战国时期,山东成为中国的桑蚕丝绸中心,制造了许多闻名遐迩的精美丝绸制品。在山东地区内的古丝绸之路沿线上崛起了一大批城镇,如潍坊青州、昌邑,淄博周村、莱芜口镇等。第三,直到近代,山东在丝绸之路上仍有至关重要的地位。以柳绸(又称茧绸、山东绸或鲁绸)为例,柳绸最早见载于明万历年间,清朝时,柳绸织造业快速发展,销售至北京、江南等地,清末民国时期达到鼎盛,通过丝绸之路远销欧洲、美国、日本、东南亚各地。据1923年的《中国年鉴》记载:“中国茧绸业以山东第一。”

(二)发展现状

1.对接“一带一路”战略,服务贸易保持快速增长

近年来,山东省服务业开放水平进一步提高,服务业利用外资和对外投资的范围逐步扩大,质量和水平逐步提升。2016年,山东省服务进出口额达3062.2亿元,同比增长18%。其中,服务出口额1508.8亿元,同比增长8.2%;服务进口额达达1553.4亿元,同比增长29.4%(图1-1-3)。韩国是山东省最大的服务出口国,服务出口额达232.8亿元,约占山东省服务出口总额的15.4%。2016年,山东省与“一带一路”沿线国家实现外贸进出口额4133.6亿元,增长8.4%,占比26.7%;对“一带一路”沿线国家实际投资额达294.2亿元,占比16.7%;在“一带一路”沿线国家承包工程完成营业额425.9亿元,增长45%,占比58.7%;“一带一路”沿线国家在山东省新建企业90家,合同外资数额达89亿元,增长1.2倍,实际使用外资83.8亿元。

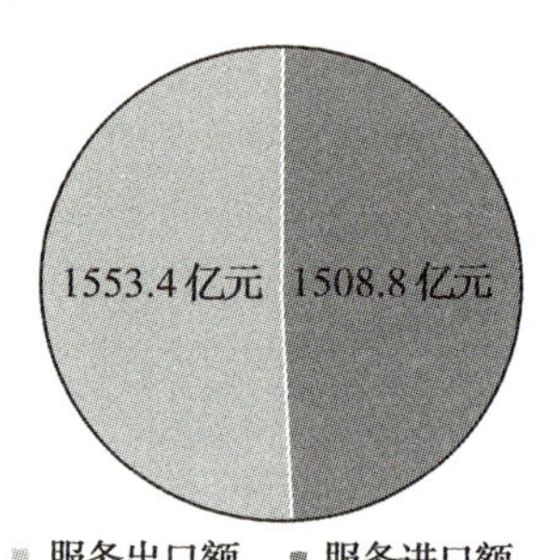

图1-1-3 2016年山东省服务进出口规模

2.落实“一带一路”行动,大力开展文化交流活动

近年来,山东省积极拓展对外文化交流渠道,截至2017年4月,已与82个国家和地区建立了文化交流合作关系。山东省统筹整合儒学、舞台艺术、美术、文物、“非遗”、动漫、产业项目等资源,大力开展多种形式的对外文化交流活动。2016年,山东省组织文化“走出去”团组63批491人次,文化“引进来”团组277批2138人次;组织相关人员参加了文化部2016海外“欢乐春节”活动,成功举办了“2016韩国·中国山东文化周”,组织开展了“汉魏遗韵——中国山东古代碑刻拓片展”、儒乡雅韵文艺演出、尼山书屋赠书仪式等系列活动,其中“万世师表——孔子文化展”“金声玉振乐舞晚会”“美丽山东摄影图片展”等活动引发了热烈反响。

3. 拓展“一带一路”渠道，民间文化合作渐入佳境

近年来，山东省民间企业和社会组织在对外文化交流合作中扮演了越来越重要的角色。以青岛、威海、烟台为代表的半岛城市，不断扩大与日韩民间在音乐、美术、书法等各文化艺术领域的交流互动。山东省全省的文化贸易合作不断深入。2016 年，全省文化产品进出口总额达 411.5 亿元（图 1-1-4），其中出口 379.9 亿元，同比增长 24.2%，进口 31.6亿元，同比增长 16.6%；占全国比重为 7%，同比增长 23.6%，列广东、浙江、江苏之后，居全国第四名，贸易增幅高出全国平均水平 33.3 个百分点。

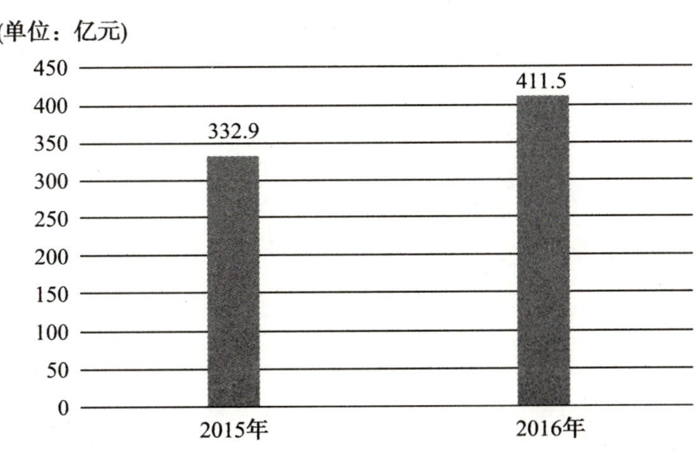

图 1-1-4　2015、2016 年全省文化产品进出口规模

4. 融入“一带一路”精神，健全文化合作机制与平台

伴随“一带一路”深入推进，山东省计划与“一带一路”沿线国家和地区签署文化合作协议、年度执行计划、谅解备忘录等政府间文件，建立政府及民间的文化交流合作机制，并逐步建立健全“一带一路”齐鲁文化丝路行统筹协调机制、管理服务机制、人才培养使用机制、表彰奖励机制；以点带面推动相关平台建设，实施“一带一路”城际文化交流行动计划，运营贝尔格莱德中国文化中心，使之成为齐鲁文化走向塞尔维亚和西巴尔干地区的重要平台；推动外向型文化产业基地转型升级，建立“一带一路”文化发展重点项目库，积极邀请“一带一路”沿线国家和地区参加山东文化产业博览交易会、中国非物质文化遗产博览会。

5. 服务“一带一路”建设，发挥孔子学院等机构的交流作用

孔子学院作为传播中华文化和齐鲁文化的重要机构，在助推汉语和中华文化走向世界的同时，也极大地带动了“一带一路”沿线国家在人文交流、经贸往来等各领域的全方

位合作。随着"一带一路"建设的深入推进,孔子学院也为更多中资企业在沿线国家的本土员工提供了语言和职业技能培训,特别是发挥了智库作用,为中国与沿线国家在人文交流、经贸往来等各领域的合作上提供信息服务、政策咨询等,前景广阔,大有可为。"一带一路"沿线国家中,已有51个国家建立了孔子学院或中小学孔子课堂,其中孔子学院134所,中小学孔子课堂127个。2016年,这些机构的注册学员达46万人,开展各类文化活动近8000场,受众270万人,受到了各国民众的热烈欢迎。除此之外,利用尼山书屋等交流平台,山东省开展了多种形式的中外文化交流活动,借助侨务渠道和海外华教机构、华文媒体,推动齐鲁文化"走出去"。

(三)存在的问题

1.文化经济发展不同步,文化"走出去"基础薄弱

近年来,山东省经济保持强劲的发展势头,为文化繁荣发展奠定了坚实的基础,但文化建设总体上还滞后于经济社会发展,与山东省经济大省、文化资源大省的地位不相适应。总的来说,第一,山东省文化建设的水平和质量离全面建成小康社会还存在一定差距,区域之间、城乡之间文化发展还不平衡,公民的文化素质和文明程度还有待提高,艺术创作存在"有数量缺质量""有高原缺高峰"等现象。第二,山东省文化产业的发展层次亟待提升,文化产业核心层、外围层比重太小,发展薄弱,相关层特别是文化制造业比重过大。主要体现在以下几个方面:传统产业的文化企业规模小,集约化程度低,产业链短;新兴文化产业刚刚起步,发展不够快,竞争力弱,产业集聚度不高,缺乏有竞争力的产业集群;高端创意产业尚未起步。

2.文化对外交流渠道狭窄,平台构建相对滞后

受制于政策体制的束缚,山东省的文化对外交流传播渠道较为单一,平台建设相对滞后,造成这种情况的原因有以下几个:第一,传统媒介的文化传播形式单一、缺乏感染力,在"一带一路"建设中的纽带作用难以充分发挥,加上历史原因、意识形态等的限制,高端平台的智力支持效能未充分释放,导致齐鲁文化在"走出去"的过程中缺乏具有感染力的拟态环境。第二,全省的文化输出工作缺少系统的行业制度与政策指导,相关的法律法规、信用评价以及风险管理办法还不完善,有待于针对"一带一路"的特色与需求,制定具有针对性的文化输出营销和发展策略。第三,山东省缺少对海外投资和海外资本的

健全的保护体系，相关制度的错综复杂以及工作流程的繁冗拖沓，再加上国际沟通不力、政府支持不足等问题，文化企业在国际市场的发展中频频受阻。

3. 文化企业国际竞争力弱，品牌效应尚未凸显

虽然山东省的文化贸易规模不断扩大，但对外文化贸易额占整体对外贸易总额的比重仍比较低，文化企业在文化贸易中的主体作用有待强化，造成这种情况的原因有以下几个：第一，文化企业的创新能力普遍不足，难以将山东省丰富的历史文化资源转化为具有市场吸引力的文化产品和服务，原创性差、创意陈旧、表现形式落后、科技含量不高等问题较为普遍。第二，文化贸易结构不合理，文化产品仍以有形商品为主，设计服务、版权等文化服务的出口相对较少，影视、出版、演出、音乐等存在“文化逆差”。第三，国际性的文化企业、品牌数量较少，知识产权的创造、运用、保护、管理、服务能力不足，缺乏核心竞争力，海外营销渠道有限，难以进入海外主流市场。

4. 复合型文化人才匮乏，中介组织力量弱小

要使齐鲁文化融入“一带一路”建设，山东省面临着复合型人才匮乏，中介组织发展不充分的困境。造成这种情况的原因有以下几个：第一，齐鲁文化名家及相关领域的领军人才队伍的引领带动作用有待进一步发挥，齐鲁文化内涵、外延的现代化表述等工作亟待加快推进，文化在融入过程中缺乏有效的国际表达。第二，山东省缺乏具有国际视野，能够整合转化齐鲁文化资源，并将文化资源转变为优秀文化产品的专业人才队伍，急需一大批文化管理与经营人才、文化传播人才、国际文化经纪人才，人才的选拔培养、管理使用、评价标准等有待进一步健全完善。第三，全省多数文化类社会中介组织在总体上仍处于初级发展阶段，普遍存在不同程度的资金短缺、发展不稳定的现象，仅能勉强维持，甚至一部分处于停滞状态。

5. 文化交流机制不健全，组织形式有待创新

在文化交流方式上，山东省尚缺乏顶层设计，导致组织形式及交流深度有待创新和深化。总的来说，第一，山东省在文化交流方面尚未制定出富有前瞻性、系统性和全局性的战略，思路和定位不够明晰，对外文化交流及相关部门的协调配合机制尚未健全，资源分散，整合力度不够。第二，山东省的对外文化交流活力不足，多数交流活动是由政府主导和推动，而民间外交、公共外交较为松散无序，没有形成整合和集聚效应。第三，山东

省的文化交流形式较为单一，特别是同中亚各国的交流深度不够。由于地缘、安全等方面的因素，山东省与中亚国家的文化交流尚处于起步阶段，双边文化交流的主要形式是传统乐器及服饰展演、互派艺术团体演出等，在媒体、出版、学术等领域的交流合作远不到位。

6. 文化内容生产亟待创新，精品力作匮乏

齐鲁文化与“一带一路”建设的融合在内容生产层面力度亟待加强，文化内容缺乏创新。造成这种情况的原因有以下几个：第一，学术研究的惯性制约使齐鲁文化的研究成果与“一带一路”战略的关联度不高，有所关联的研究也缺乏系统性整合，相关成果与行动实施脱节，难以支撑和指导具体工作的开展。第二，当前实施过程中，文化内容的取材仅限于载体表层，并未经过“精耕细作”，在对外传播中，武术、杂技、皮影、民间剪纸、书法等艺术载体虽然迎合了国外的审美期待，但也存在选材层次较浅的问题。第三，对文化创新性的认识不足、掌握不够，使具体文化产品的创新力度和广度同“一带一路”沿线国家民众的期待存在差距，展现重大宏观背景、题材新颖、深刻揭示社会规律的原创性作品较少。

第二节　经验借鉴

一、陕西省

陕西省蕴涵丰富的历史、民俗、自然、宗教等文化资源，作为陆上丝绸之路的起点省份，陕西省抓住机遇，加快经济带新起点建设，充分发挥陕西的文化优势，助力“一带一路”建设。陕西省政府办公厅发布的《陕西省推进建设丝绸之路经济带和21世纪海上丝绸之路实施方案(2015～2020年)》中，明确提出了要搭建人文交流平台。

陕西省在融入“一带一路”、推进人文交流领域取得了不少成果，积累了有益经验，主要包括：第一，整合文化资源，合理摄取、保护、利用、打造文化产业运营新平台，提高文化产业发展整体水平。陕西省充分整合现有文化资源，紧扣“一带一路”发展战略，将文化

优势转化为经济优势、产业优势、发展优势，加快文化产业融合发展，不断构建共同参与、共同建设、共享利益、共识推动的文化平台，推动“一带一路”战略实施由独唱到合唱。第二，重视平台建设，为世界了解陕西搭建桥梁。丝绸之路国际艺术节、丝绸之路旅游博览会、丝绸之路电影节、文化遗产保护交流合作论坛等丝路人文交流活动成功落户陕西，为陕西省与丝路沿线国家和地区的人文交流创造了平台，进一步扩大了陕西省的文化影响力。此外，在国内外重要城市举办的陕西传统文化周，也起到了传递陕西声音、讲好陕西故事、让陕西走向世界、让世界了解陕西的良好效果。第三，积极吸引各类社会资本参与“一带一路”建设，紧抓文化产业“走出去”的关键环节。陕西省通过制定政策，鼓励资本以独资、合资、合作、合营等多种途径，组建各类文化投资公司，积极引导金融资金投向文化产业，并主动调整工作重心，把推进丝路主题的艺术创作作为重点。陕西省复排了歌剧《张骞》、创排了杂技剧《丝路彩虹》等“丝路”剧目，并举办了“丝路风情之从长安到罗马”艺术展演月等活动。第四，探索人文交流新模式，促进文明互鉴、民心相通。陕西省充分发挥民间机构和民营企业在“一带一路”文化传播与经济发展中的创造性，以多种形式传承弘扬丝路文化、发展特色文化产业、提升沿线人文领域的合作水平。例如，大唐西市集团依托丝绸之路丰厚的文化资源，持续利用大唐西市文化产业的良好发展势头和丝绸之路国际总商会的高端平台效应，以商贸互通带动人文交流，打造“一带一路”人文交流样本工程。

二、福建省

福建省是联合国教科文组织认定的海上丝绸之路重要起点。2015 年，国家发展改革委、外交部、商务部联合发布的《推动共建丝绸之路经济带和 21 世纪海上丝绸之路的愿景与行动》的第六部分“中国各地方开放态势”中，对各省份在“一带一路”规划中的定位予以明确说明，其中，福建被省定位为“21 世纪海上丝绸之路核心区”。该文件指出，要“支持福建建设 21 世纪海上丝绸之路核心区”，“充分发挥深圳前海、广州南沙、珠海横琴、福建平潭等开放合作区作用，深化与港澳台合作，打造粤港澳大湾区。推进浙江海洋经济发展示范区、福建海峡蓝色经济试验区和舟山群岛新区建设，加大海南国际旅游岛开发开放力度”。福建省政府发展研究中心副主任黄端表示，福建应通过一个枢纽、六个平台和三个基地的建设，发挥泉州、福州、厦门、平潭“一区三点”的龙头引领作用，漳州、莆田、宁德、三明、龙岩、南平“三港三地”的腹地支撑作用，以陆上、海上、海外“三个福建”为载体，统筹经贸发展。

“一带一路”战略为福建省的文化产业发展注入了新的时代内涵，在融入“一带一路”战略方面的经验包括：第一，先行先试，勇于进行“一带一路”，福建省在“文化引领、经贸合作、互联互通、互惠互利”的主线下，着手进行顶层设计。福建省主要领导多次出访东南亚国家，缅甸、老挝、新加坡、柬埔寨和越南等东盟国家领导人也曾先后率团来访，新加坡、泰国和菲律宾在福建设立了总领事馆。另外，福建省还有 8 个城市与东盟国家有关城市建立了友城关系。2013 年 9 月，福建省在第十七届中国国际投资贸易洽谈会上专门设立了“东盟馆”，来自 6 个东盟国家的超过 100 名参展商前来办展。第二，积极发挥闽籍华侨华人和台港澳同胞的桥梁纽带作用，不断加强对外交流往来。2012 年以来，福建省先后成功举办了“中国(福建)—东盟合作与互联互通研讨会”“中国(福建)—东盟工作交流会”等一系列交流活动，“中国—东盟教育培训中心”正式落户福建师范大学。2013 年，闽台海空直航运送旅客 228 万人次，闽港澳合作进一步深化。第三，建立跨区域联动机制，促进区域联动发展。福建省各地市明确文化产业发展方向，着眼文化产业整体竞争力的提升，分类推进文化产业区域协调发展，促进文化产业多元化发展，提高中心城市文化产业的整体合作水平以及中心城市对中小城市文化产业的辐射带动能力。第四，突出重点文化品牌建设，打造对外贸易新格局。福建省秉承包容性发展的文化理念，拓展文化产业发展新空间，以“海丝”文化品牌培育为重点，突出“海丝”文化主题，将“海丝”文化融入文化产业体系各领域，打造“海丝”文化产品与服务品牌。加大“海丝”文化品牌“走出去”的力度，构建互利共赢的文化产业蓝图，将“海丝”文化作为对外文化交流和文化产业合作的纽带，促进文化对外贸易新空间的拓展和新格局的形成。

第三节　对策建议

伴随着曲阜优秀传统文化传承发展示范区被列入国家“十三五”规划纲要，齐鲁大地将担负起在东亚儒家文化圈和世界儒学研究传播中主导话语权的重大责任，在未来服务国家文化战略、推动中华文化走出去中实现更大的作为。为此，我们提出以下建议：

一、加强内容生产

第一，深度把握“一带一路”沿线各国的文化需求，找准齐鲁文化引发情感共鸣的触发点，在贴近性与独特性结合的基础上，实现对齐鲁文化精髓的深度表达，达到文化内涵由感情共鸣向价值共鸣的延展和深化。第二，注重文化内容的创新，不断超越“一带一路”沿线各国民众对齐鲁文化的“期待视野”，创新文化内容及文化传播形式，挖掘并呈现齐鲁文化的深层意义和生活趣味。第三，充分认识和挖掘齐鲁文化资源，以高度的文化自觉践行习近平总书记的指示精神，常态化推进齐鲁文化与“一带一路”的课题研究工作，重点突破孔孟儒学等齐鲁文化核心，通过“一带一路”实现文化传播和文明互动。

二、创新交流机制

第一，坚持“求同存异”“和而不同”的交流理念，尊重彼此的文化传统和精神信仰，创新文化交流理念、思路、政策，针对不同国家和地区实施差异化、个性化交流举措，生动诠释齐鲁文化的价值理念，展现改革开放形象，促进共同的价值追求。第二，加快推进文化产业供给侧的结构性改革，淘汰低俗、低端的文化供给交流，提升高科技含量产品的供给，完善长期规划和全面管理政策，优化金融资本和投资环境。第三，构建开放型新经济体制，建立完善的、适应全球贸易和投资的新规则、新制度，进一步推进行政管理机制改革和公共服务体制改革，建立协同推进机制，促进开放型经济新体制的建立和发展。

三、搭建高端平台

第一，打造“一带一路”文明对话、价值互鉴、文化交流的高端平台，加强与有关的国际组织、政府机构、学术团体、专家学者等的沟通交流，开展学术对话、典籍整理、人才培养等方面的交流合作，推动祭孔大典成为国家级文化工程和交流平台，努力争取国家领导人出席仪式，吸引更多海内外嘉宾、国家参礼团前来追怀先贤。第二，通过打造高端交流平台、活动品牌、合作基地的方式，推动我省加快形成“一带一路”国际文化合作交流中心，申办国际性学术交流活动，积累海外人文平台资源，加强与海外人文资源平台的对话联系。第三，加快实施“一带一路”城际文化交流行动计划，全力建设、管理好贝尔格莱德中国文化中心，使之成为齐鲁文化走向塞尔维亚和西巴尔干地区的重要平台；力争每年与1～2个省级友好城市进行交流，每年开设1家“尼山书屋”，每年与1个中国文化中心合作举办“中国山东文化年”；积极在华侨、华人主要聚居区设立齐鲁文化推广基地，开展齐鲁文化展览展示、培训教学、交流宣传，推动我省儒学、地域文化、代表性文物、“非遗”等品牌文化走出去。

四、创建品牌体系

第一，打造“孔子故乡·中国山东”活动品牌。深入挖掘以儒家文化为代表的齐鲁优秀传统文化精髓，用“国际语言”讲好孔子故事、儒学故事、山东故事、中国故事。举办孔子文化展、孔府乐舞演出、孔子文化周、孔孟思想讲座、孔子故里文化产品展、孔子故里“非遗”展等。加大对孔子出生地——夫子洞的开发和建设，联动尼山圣境，共同打造“圣地中的圣地”。改进孔子文化奖评选机制，建议将教师节的日期改为孔子诞辰日9月28日，为教师节赋予更加深厚的文化内涵。第二，提升山东特色文化产业品牌，充分发挥我省文化资源优势，在新闻出版、广播影视、动漫游戏、文化演艺、文化服务、文化旅游、工艺美术、艺术品创造等领域，提升现有文化产业品牌的知名度和影响力，重点打造孔子文化、齐文化、泰山文化、海洋文化、泉水文化、黄河文化、红色文化、运河文化、齐鲁出版传媒、山东新兴文化产业等十大文化产业品牌。第三，构建十大文化旅游目的地品牌，聚焦东方圣地、仙境海岸、平安泰山、泉城济南、齐国故都、鲁风运河、水浒故里、黄河入海、亲情沂蒙、鸢都龙城等十大文化旅游目的地，突出文化的引领作用，夯实品牌的文化内涵，形成在国内外具有较高知名度和美誉度的文化旅游目的地品牌集群。按照超前性、国际化、规模化的要求，精心规划一批具有国际影响力和国内市场核心竞争力的品牌支撑项目，构建全国文化旅游发展新高地。

第二章

山东省创建国家级文化和科技融合试验区总体方案研究

党的十九大报告中提出，“要坚持中国特色社会主义文化发展道路，激发全民族文化创新创造活力，建设社会主义文化强国”。习近平同志视察山东时也提出了要求：坚持弘扬优秀传统文化，努力在推进社会主义核心价值体系建设上取得新突破。创建国家级文化和科技融合试验区是深入落实党的十九大精神以及继续贯彻习总书记在山东视察时讲话精神的必然要求。

2017年10月26日，山东省科技厅组织召开了山东省创建国家级文化和科技融合试验区座谈会。参加会议的领导和专家有山东省科技厅副厅长李储林，山东省委宣传部文改办主任刘皓，山东省文化厅政策法规处处长张钢、副处长郭洪森，山东省科技厅高新产业处处长房德山、副处长王同庆，山东大学丁培卫、昝胜锋，山东省社科院汪霏霏，山东省科学院战略所赵燕清，山东文化传媒公司总经理林凡军，济南同天投资有限公司总经理陈健，以及相关专家孙西振、田野等。会议讨论了山东省创建国家级文化和科技融合试验区的重大课题。各位专家在研讨中提出，文化和科技的融合体现在公共文化服务、文化产品创作与生产、文化产业发展、文化市场监管、文化遗产保护与利用、对外文化交流、艺术教育和文化管理服务等方面，要充分彰显文化创新能力，提高现代科技成果应用转化水平，才能大幅提升文化科技融合的支撑作用。目前，山东省文化科技创新环境得到进一步改善，文化资源与科技资源的集成共享机制有了新的突破，一批科技人员和研发力量汇聚到文化行业，鼓励文化科技创新的社会氛围逐步形成，这些都为我省创建国家级文化和科技融合实验区创造了有利的条件。山东大学文化产业规划研究团队昝胜锋博士在讨论中指出，山东省创建国家级文化和科技融合试验区的路径在于加强关键技术和服务平台的支撑，不断攻克文化科技融合共性技术，并重点发展数字出版印刷、数字融媒体、数娱演艺、文化旅游等九大业态，优化文化科技融合布局，实施一批重大工程和项目。

在深入探讨的基础上，2017 年 11 月，山东大学文化产业规划研究团队昝胜锋博士与山东省科学院战略所赵燕清、山东省社科院汪霏霏等专家联合撰写完成了《山东省创建国家级文化和科技融合试验区总体方案研究》。现摘录本方案的部分前期研究成果，以飨读者。

第一节　现实基础

一、创建国家级文化和科技融合试验区的必要性

(一)坚守文化舆论阵地的必然要求

习近平同志在 2016 年 2 月 19 日党的新闻舆论工作座谈会上指出：“要加强国际传播能力建设，增强国际话语权，集中讲好中国故事。”山东是儒家文化的发源地，齐鲁文化是中华文化的重要组成部分，要想将儒家文化和齐鲁文化传播出去，讲好山东故事，就需要加强国际传播能力建设。所以，创建国家级文化和科技融合试验区是坚守文化舆论阵地的必然要求。

(二)打造文化建设重要引擎的必然要求

当今时代，科技进步正在通过文化产品的创作力、感染力、表现力、传播力以及影响力的不断提升，体现着对于文化发展的支撑和推动作用。科技创新是促进新兴文化业态形成和发展的核心动力，科技发展不断丰富着文化的内涵，传统文化产业则在与高新技术的融合中得到了不断的提升。所以，创建国家级文化和科技融合试验区是打造文化建

设重要引擎的必然要求。

（三）适应文化和科技融合的国际趋势的必然要求

当前，国际文化和科技的融合正在加速，推进文化软实力与科技硬实力的有机融合，日益成为美国、欧洲、日本、韩国等许多国家和地区摆脱经济危机影响、谋求新的竞争优势的重要手段。文化科技融合推动着文化产业在持续低迷的世界经济中逆势强劲增长，极大地拓展了文化产业的价值空间，正在迅速改变着文化的消费形态。所以，创建国家级文化和科技融合试验区是适应文化和科技融合的国际趋势的必然要求。

二、基础与现状

（一）现状分析

1.具备良好的发展基础

（1）文化事业。文化事业的发展现状有以下特点：一是基层综合性文化服务中心建设加快推进。目前，山东省乡镇（街道）综合性文化服务中心的覆盖率达99.3%，行政村（社区）及文化大院（文化活动室）的覆盖率达95.6%。二是数字化服务能力进一步提升。山东省的文化共享工程实现全覆盖，全省建有1个省级分中心、17个市级支中心、139个县级支中心、1388个乡镇基层服务点、503个街道基层服务点、5900多个社区基层服务点、76000多个村基层服务点。三是公共文化服务体制机制不断创新。山东省推进以县级图书馆、文化馆为主体的总分馆制建设，探索运行模式，建立联动机制，以实现城乡公共文化一体化运行发展。

（2）文化产业。2016年，山东省文化产业实现增加值2481亿元，占GDP的比重为3.94%，比上年提高0.26个百分点。总的来说，文化产业的发展现状有如下特点：一是产业规模不断扩大。2016年，山东省规模以上企业达4165家，实现主营业务收入9050.2亿元，利润总额549.1亿元，企业资产总计6831.1亿元，从业人员67.13万人。二是对外文化贸易增长显著。2017年第一季度，全省文化产品进出口总额达88.96亿元，同比增长93.19%，其中出口86.3亿元，增长94.83%，进口2.66亿元，增长51.83%。三是文化消费增长势头强劲。2016年，全省人均教育文化娱乐支出为1755元，增长12.7%。截至2017年4月，全省累计票房7.41亿元，同比增长8.3%，共有影院435家，银幕数2360块。

2. 文化与科技的融合初见成效

(1)发展基础。据统计，在我省的文化产业园区、基地中，动漫类、数字服务类、创意设计类达30家，占总数的近30%。2017年4月，省文化厅发布新修订出台的《山东省文化产业示范园区创建管理办法》《山东省文化产业示范基地认定管理办法》，着力推进文化与科技融合发展，加快建设科技型文化产业园区和基地。下一步，我省将大力扶持科技含量高、具有孵化衍生功能的产业园区，提供优惠政策，吸引国内外大中型企业入驻。

(2)产业特色。一是传统文化与展示技术融合。山东省内的博物馆为了应对“数字转变”，除了开通网站、社交媒体账号加强与公众的沟通，还不断努力提升馆内的信息化管理和数字服务水平。科技企业利用先进技术，也逐步参与其中。二是传统工艺与工业技术融合。手工艺行业组织正在研究手工艺行业与工业、材料等行业或部门的跨界协作所产生的知识溢出效果和可能的创新。三是文化市场与智能科技融合。在文化创意领域，人工智能主要集中于音乐、新闻出版、视频、旅游等数字内容和电商平台。

(二)优势比较

1. 文化发展特色鲜明

齐鲁文化历史悠久，底蕴深厚，特色鲜明。齐鲁文化之所以能够在中国传统文化中发挥重要作用，其凝聚力和生命力来自其基本精神：自强不息的刚健精神、崇尚气节的爱国精神、经世致用的救世精神、人定胜天的能动精神、民贵君轻的民本精神、厚德仁民的人道精神、大公无私的群体精神、勤谨睿智的创造精神，等等。这些对我们民族的优秀传统及精神的形成具有重要的作用。

2. 科技创新实力较强

近年来，我省的科技创新综合实力逐步加强，科技支撑产业转型和升级的能力提高，区域科技创新高地效应初现，创新创业环境逐步优化。截至2016年，山东省共有国家企业技术中心166家，企业国家重点实验室17个，数量均居全国第一。我省的海洋科技创新实力雄厚，拥有青岛海洋科学与技术实验室、国家深海基地等一批重大科技平台，高层次海洋科技人才占到全国的2/3。

3. 产业发展空间巨大

我省的产业发展呈现出大农业、大工业和大服务业的鲜明特点。2015年，我省的农业增加值4979亿元，居全国第一；农产品出口153亿美元，连续17年领跑全国。工业覆盖了我省的41个行业大类，主营业务收入14.7万亿元，居全国第一；服务业增加值2.85万亿元，居全国第三。2016年，我省的服务业占比首次超过第二产业，实现了产业结构由“二三一”向“三二一”的跨越转变。

4.区位及交通优势

(1)区位优势。山东省地处中国东部的交通要道，北承京津冀经济圈，南接长江经济带，东临浩瀚的黄海、渤海，西接中原腹地，是新亚欧大陆桥经济走廊的重要沿线地区和海上丝绸之路的重要战略支点，地理区位条件得天独厚。

(2)交通优势。截至2015年年底，山东省的铁路和高速公路通车里程分别达到5350公里和5348公里，17市全部通铁路，高速公路覆盖96%的县、市、区，沿海港口吞吐量达13.4亿吨；共有民用运输机场9个，开辟了300多条国内外航线。立体、畅通的交通体系，为山东省的货物流通和贸易往来提供了骨干支撑。

第二节 总体要求

一、指导思想

未来，山东省要以习近平新时代文化建设思想为指导，紧抓国家加快新旧动能转换战略带来的重大机遇，全力建设国家级文化和科技融合示范区，切实增强科学技术在文化资源价值提升、文化产业规模壮大、文化市场功能升级、文化消费丰富繁荣等过程中的支撑作用，通过推动山东省文化和科技的融合发展，进一步促进区域经济发展方式的转变、产业结构的优化，以满足人民群众日益增长的精神文化需求。

二、工作原则

(一)科技驱动，创新发展

数字技术、网络技术、信息技术的迅猛发展，推动了一大批应用于文化领域的全局性、战略性、关键性基础技术的突破,这既是文化与科技融合的重要推动力,也为传统文化产业改造提升、新型文化业态不断涌现指明了基本发展方向。

(二)融合提升,协调发展

综合运用数字、网络和信息技术,改造传统文化产业,催生新兴产业。以文化创新和科技创新为基本动力,鼓励文化企业应用最新的科学技术,引导科技企业跨界进入文化产业领域。

(三)生态优先,绿色发展

以人与自然的和谐为价值取向,以绿色、低碳、循环为主要原则,以生态文明建设为基本抓手,通过文化科技的融合,推动产业转型升级,走可持续发展、生态良好的文明发展道路,为推动美丽中国建设和生态安全作出新贡献。

(四)兼收并蓄,开放发展

开创文化科技融合对外开放新局面,丰富对外开放的内涵,提高对外开放的水平,协同推进文化科技融合的合作与交流。积极融入"一带一路"建设,推进同有关国家和地区在文化科技领域互利共赢的务实合作,打造陆海、内外联动的全面开放格局。

(五)成果惠民,共享发展

坚持以科技为手段,促进文化事业繁荣和文化产业发展。坚持内容为王,以科技来促进更多先进文化内容的产生。坚持服务群众,增加人民群众的文化选择和文化享受,提供更加丰富的高层次文化消费产品。

三、建设目标

(一)总体目标

自主创新能力显著提升,以科技支撑文化产业转型发展的能力显著增强,培育一批具有新技术、新模式、新业态的文化科技企业、园区,使创新、创业环境更加优化,构建起成熟发展模式,到 2020 年,通过国家相关部门验收,成功创建国家级文化和科技融合试验区。

(二)具体目标

产业规模:以科技引领文化创意产业快速发展,力争到 2020 年,使文化创意产业增加 5000 亿元的产值，占地区 GDP 比重达到 6%。

集群构建：丰富产业内容，创新服务模式，打造云翻译与汉语言教学推广、数字出版发行、网络增值服务、三网融合、动漫网游、工程设计、数字演艺、科技文化会展、高科技文化装备、文化地理与智慧旅游等 10 个特色鲜明、具有比较优势的产业集群，且每个产业集群的产值力争突破 1000 亿元。

自主创新：加快对关键共性技术的研究开发，在文化领域实现多语言云翻译、文化资源数字化、下一代广播电视网（NGB）、数字舞台声光电集成技术等 100 项居国内领先水平的自主创新成果。

平台体系：推动专业研究院、工程技术研究中心、高新技术企业研发中心、产业技术创新战略联盟、高新技术产业化基地和科技企业孵化器的建设，在文化创意领域建成 100 个专业技术创新平台和公共科技服务平台。

企业支撑：通过政策扶持，努力创造条件；培育 1000 个拥有技术、掌握标准、注重创新、前景广阔的文化和科技融合企业，充分发挥企业的积极性、主动性，使企业成为文化和科技融合的引领者、推动者、生力军。

人才后盾：创造全国一流的人才环境，引进、培养 1000 名领军人才，在共性研究领域、优势行业门类、重点孵化基地、大型龙头企业中布局，形成系列人才团队、技术团队、创新团队，为文化和科技融合提供坚实的人才保障。

四、发展战略

（一）实施创新驱动战略

到 2020 年，基本形成适应创新驱动发展要求的制度环境和政策法律体系，为文化产业创新、科技创新以及文化科技融合创新提供有力保障，营造激励文化科技创新的公平竞争环境，发挥市场竞争激励创新的根本性作用，营造公平、开放、透明的市场环境，强化竞争政策和产业政策对创新的引导，促进优胜劣汰，增强市场主体的创新动力。

（二）实施标杆引领战略

通过标杆产品、标杆企业、标杆园区、标杆地市，引领文化科技融合示范区建设。

标杆产品：按照文化与科技融合发展的新要求，将最新的高科技技术应用于大遗址保护、非物质文化遗产保护、博物馆及纪念馆陈列和公共文化服务体系建设等项目,将重大文化项目建设成为应用先进科技手段,体现文化科技融合的示范工程,通过典型引领和示范带动,全面提高全省各类文化建设项目的科技化水平。

标杆企业:出台扶优助强政策,将各类资源向本地重点企业倾斜,支持民营和国有文化科技企业平等竞争,鼓励具备条件的企业加快上市融资,打造一批在国内细分行业排名位居前列的龙头企业。

标杆园区:按照文化科技融合发展的要求,鼓励文化类园区升级发展,围绕全省文化科技融合的重点产业方向,进一步梳理产业定位,不断壮大主导文化产业,培育新兴文化产业,改造传统文化产业,提高文化产业园的科技含量,培育标杆园区。

标杆地市:选择几个文化科技融合工作成绩明显的地市作为标杆地市,加快推动标杆地市中文化和科技的深度融合;将文化产业纳入标杆地市加快高新技术产业发展的战略布局,加强关键技术攻关,运用现代科技引领标杆地市的文化产业提升和文化事业进步,把重大文化科技项目纳入标杆地市的相关科技规划统筹安排,以此带动周边卫星城和特色小镇的发展,形成以点带片的发展模式。

(三)实施人才集聚战略

围绕文化科技重点产业门类,加快培养一批掌握现代科学技术,能够引领文化科技创新发展的专门人才和具有较高文化和科技素养、懂经营善管理的复合型人才。全面对接科技创新领军人才引进工程,充分利用优惠政策,重点引进在国内外文化科技领域拥有独立自主知识产权或掌握核心技术,研究的项目具有广阔市场开发前景的高层次人才团队。进一步健全对创业人才、项目和团队的跟踪服务机制,为文化科技人才成长提供广阔舞台和舒心环境。

(四)实施品牌带动战略

围绕我省区域品牌和行业品牌的形象建设,规划和推动山东省文化科技名牌的创建工作,要通过市场化和社会化方式运作,不断提升我省的产品、企业、行业和地区知名度,提高我省对国内外技术、资本等资源的凝聚力和吸引力,使我省的名牌和著名商标对全省经济的发展产生更大的推动作用。

第三节　发展路径

一、重点任务

（一）加强关键技术和服务平台支撑

1. 攻克文化科技融合的共性关键技术

（1）强化公共文化服务类技术研发。推进公共文化服务领域内数字化服务网络、数字媒体与文化艺术融合应用等技术的研发，加强高度融合的全天候电子公共服务平台的数字化建设，优化政府管理模式和服务效能。加大政府采购大数据和云计算等新技术、新产品的力度。

（2）加强文化产业领域共性技术研发。大力发展文化智能制造技术，促进云计算、大数据、物联网、人工智能等高新技术支撑创意内容、装备系统的开发与应用，加强对计算机图形图像、虚拟现实、交互娱乐引擎、自然人机交互、三维打印、智能语音等关键技术的研发，加快创新成果的推广运用和产业化。

（3）深化文化市场共性技术研发。开展对文化资源保护开发共享、知识产权保护、文化市场安全监管、文化诚信评价等文化管理、文化市场建设领域的共性技术的研究，推动信息网络、智能制造、虚拟现实、大数据、云计算、物联网、3D打印等高新技术在文化市场管理与服务方面的广泛应用。

（4）优化文化遗产保护共性技术研发。在文化遗产保护领域，聚焦全省文化遗产的价值认知、保护修复、传承利用等重点领域，在文物资源的数字化及云计算、虚拟现实、现代化保护修复技术应用、传统工艺科学化应用、专有保护装备研发等方面进行关键技术研发。

2. 搭建五大文化科技融合平台

（1）搭建文化科技融合检测服务平台。稳步构建科学合理的文化科技产品与专业设备检测评价体系，提升对全省的文化科技产品及专业设备的文化价值、科技导入度、功能价值、外观设计、质量体系、受众满意度等专项内容的测试服务水平。

(2)搭建文化科技成果供需对接平台。凝聚文化科技创新资源和创新要素,促进全省范围内的创新技术与市场需求有效对接。发展技术开发、评估、咨询、知识产权服务等中介机构,发展壮大全省的文化产权交易、高新技术产权交易,形成科技研发、成果转化、市场导入和产业化发展的全链条。

(3)打造文化科技投融资平台。探索应用知识产权资产证券化、权益份额化、众筹等融资方式,适时举办全省文化科技企业投融资路演活动,与影视动漫、创意设计等资源、文化融资租赁公司联动,结合互联网金融资源,盘活文化资产。

(4)搭建文化旅游服务平台。完善线上人工服务功能,升级旅游APP及智慧服务系统,打造智慧旅游云平台,实现服务、营销、运营管理智慧化,整合管理部门、行业协会和企业资源,通过科技带动,提升信息资源共享与服务水平。

(5)创建文化科技创新奖励平台。创办高规格的文化科技创新大赛,设立创新奖,多渠道加大对获得国家级、省级重大科技奖项的个人及团队的奖励力度。通过文化科技创新奖,为优秀项目寻找融资、发布新产品、完善商业模式、拓展业务渠道提供平台。

(二)重点发展九大业态

根据《国家文化科技创新工程纲要》《国家"十三五"时期文化发展改革规划纲要》《文化部"十三五"时期文化科技创新规划》《山东省文化厅"十三五"时期文化改革发展规划》等及山东省文化产业发展基础,确定了在文化和科技融合领域,山东省应重点发展的九大业态。

1.数字出版印刷

新理念、新技术、新产品、新模式是数字出版产业可持续发展的关键,是传统出版印刷业转型升级的内在动力和外在标志。应重点推动山东出版集团、济南出版社等传统出版印刷企业向数字出版印刷转型,推进资源数字化、生产数字化、传播数字化建设,支持企业在内部从生产流程、产品研发、市场销售、经营管理等方面逐步实现信息技术的全面应用。规范并繁荣网络文学,推动世纪金榜等教辅企业发展数字教育出版,运用人工智能技术重塑出版流程。推动数字印刷发展,实现按需印刷,补齐传统印刷的短板。

2.数字融媒体

应坚持传统媒体和新兴媒体优势互补、一体发展的原则,采用数据库模式和新闻专线服务模式，推进传统媒体和新兴媒体在内容、渠道、平台、经营、管理等方面的深度融合。搭建融媒体集团(集群/中心)，利用大数据和云计算技术开发统一的、共享的舆论宣传内容生产大数据库，实现新闻信息一次采集、多种生成、多元传播。通过建立相关规章和合理的组织架构，解决新媒体独立发展、各自为战、技术平台不能共享等问题。推动信息传播的人格化、数据化和智能化发展，开拓细分市场。

3. 数娱演艺

支持演艺娱乐企业及项目使用虚实互动的方式进行展演设计、布景呈现，鼓励其使用三维成像、智能交互、声光电一体控制及多维综合展演等技术。鼓励在威海华夏城景区、泰山封禅大典演出等项目的展演中运用时空变换、虚实互动的呈现方式，实现实时监测与智能调度，用好虚拟现实互动引擎、跨平台高清显示与控制系统等，以提高文化艺术展演技术。推动文化互动实景展演系统、建筑文化艺术设计技术体系的研发。鼓励舞蹈、杂技、戏曲、曲艺、武术等与现代展演技术的有机结合。

4. 文化旅游

要大力推动科技产业和旅游业融合发展，在科技产业园区的设计中兼顾旅游功能，使园区成为科技旅游的重要载体。可借助云计算、大数据、物联网、人工智能技术以及新能源、新材料、可穿戴智能设备等推动文化旅游的创新发展。支持搭建山东文化旅游综合服务云平台，提供包含地理信息导引、旅游产品营销、线上线下演出等服务的一站式文化旅游综合服务。整合“三孔”、城子崖龙山文化遗址等全国文保单位，开设包含古遗址智慧博物馆、古遗址百科知识库的综合展示和服务平台。支持文化旅游景区、文化旅游开发企业等采用先进技术手段及装备，增强景区的展示功能，提升的游客体验效果。

5. 数字会展

充分利用先进科技，优化传统会展开展过程中的策划、组织、宣传、招展服务等环节。基于“互联网＋会展”，推动山东丞华等会展企业利用大数据、云计算、VR(虎拟现实)、ZR(再造现实)与信息集成等技术，发展数字展会，形成互联网上的会展产业闭环生态圈和经济圈。借助互联网专业平台的品牌优势、专业运营能力、传播渠道和跨界融合能力等，扩大会展在横向领域的效应。鼓励主办方在会展中利用大数据技术，支持发展会展大数据，为会展各参与方提供多方位的大数据服务。

6.影视动漫

支持影视动漫融合服务技术的集成与应用,鼓励山东影视集团等采用和研发虚拟现实与互动影视融合技术,开发实时表演捕捉、虚拟摄影、可视化预演等电影制作技术,促进虚拟现实技术与影视科技的协同发展。支持动漫游戏企业通过购买IP(知识产权)及合作开发、自研IP、海外IP合作等方式开发动漫影视作品、动漫游戏。鼓励影视企业、动漫企业、衍生品开发企业等联合开发优质IP资源,打通影视、游戏、衍生品等产业链条。

7.创意设计

加强对山东省传统文化元素的采集、抽取、特征分析,搭建山东省传统文化元素符号数据库,推动传统文化元素符号在现代创意设计中的应用。推动人机互动技术在文化内容创作和文化产品创意设计过程中的应用。支持创意设计企业针对市场需求提供个性化创作、智能化设计制造等服务。努力满足人民群日益增长的对大众文化艺术品的消费需求,搭建网络服务平台,培育文化产品网络化服务制造新业态。加快融入“一带一路”建设,推动跨境文化创意设计电子商务的开展。

8.文化装备

鼓励文化生产企业及文化装备制造企业加强技术研发和设计能力,提高设备更新换代的频率。改进、完善流动舞台车、图书车、文化车等流动文化设施。支持相关企业或组织提高演艺装备水平,在演艺创编、交互体验、智能演艺等领域下功夫,以提升舞台艺术呈现效果。鼓励并支持舞台机械类、演艺灯光类、演艺音响类、观演视效类、乐器类的关键部件和系统装备的研发与更新。加快建设智慧剧场,加快文化装备的数字化、智能化、网络化进程。鼓励数字化产品制造和3D打印技术在文化装备制造领域的应用。

9.文化大数据

推动公共文化资源部门与大数据企业对接合作,以省/市/县级图书馆、博物馆、文化馆、美术馆、艺术院/团和艺术科研院所等机构的数据资源为主要内容,构建山东省文化大数据库。推动文化大数据的采集、清洗、分析、共享、可视化工作。支持社会力量共同开发利用文化资源数据,选择优质的社会数据与文化资源数据融合。通过持续开展文化消费惠民季、加强与银行的合作等方式,收集并分析文化消费数据,为文化产品生产和文化服务供给提供数据参考,引领文化产业健康发展。

（三）优化文化科技融合布局

以《山东省“十三五”科技创新规划》《山东省创新型省份建设实施方案》《山东省文化厅“十三五”时期文化改革发展规划》等文化为指导，以点带线，进而以线带面，着力优化以济南和青岛为核心，以烟台、济宁、威海、日照、淄博、潍坊、东营、泰安等重点地市为多极，以十大高新区为集聚区的文化和科技融合发展格局。

1. 两核

“两核”指济南和青岛。在济南、青岛建设具有重要影响的区域文化和科技融合中心，可以形成山东省建设国家级文化和科技融合试验区的核心支撑力量，辐射带动全省文化和科技融合发展。其中，对于济南来说，应紧密结合济南市推进的区域性科技创新中心的建设，推动文化和科技深度融合，进一步完善文化科技创新体系，基本形成带动文化产业发展、规范文化市场秩序的科技支撑体系，大幅度提升科技对文化产业的拉动力，将济南打造成国内重要的文化科技成果策源地、京沪之间的文化科技创新新高地，以及国内一流、国际知名的区域性文化科技创新中心。对于青岛来说，应紧密结合青岛市深化国家引领型创新型城市建设的进程，以科技创新为引领，以人才智力为支撑，建成具有重要影响力的融合文化产业和科技的创新之城、创业之都、创客之岛。我省应着力打造文化装备、智能制造、虚拟现实、新一代信息技术等方面的文化科技创新中心，积极打造国内一流的文化和科技融合示范城市，助力山东半岛蓝色经济跨越式发展。

2. 多极

“多极”指烟台、济宁、威海、日照、淄博、潍坊、东营、泰安等具备较好文化和科技融合基础的地市。抓住烟台、济宁持续加强国家特色型创新型城市建设的契机，发挥高校院所的科技人才及文化产业集聚优势，支持烟台加强与韩国在文化科技上的合作交流，以烟台的广告创意产业园区等为载体，推动创意设计、动漫游戏、文化旅游、影视、演艺等领域文化和科技的融合，推动科技成果转移、转化；支持济宁深入挖掘儒家文化、运河文化、水浒文化，以“三孔”、“四孟”、古运河等为载体，推动运用影视动漫、数字出版印刷、数娱演艺、数字会展等现代科技手段表达和展现优秀传统文化。抓住威海、日照、淄博、潍坊、东营、泰安等市争创国家创新型城市的契机，同步推进文化和科技融合试验城市的建设，推动各地市在文化旅游、演艺娱乐、创意设计、动漫游戏、数字会展等领域加强文化与科技的融合深度和创新力度,推动文化产业创新发展迈上新的台阶,围绕特色产业打造文化和科技融合高地。

3.十大集聚区

“十大集聚区”指十个重点国家级、省级高新区。山东省应依托十七地市的国家级、省级高新技术开发区,发挥高新区的先发优势和创新引擎作用,加大科技研发创新力度,推动科技成果转移、转化,促进各地市文化产业的优势业态加强与科技的融合力度和深度,率先遴选打造十个文化和科技融合集聚区。

专栏　十大集聚区

十大集聚区包括济南高新区、青岛高新区、烟台高新区、潍坊高新区、淄博高新区、东营高新区、济宁高新区、威海高新区、泰安高新区、日照高新区。

(四)实施一批重大工程和项目

1.实施四大文化科技融合工程

(1)实施文化标准化工程。支持我省龙头企业、高校及科研机构联合研究并制定文化艺术创作、影视动漫、创意设计、网络新媒体等重点文化行业的技术和服务标准规范。推进山东省文化资源的统一标识、核心元数据、分类编码、数据采集、指标口径、数据质量、数据交易、技术产品、安全保密等标准的制定工作。

(2)实施文化科技成果转化工程。坚持产学研相结合,加强对文化科技基础技术的研发,加强对高新技术的引进、吸收、再创新,加强对科技成果的转化应用。通过文化科技重点项目带动、平台建设、人才培养、理论研究、示范引领等工作,形成充满活力的文化创新体系,提升文化创造活力,创新文化成果。

(3)实施文化市场主体培育工程。推进国家级文化与科技融合示范基地、文化标识性项目建设,发展壮大一批特色突出、产业链完备的文化与科技融合的重点企业。加大对动漫游戏、文化演艺、广播影视、数字内容传播与服务、广告设计类企业的扶持力度,逐步引导企业申报国家级、省级文化科技融合示范基地,增加申报国家和省级科技专项资金的名额。

(4)实施文化科技人才培育工程。鼓励我省文化科技企业、园区与高等院校、科研机构共建人才培养基地,通过项目带动和平台建设,吸引和培养具有重要影响的技术专家。

落实各类人才政策，积极引进海外文化创意、文化科技研发等方面的高端人才。支持带资金、带项目的高级人才在重点园区落户创办企业。

2.加强文化科技融合项目建设

(1)推动创新实验室等项目的建设进程。发挥青岛海洋科学与技术国家实验室、国家高速列车技术创新中心的示范引领作用，布局建设一批创新要素集聚性强、支撑产业转型升级作用强的国家级重大科技创新实验室。推动部省联合实施国家重点研发计划重点专项，吸引国家重大科技成果在我省转化落地。推动青岛海洋科学与技术国家实验室进入国家实验室试点序列，助力“透明海洋”重大科技创新工程深入实施。

(2)支持重点文化科技园区建设。重点扶持济南国际创新设计产业园、济南齐鲁软件园、齐鲁文化创意基地、青岛灵山湾影视文化产业区、青岛动漫游戏产业园、青岛国家广告产业园、烟台广告创意产业园、中艺1688创意产业园、潍坊文化创意产业园等省内领先、在国内具有知名度、有较强竞争力的文化科技类园区，鼓励园区产学研有机结合，走规模化、专业化、市场化、国际化发展道路。

(3)提升创意设计类项目的建设水平。加强星工坊·飞尔姆乐园、青岛东方时尚中心及青岛智能化景区服务系统IUU旅行项目、宇梦青岛·大型航天科技VR嘉年华项目、烟台日报传媒文化产业园区建设项目、山东美猴动漫文化创意体验基地等创意设计项目的建设，打造优秀品牌，赋予品牌文化内涵，提升市场品牌价值。

(4)强化数字内容和动漫类项目的建设。创新优化山东IPTV集成播控项目、基于虚拟现实技术(VR)的新媒体项目、山东地方曲种传播项目、剧种数据库项目、烟台智慧社区“彩云慧家”项目、基础教育名校名师优质资源聚合云项目、数字化全媒体融合发展建设项目等项目的发展环境，加强知识产权保护，通过投资并购、版权合作、联合运营等方式推广山东省的优秀数字作品，强化内容的衍生开发以及市场的开拓培育。

(五)科技助推齐鲁文化融入国家战略

齐鲁文化是中华传统文化的主要源头和重要组成部分。2013年，习近平总书记视察山东时，对山东省挖掘齐鲁文化资源优势、弘扬优秀传统文化提出了特别希望。随着“曲阜中华优秀传统文化传承发展示范区”被列入国家“十三五”规划纲要，齐鲁大地将担负起在东亚儒家文化圈和世界儒学研究传播中主导话语权的重大责任，在未来服务国家文化战略、推动中华文化走出去中实现更大的作为。文化和科技的融合发展将有效促进和推动齐鲁文化传承弘扬和走向世界，为山东文化产业融入“一带一路”等国家战略提供有力支撑。

山东省应以内容创新提升产业发展原创动力，注重文化内容的创新与趣味，讲好齐鲁文化故事，不断超越国际民众对齐鲁文化的期待，创新文化内容及文化传播形式，挖掘呈现齐鲁文化的深层意义和生活趣味，加快打造影视精品，重点抓好齐鲁文化题材的电影、电视剧、纪录片、网络剧、微视频等的创作生产，发挥“互联网＋”云平台作用，延伸拓展服务内容，制作图书、影视、动漫游戏等原创精品；开发与儒家文化历史故事有关的动漫影视、动漫游戏等产品，打响一批具有国际影响力的大型综艺节目新品牌；以业态创新推动产业变革，逐步推进传统文化产业利用新技术，构建新媒体平台，拓展新兴业态；创新文化消费模式，积极创新山东省文化惠民消费季活动；举办国际百城摄影展、组织文化专题旅游等；加强国际文化交流，进而深化文化产业合作。

二、保障措施

(一)加强组织领导

成立山东省创建国家级文化和科技融合试验区工作领导小组，以省委常委、宣传部长、分管副省长为组长，省直相关部门负责人为成员，研究制定相关政策措施，领导小组办公室设在省科技厅，办公室负责山东省创建国家级文化和科技融合试验区的具体管理工作。建立由省委宣传部牵头，省科技厅、省文化厅等省直各有关部门参加的山东省文化和科技融合联席会议制度，定期召开例会，保障决策层面的充分沟通，形成推动文化科技创新的合力。联席会议负责统筹协调、决策部署文化和科技融合发展的重大规划和重大项目。建立健全市县联动机制，引导各县、市、区整合优势资源，积极发展文化和科技融合项目，打造特色文化科技融合产业集群。建立专家咨询机制，营造有利于文化和科技融合发展的环境。按照党的十九大提出的关于文化和科技融合的新精神，开展文化和科技融合宣传，指导、督促、组织、实施文化和科技融合规划和项目，建立健全方案实施过程中的考核、监测、评估机制，形成有利于文化和科技融合的工作体系，加快推进文化和科技的融合。

（二）完善政策体系

以山东省委、省政府的名义印发试验区总体方案，安排部署全省文化和科技融合发展工作，加大督促检查力度。制定与文化和科技融合试验区建设配套的招商引资、土地使用、财税支持、人才引进等综合性配套政策；加大在财政、税收、金融、用地等方面对文化和科技融合产业的政策扶持力度；将文化和科技融合重点项目用地纳入土地利用总体规划和年度用地计划；推动建立无形资产质押贷款、联贷联保、第三方担保等工作机制；集成国家、省、市级的科技和文化产业发展规划；支持对文化与科技融合发展关键支撑技术的攻关、技术集成、创新和应用示范；落实国家、省为扶持高新技术企业、创新型企业而出台的税收、用地、融资等优惠政策；规范国家级文化和科技融合示范基地、国家级文化产业示范园区、国家级文化产业试验园区、国家级文化产业示范基地的建设和管理，提高文化和科技产业集聚区的建设水平；加强知识产权保护，对文化科技成果转化应用、知识产权评估、抵押融资和贸易等进行扶持；建立文化和科技融合的政府采购制度，将文化科技产品和服务纳入政府采购范围；鼓励并促进我省预算管理机关、事业单位和社会团体优先选用我省自主创新并拥有自主知识产权的文化科技产品与服务。

（三）加大资金支撑

加大财政资金投入，带动社会资本参与，支持与文化和科技融合技术相关的研发、应用示范、试验区建设、重点企业招商、人才引进与培训、创新载体建设和公共服务平台建设，并积极争取国家部委对文化和科技融合的资金支持。鼓励引导省、市、县（区）设立文化和科技融合发展专项资金，省级财政每年拨款 1 亿元，设立省级文化科技融合发展专项资金，各市财政每年拨款 1000 万元，各县（区）每年拨款不少于 200 万元，主要用于扶持与文化和科技融合相关的试验区建设、重点项目培育以及对拥有完全自主知识产权的文化科技产品的开发。每年从山东省新旧动能转换基金中拨出 5000 万元，设立文化科技融合引导基金，用于支持与文化和科技融合发展相关的重大工程和重大项目。创新文化科技产业投融资模式，探索建立文化科技创新投融资服务平台，鼓励金融机构向文化科技企业投资，完善文化科技产业要素市场。建立以企业投入为主体，市场融资为手段，政府投入为补充的多元化资金投入机制。引导风险投资资金进入，支持各商业银行创新面向文化和科技融合的信贷服务，鼓励担保机构为文化和科技融合类的企业提供担保服务,支持保险机构开展相关保险服务,鼓励符合条件的文化和科技融合企业上市融资等。

(四)强化人才队伍建设

按照“人才优先,高端引领,开拓创新,服务发展”的原则,建立人才的培养、交流、引进、储备、激励长效机制,组建懂文化、懂科技、善经营且具有文化和科技融合创新能力的复合型人才队伍。加强产学研合作,支持文化科技融合企业与省内高等院校、科研院所、培训机构建立文化科技人才培训基地。积极探索文化与科技、管理相结合的教育培养模式,重点加快对创新型、复合型、外向型文化科技跨界人才的培养。建立人才交流机制,鼓励和组织文化科技人才到文化发达地区考察学习,鼓励他们参加文化科技产业高峰论坛,加强省内地市之间的文化科技人才交流互动。建立人才引进绿色通道,拓宽人才引进渠道,吸引海外高层次人才来山东创新、创业,重视对文化科技复合型人才的引进,落实高层次人才在住房、创业基金、子女教育等方面的优惠措施。建立中高端人才库,加大对文化科技复合型高端人才的储备力度。建立健全人才激励与奖励制度,创新用人机制,改革分配制度,对作出突出贡献的杰出人才进行奖励。

(五)构建完善考核评价体系

落实试验区建设责任,建立工作责任制,分解任务,明确责任,狠抓落实。应由山东省政府牵头,省直各有关部门联合制定试验区建设绩效评估办法,开展绩效评估,引导示范区建设科学有序地推进。以促进文化科技创新发展为目标,加强对文化科技创新工作统计制度、指标体系、调查方法的研究,逐步探索建立一套适用于评价科技支撑文化发展速度、发展水平、发展潜力以及投入产出效益的评价指标体系。加强科技文化项目的实施监管,定期跟踪检查督导,建立健全科技文化项目检测评估制度,完善项目实施的动态调整机制。

三、实施步骤及任务分解

(一)方案编制期(2017 年 11 月～2018 年 2 月)

成立方案编制领导小组,负责方案编制工作的决策、部署、各阶段材料审核和具体组织实施。建议组长、副组长由省科技厅相关领导担任,成员为厅相关业务处室的负责人或骨干人员。

成立方案编制起草小组，按照领导小组的总体部署和要求，对方案进行宏观设计、框架研究和实地调研等，并最终完成总体方案文本的起草工作，包括基础与现状、建设目标、发展战略和重点任务等内容，同时征求地方、部门和相关领域专家对总体方案的意见和建议，对总体方案进行修改和发布实施。

（二）启动实施期（2018 年 3～9 月）

邀请国家部委及省委、省政府的相关领导参加，召开山东省创建国家级文化和科技融合试验区工作启动会。建立分管省长牵头，省直各有关部门、各有关市政府负责同志参加的试验区创建工作协调机制。成立山东省创建国家级文化和科技融合试验区工作领导小组、山东省文化科技融合联席会议制度和试验区管理办公室，明确领导小组、联席会议和管理办公室的职能、组成和各成员单位的职责，确定试验区运营管理机构和试验区建设负责人。

印发《山东省创建国家级文化和科技融合试验区工作要点分解》，明确试验区创建的战略定位、总体思路和工作任务，确定责任分工和工作进度，加快推进试验区创建工作。

加强与国家部委的工作沟通，迎接国家有关部委来我省调研试验区的创建情况，争取早日接到建设山东省国家级文化和科技融合试验区的正式批复。

（三）深入推进期（2018 年 10 月～2020 年 9 月）

2018 年 10 月～2019 年 9 月：完善试验区政策体系，启动一体化建设推进工作。进一步完善《山东省国家级文化和科技融合试验区实施方案》，研究制定《关于促进山东省创建国家级文化和科技融合试验区的意见》及《山东省创建国家级文化和科技融合试验区发展规划纲要》。进一步健全试验区工作组织领导机制，对试验区的创建进行全面动员和部署。省直有关部门结合自身职能，出台相关先行先试政策的实施细则，立足山东实际，制定配套政策。各有关市根据试验区建设方案中确定的发展战略、建设目标和重点任务，进一步理顺体制机制，落实先行先试政策，扶持文化科技融合重点产业，提升试验区创新发展的能力和水平。

2019 年 10 月～2020 年 9 月：全面深化试验区体制机制改革，加快推进相关政策措施的全面落地，壮大试验区重点发展的文化科技融合产业，加强先行先试政策的试点示范力度，优化试验区文化科技融合生态系统，实现试验区统筹协调发展。适时制定并颁布《山东省国家级文化和科技融合试验区发展条例》。

(四)总结推广期(2020年10月~2020年12月)

对照总体方案,全面梳理工作进展情况,及时查漏补缺,集中力量,加强重点领域和薄弱环节的工作。省政府牵头,定期组织省直各有关部门和地市对试验区建设工作和任务完成情况进行监督检查和评价。全面总结试验区建设实施情况,将取得的成功经验和做法进行推广。进一步深化试验区建设的新思路、新目标,探索建立试验区建设长效机制。

第三章

济宁市“十三五”文化改革发展规划研究

为全面落实济宁市委、市政府建设“文化强市”的战略部署，大力弘扬优秀传统文化，打响济宁市“孔孟之乡、运河之都、文化济宁”的城市品牌，加快推动济宁市的文化发展，由山东大学文化产业研究院昝胜锋团队成员组成的济宁市规划课题调研组赶赴济宁，就该市文化产业在“十三五”期间以及未来的发展情况展开全面调研，对济宁市文化发展现状以及发展优势、发展问题等进行了深入的了解，并最终编制了《济宁市“十三五”文化改革发展规划研究》。济宁市文化广电新闻出版局徐伟副局长、文化产业科白洪波科长、任城区文化旅游局王文镇副局长就研究报告给予了详细的意见和建议。

规划以习近平总书记视察山东、济宁时的重要讲话精神为指导，以《中共中央关于制定国民经济和社会发展第十三个五年规划的建议》《中共中央关于繁荣发展社会主义文艺的意见》《济宁市国民经济和社会发展第十三个五年规划纲要》《济宁市“十三五”服务业发展规划》等相关文件及规划为依据，由济宁市文化广电新闻出版局、山东大学文化产业研究院昝胜锋团队共同编制完成。现摘取规划的部分研究成果，以飨读者。

第一节　基础现状

一、现实基础

(一)发展成绩

1.公共文化服务体系趋于健全

表1-3-1统计了“十二五”期间济宁市公共文化服务的建设发展情况。“十二五”时期是济宁市公共文化服务体系建设投入最集中、投资额最大、水平提升最快的时期。2014年,济宁市财政文化事业项目支出预算安排超过2.7亿元。截至2015年底,全市县级文化馆全部达到国家二级馆以上标准,152个镇(街)全部建成综合文化站,并达到国家三级以上标准,农村文化广场建成5716处,基本实现行政村全覆盖。在这一时期,济宁市的国家级、省级示范区创建工作成绩突出,全市3个全国“文化先进县”、5个山东省“社会文化先进县”通过复查,2个省级公共文化服务体系示范县通过验收,“市民大舞台”“百姓大舞台”文化惠民工程被文化部评为第二批公共文化服务体系示范项目。

表1-3-1　　“十二五”期间济宁市公共文化服务建设发展情况

类型	国家一级文化(艺术)馆	国家一级公共图书馆	国家二级公共图书馆	乡镇(街道)综合文化站	农村文化大院	农家书屋	农村公益电影放映	广播覆盖率	电视覆盖率	新增群众文艺队伍	年均群众演出场次
数量	9个	5个	2个	156个	6050个	5809个	37万场	98.37%	98.4%	1000支	20000场以上

2.文艺精品创作成果丰硕

“十二五”期间,济宁市围绕“中国梦”、弘扬优秀传统文化等主题,大力开展精品剧目创作工程,创作排演山东梆子现代戏《圣水河的月亮》《河都老店》、民俗风情剧《我家就在岸上住》、儿童音乐剧《白雪公主和七色光》、杂技剧《孔子》等一批精品剧目及《家有贤媳》《月亮门》《铁戒指》《运河女人》《烽火梁山》等一批优秀的戏曲、影视剧本获得了许多国家级、省级奖项(表 1-3-2),文艺精品创作数量和质量处全省前列,先后设立“文艺精品创作工程”“艺术创作”及“孔子艺术奖”“乔羽文艺奖”等专项资金和奖项,支持全市文艺创作生产。

表 1-3-2　“十二五”期间济宁市重点剧目国内获奖情况

代表剧目	所获奖项
《圣水河的月亮》	第十四届文华奖“优秀剧目奖”及编剧、优秀表演奖;第三届中国豫剧节最高奖“优秀剧目奖”和“优秀表演奖”;山东省第十一届精神文明建设“文艺精品工程”奖
《河都老店》	入选“山东省舞台艺术精品工程”剧目;被评为山东省“十艺节”优秀展演剧目;庆祝抗战胜利 70 周年全省优秀展演剧目
《我家就在岸上住》	第七届“山东省泰山文艺奖”二等奖

3. 文化遗产保护成效显著

“十二五”期间,济宁市文化遗产保护力度持续加大,建立了“非遗”保护工作部门联席会议制度,设立了文物保护、“非遗”保护等专项资金,成立了济宁市“非遗”保护中心。济宁市的文化遗产保护名录不断扩容,截至 2016 年,全市共有世界级文化遗产 2 处(表 1-3-3),国家级、省级、市级重点文物保护单位的数量分别为 36 处、247 处、314 处,列入国家级、省级、市级“非遗”名录项目的数量分别为 17 项、47 项、164 项,先后建成了 23 个民俗博物馆、37 个传承基地、传习所,持续推动“非遗”传承保护进农村、进社区、进校园,文化遗产抢救性保护、生产性保护水平不断提升。

表 1-3-3　济宁市重点文化遗产

类别		名称
物质文化遗产	世界级文化遗产	“三孔”(孔府、孔庙、孔林)、中国大运河(济宁段)
	国家级文保单位	曲阜孔庙、孔府、孔林、中国大运河(济宁段)、崇觉寺铁塔、曲阜鲁国故城、嘉祥武氏墓群石刻、铁山、岗山摩崖石刻、孟府、孟庙、颜庙、汉鲁王墓、慈孝兼完坊、微山县伏羲庙等

续表

类别		名称
非物质文化遗产	国家级“非遗”项目	祭孔大典、鲁西南鼓吹乐、梁祝传说、嘉祥石雕、邹城平派鼓吹乐、鲁班传说、楷木雕刻、四平调、麒麟传说、山东梆子、鲁锦织造技艺、端公腔、孔府菜烹饪技艺、山东落子、曲阜琉璃瓦制作技艺、孟母教子传说、二仙膏古法制作技艺
	省级“非遗”项目	梁祝传说、麒麟传说、鲁班传说、孟母教子传说、孔子诞生的传说、柳下惠传说、闵子骞传说、颜子传说、水浒传说、鲁西南鼓吹乐、邹城平派鼓吹乐、箫韶乐舞、泗水《大辫子甩三甩》、嘉祥石雕、楷木雕刻、山东梆子、四平调、阴阳板、火虎、尚寨竹马、梅花桩狮子舞、端公腔、山东渔鼓、山东落子、山头花鼓、梅花拳、子午门、文圣拳、梁山武术、济宁面塑、鲁锦织造技艺、柘砚制作技艺等

4.特色文化产业蓬勃发展

“十二五”期间,济宁市文化产业持续快速发展。2015 年,文化及相关产业实现增加值 150.93 亿元,占 GDP 比重为 3.76%。济宁市的文化市场主体培育成效显著,截至 2016 年,全市共有文化产业经营单位 1.85 万家,从业人员 15.6 万人;产业载体建设稳步推进,全市在建文化产业项目 98 个,总投资额达 755 亿元;全市共有国家级文化产业示范园区 1 处,国家级文化产业示范基地 2 处,省级文化产业示范园区 2 处,省级文化产业示范基地 11 处(表 1-3-4)。济宁市的文化与旅游、科技、金融等相关产业融合发展进程也在不断加快,文化市场重点领域的专项治理深入推进,统一开放、竞争有序的文化市场体系逐步建立。

表 1-3-4　　济宁市省级以上重点文化企业、项目、园区名单

分类	名称
国家级文化产业示范园区	曲阜新区国家级文化产业示范园
国家级文化产业示范基地	嘉祥石雕文化产业园、山东省儒源文化集团有限公司
省级文化产业示范园区	济宁文化创意产业园、梁山文化产业园

续表

分类	名称
省级文化产业示范基地	济宁宏文文化产业有限公司、山东德行天下文化传媒有限公司(济宁市孔子礼仪文化职业培训学校)、曲阜明故城文化产业园、金乡羊山古镇国际军事旅游度假区、嘉祥石雕文化产业园、嘉祥京鲁益久织造有限公司、山东汶上宝相寺旅游发展有限公司、济宁电影有限公司、济宁高新软件园服务有限公司、山东金江实业发展有限公司、邹城圣城旅游开发有限公司
山东省重点文化企业	山东金榜苑文化传媒有限公司、曲阜文化旅游发展投资集团有限公司、济宁演艺集团、山东新思域设计艺术有限公司
山东省重点文化产业项目	东方文博城项目、助学读物/社科类图书大型研发基地项目、邹城市峄山文化产业综合开发项目、30集原创动画故事片《孟母教子》、尼山圣境项目一期工程、汶上县中都佛苑文化产业园、济宁杂技城项目、曲阜百年巨匠艺术公馆项目
山东省重点文化产业园区(基地)	兖州兴隆文化园、梁山水浒文化产业园、山东梁山出版印刷书业园、嘉祥石雕文化产业园

5.文化贸易合作日趋活跃

“十二五”期间,济宁市对外文化交流与贸易合作的空间不断拓展。2014年,济宁市被纳入国家“一带一路”战略实施范围。济宁市积极组织开展对外文化交流活动,借助孔子文化节等载体精心组织策划,对外宣传济宁市的城市形象。济宁市的文化产品“走出去”平台持续完善,组织文化企业参加了山东省文博会、北京文博会、义乌文博会、深圳文博会等专业展会,提高了济宁市地域文化、文化产品在全省、全国的影响力。济宁市的对外文化贸易稳步发展,鱼台柳编、纸花企业、曲阜画框、金乡铅笔、嘉祥纺织等成为重点文化出口企业,年文化外贸出口额达到1亿美元以上。

6.文化体制改革扎实推进

“十二五”期间,济宁市大力推进国有文艺院团和新闻单位改革,顺利完成了国有文艺院团改革的阶段性任务,全市14家国有文艺院团划转4家,转企10家,6家市直文艺院团改组,成立济宁演艺集团有限责任公司,建立了现代企业制度。全市广电网络资产整合,进入省网络公司,并整合经营性业务,组建了济宁圣城传媒集团有限责任公司。另外,济宁市的公益性文化事业单位实行了岗位责任制和全员聘任制,文化管理体制进一步理顺,简政放权深入推进。

(二)存在问题

1. 文化资源开发利用程度低

济宁市的文化丰裕度与文化影响力尚不匹配,稀缺性的物质与非物质文化遗产尚未得到充分利用,现有文化项目往往处于浅表开发阶段,缺乏引领性创意策划和成功的运营模式,有待于将先进的科学技术与传播、展示、互动手段等与儒家文化、运河文化等区域特色文化的开发利用相结合。

2. 文化产业整体竞争力较弱

济宁市的文化产业总体规模偏小,产业竞争力弱,文化消费水平偏低,其中工艺美术品、文化设备制造等文化制造业增加值比重较高,动漫影视、创意设计等文化服务业所占比重偏低;文化企业的规模普遍较小,缺少带动性强的大型文化企业集团,项目示范作用、园区集聚效应尚未被充分发挥。

3. 文化人才支撑力不足

济宁市在文化管理、服务及产业发展上存在着人才总量不足及结构不合理等问题,具体体现为公共文化服务队伍建设滞后,文艺人才匮乏,相关人员编制未能及时到位和扩编;在职人员培训投入不足,现代管理服务理念与公共文化新需求存在较大差距;文化企业专业人才引进困难较大,企业现有人才队伍总量不足、素质不高,这些问题制约了济宁市文化创新能力的提升。

4. 公共文化持续投入乏力

济宁市、县两级财政对文化发展的持续投入能力不足,基层公益性文化单位经费保障水平较低,县级新建文化场馆存在运营经费不足等问题,制约着城乡公共文化设施布局、服务提供、队伍建设发展,亟待大力争取国家级、省级财政支持,亟待多措并举,吸引社会资本投入公共文化领域。

(三)优势与机遇

1. 发展优势

(1)文化资源优势。在济宁市下辖的曲阜市,儒家文化源远流长,同时聚集了运河文化、水浒文化、佛教文化等资源。曲阜“三孔”作为世界级文化遗产享誉中外。以儒家文化创始人孔子、曾子等为代表的72圣贤及“亚圣”孟子等，为济宁留下了深深的文化烙印。世界级文化遗产中国大运河（济宁段）在世界水利史上具有重要意义，而济宁作为“运河之都”，也积淀下了丰富的运河文化。梁山水浒文化、汶上和兖州佛教文化声名远播。济宁市文化资源的丰富程度和深厚程度排在全省、全国前列，为自身的文化发展提供了良好条件。

（2）发展环境优势。作为儒家文化的发祥地，济宁市也受到了各级政府领导的重视。习近平总书记视察济宁时，提出了“大力弘扬优秀传统文化，建设首善之区”的殷切期望，省部级领导也多次视察济宁市的文化发展情况。在国家的大力支持和省市共同努力下，济宁市获得了打造儒学研究传播高地、建设中国传统文化代表性城市、发展特色文化产业、扩大和引导文化消费需求的良好发展环境。

2.战略机遇

（1）政策叠加机遇。在中央到地方高度重视文化发展的时代背景下，各级政府关于支持文化发展的政策措施次第出台。党中央、国务院及山东省尤其高度重视济宁市的文化发展工作，曲阜优秀传统文化传承发展示范区被列入国家“十三五”规划纲要。在纲要的重大文化工程专栏“传统文化和自然遗产保护传承”中，明确提出了推进山东曲阜优秀传统文化传承发展示范区建设。

（2）经济转型机遇。在济宁市经济持续增长的良好支撑基础和结构调整优化的前进态势整体未变的情况下，新一轮科技革命和产业变革蓄势待发，西部经济隆起带、淮海经济区推动济宁在区域发展竞争中加速崛起。获批“国家生态保护与建设示范区”及“山东省信息技术产业基地”，推动资源型城市转型等重大事件，为济宁市打造经济升级版提供了有力驱动，也为文化发展创造了条件。

二、总体要求

（一）指导思想

济宁市全面贯彻党的十八大及十八届三中、四中、五中全会精神，以邓小平理论、“三个代表”重要思想、科学发展观为指导，深入贯彻习近平总书记系列讲话和重要批示的精神，以创新、协调、绿色、开放、共享五大发展理念为引领，坚持社会主义先进文化前进方向,坚持把社会效益放在首位,努力实现社会效益与经济效益相统一。全面对接国家文化战略,以高度的文化自觉和文化自信,促进优秀传统文化的创造性转化、创新性发展。持续深化文化体制改革,着力构建符合济宁实际、体现济宁特色的现代公共文化服务体系、文化产业体系和文化市场体系。全面提升文化软实力,为打造弘扬优秀传统文化首善之区、加快文化强市建设提供强大精神动力和基础支撑。

(二)发展原则

1.创新发展,提质增效

坚持创新驱动,将创新作为文化发展的核心动力,构建全方位创新格局,推动文化理念创新、制度创新、发展方式创新和文化科技创新,培育发展新动力,拓展文化发展和传播空间。

2.协调发展,双效统一

统筹全市主要文化资源,整体推进文化各领域之间协调发展,推动文化与经济、政治、社会、生态文明协调发展。坚持把社会效益放在首位,努力实现社会效益与经济效益相统一。

3.绿色发展,生态优先

推进"国家生态保护与建设试验区"先行先试,实现人与自然和谐共处新格局,发挥文化在建设资源节约型、环境友好型社会中的作用。加强对城市整体风貌、文脉延续性的规划设计,营造良好的人文生态环境。

4.开放发展,合作共赢

坚持"引进来和走出去并重,走出去与走进去并举",兼收并蓄国内外优秀文明成果,积极推动济宁文化走出去,构建全方位、多层次、宽领域的文化开放格局,提高文化传播和对外交流合作水平。

5.共享发展,文化惠民

将实现好、维护好、发展好人民群众根本利益作为文化发展的根本目的,加强文化供给侧结构性改革,不断提高基本公共文化服务均等化水平和群众文化参与度,促进文化消费,推动文化发展成果共享,提高全体人民的文化认同感和幸福感。

（三）发展目标

到 2020 年，济宁市文化发展取得重大成果，文化软实力明显提升，文化发展活力明显增强。优秀传统文化传承创新工作走在全国前列，在全省、全国有影响的精品力作不断涌现，现代公共文化服务体系进一步完善，文化遗产保护与利用水平明显提高，文化产业成为国民经济支柱产业，对外文化交流与合作跃上新台阶。济宁成为全国传统文化典范城市、弘扬优秀传统文化“首善之区”和独具儒家文化特色、凝聚全球华人的文化圣地与精神家园。

1. 优秀传统文化转化创新能力增强

在“十三五”期间，构建起孔子及儒家思想研究阐发体系，形成一批精品成果。曲阜优秀传统文化传承发展示范区建设取得重大进展，成为国内领先、世界知名的儒家文化展示体验区。建成并运营一批优秀传统文化重大项目。优秀传统文化深入人心，公民思想道德素质及精神风貌进一步提高。构建起以孔孟儒家文化为统领，以运河文化、红色文化、水浒文化、佛教文化为特色的 5 大文化品牌体系。

2. 文化艺术精品创作实现新突破

力争在“十三五”期间，创排一批原创精品力作，争取在国家级、省级赛事和艺术评奖中取得佳绩。办好山东红梅艺术大赛等赛事活动，不断提高济宁市在文化艺术领域的影响力和知名度。加强优秀传统文化艺术的传承弘扬，抢救性保护一批济宁市的优秀传统文化艺术，复排、改编一批大众喜闻乐见的传统优秀剧目。完善人才梯队建设，形成结构合理、富有活力和竞争力的文艺人才队伍体系。

3. 现代公共文化服务体系更加完善

到 2020 年，进一步完善覆盖城乡的四级公共文化服务设施网络，实现公共文化服务标准化、均等化，公共文化数字化水平明显提升。县级图书馆、文化馆达到国家二级馆及以上标准，县级城市基本覆盖博物馆、美术馆，乡镇（街道）综合文化站（文化中心）全部达到国家三级以上标准，全部社区建有达标的综合性文化服务中心（文化大院），行政村均建有文化广场。利用 3 年时间，全面完成为全市的省定贫困村建设村文化大院的扶持任务。

4.文化遗产保护与利用提档升级

到2020年,建立起比较完善的文化遗产保护体系,文化遗产保护状况得到进一步改善,具有历史、文化和科学价值的文化遗产得到系统保护,对散落的文化遗产进行普查登记并实施有效保护。国家大遗址曲阜片区的保护维修工程等一批基础性、先导性项目的建设收到显著成效,形成8个在国内具有较大影响力的文化遗产品牌项目,探索形成国家大遗址保护"济宁新模式"。

5.文化产业成为国民经济支柱产业

到2020年,文化产业总体实力和竞争力达到全省前列,文化产业增加值占国民生产总值(GDP)比重达到6%,年均增速处于全省前列。文化产业结构进一步优化,文化市场体系进一步完善,文化企业创新能力和发展活力显著增强,文化产品和服务供给能力大幅提高,形成一批具有较强竞争力的文化产业集聚(园)区、骨干文化企业、文化产品品牌。

6.对外文化交流与合作实现新跨越

对外文化交流平台得到全方位提升和拓展,参与、承办一批国际性的演艺活动,参与、举办国内外文化展览、论坛,使孔子文化品牌的世界影响力不断扩大。继续支持国际文化贸易发展,推动文化贸易规模和科技创意含量逐步提高,实现文化贸易转型升级,争取到2020年,文化贸易额翻一番。

济宁市"十三五"文化发展的主要具体指标如表1-3-5所示。

表1-3-5　　济宁市"十三五"文化发展主要指标

类别	指标名称	预期目标	属性
国家级优秀传统文化传承发展示范区创建	曲阜优秀传统文化传承发展示范区	通过验收	约束性
"儒学原乡·文化圣地"公共文化服务建设	儒学普及传承阵地覆盖率	100%	约束性
	县、乡村历史文化展示覆盖率	100%	约束性
文艺精品创作生产	推出优秀的原创作品(部)	4	预期性
	获得全国性奖项(个)	2	预期性
	入选国家艺术基金项目(个)	2	预期性
	抢救地方戏曲、传统剧目(部)	10	预期性

续表

类别	指标名称	预期目标	属性
现代公共文化服务体系创建	市、县级公共文化设施建设目标完成率	100%	约束性
	文化惠民达标率	100%	约束性
	县级公共图书馆人均藏书(册)	1.8	约束性
文化产业	占国民生产总值比重	6%	预期性
	建成并投入运营的重点文化产业项目(个)	100	预期性
	“三上”文化企业(家)	1000	预期性
文化遗产保护与利用成效	全国重点文保单位“四有”工作实现率	100%	约束性
	文物重大险情排除率	100%	约束性
	省级以上文保单位文物保护员聘用率	100%	约束性
	市级非物质文化遗产名录项目总数(项)	—	预期性
	文化遗产品牌项目(个)	8	预期性
对外文化交流与合作	文化贸易额增长(倍)	2	预期性

（四）发展战略

1.实施“供给侧结构性改革”战略

优化文化产品和服务的供给，鼓励更多适应市场需要、满足现代消费需求的文化产品和服务的创作和生产。引导社会资本投资济宁特色文化产业，拓宽投融资渠道，降低融资成本。加速释放城乡居民文化消费需求，扩大文化消费规模。

2.实施“项目带动”战略

坚持以重大项目带动区域文化发展，充分释放集聚合力、发挥集聚效应。加强对重点项目的组织、管理、协调、支持和服务，推动已开工项目顺利实施，完善建成项目的运行配套设施。实施重点项目月度协调推进制，严格推行领导干部包推责任制。

3.实施“突破曲阜”战略

持续支持曲阜市的文化发展，依托曲阜市的优秀传统文化，传承发展示范区建设，率先在全国探索出优秀传统文化传承创新的发展模式。推动曲阜市协同其他县(市、区)发展，发挥区域带动力，形成区域凝聚力，引领全市文化发展实现新跨越。

4.实施"品牌引领"战略

加强济宁市的文化品牌塑造,着力构建儒家文化核心品牌,特色化发展运河文化、红色文化、水浒文化、佛教文化等区域性文化品牌。支持文化产品和文化企业进行品牌塑造,依托传统媒体和新媒体,构建文化品牌传播体系,提高品牌知名度和影响力。

第二节 主要任务

一、传承、弘扬地方优秀传统文化

(一)构建优秀传统文化传承体系

着力构建完善的优秀传统文化研究阐发、普及教育、保护传承和传播交流体系。依托中国孔子研究院、济宁运河文化研究会等专门研究机构和科研院所,深入研究儒家文化、运河文化、红色文化、水浒文化、佛教文化,编辑出版系列专著进行现代阐释,加强典籍整理和出版,推进文化典籍资源数字化,形成研究阐发体系。实施乡村儒学、社区儒学、孔子学堂、尼山书院推进计划和优秀传统文化"六进普及工程"。推进孔子学院总部体验基地、世界儒学文献收藏中心、国家大遗址曲阜片区保护、孔子博物馆、故宫博物院济宁曲阜分院等一批基础性、先导性项目的建设,强化优秀传统文化传承体系载体建设。依托对外文化交流活动、演艺剧目、影视剧目、节庆论坛等,加强优秀传统文化的传播。

(二)协同传承区域优秀传统文化

切实发挥"曲阜优秀传统文化传承发展示范区"作为国家战略的辐射效应,推动曲阜市、邹城市和泗水县建立儒家文化协同发展协调机制,集中打造儒家文明传承创新区、文化经济融合发展示范区。整合大运河沿线区(县)文化资源,集中力量建设南阳古镇、南旺枢纽考古遗址公园、济宁总督衙门等一批项目。加强对运河文化生态资源的挖掘,建设运河文化的物化载体和"非遗"展示项目,挖掘与利用大运河沿线的伏羲、微子、白英等历史名人文化,探索开发水上旅游黄金线路,强力发展大运河文化区。推动汶上县宝相寺、兖州区兴隆文化园等佛教文化项目的建设,支持两地联手发展禅修体验、实景演艺、文化旅游等业态，合力打造佛教文化区。加强与郓城、阳谷、东平等县的区域联动，支持梁山县全力推动水浒文化发展，建设水浒文化区。整合微山县铁道游击队、金乡县羊山战役等红色文化资源，发展红色文化展览展示、集训体验、影视演艺等，建设济宁红色文化区。

（三）加强对县、乡村历史文化的展示与阐发

统筹全市各级公共基础设施资源，完善县级博物馆体系以及乡镇（街道）、村（居委会）级历史文化展示体系，到2020年，建立县（市、区）、乡（街道）、村（居委会）历史文化展示体系。对拥有县级博物馆且县域历史文化展示基础较好的县进行重点改造，以提高其展陈水平。对未设立相关展示的县级博物馆和在建博物馆，提高其展览、展示的科技水平。鼓励无博物馆的县（市、区），利用现有的文化中心、图书馆、文化馆、档案馆、规划馆等文化设施及腾退的老厂房、旧办公楼等场所，建立县域历史文化展室。结合公共文化服务体系，建设和实施“乡村记忆工程”，利用乡镇文化站、农村文化大院或乡土建筑等，设立镇史展室和村史展室。

专栏　优秀传统文化传承创新重点工程

市级传统文化研究课题：孔孟之乡儒学研究、大运河（济宁）文化研究、梁山水浒文化研究、济宁（微山、金乡）红色文化研究、济宁（汶上、兖州）佛教文化研究。

文化区建设工程：儒家文化区、运河文化区、水浒文化区、佛教文化区、红色文化区。

文化传承展示工程：曲阜优秀传统文化传承发展示范区、县、乡、村、历史文化展示工程。

影视工程：以孔子及其门徒、南旺水利枢纽工程、水浒人物故事、羊山战役、宝相寺等为题材，与山东影视集团等合作，聘请实力导演创拍优秀的影视作品。

二、繁荣文艺精品创作生产

（一）加强文艺精品创作生产

全面贯彻“二为”方向和“双百”方针，坚持以社会主义核心价值观为引领，以中华优秀传统文化为根脉，以习近平总书记在文艺工作座谈会上的重要讲话精神为指导，重点在文学、影视剧、戏曲、音乐、美术等领域抓好济宁市的现实题材、历史题材、革命题材作品的创作。贯彻落实《关于支持戏曲传承发展的若干政策》，创编、复排一批影响较大、基

础较好的舞台艺术作品,将其打造成常演不衰的艺术精品和优秀保留剧目。围绕重大历史题材、重要历史名人和经典历史故事,组织开展创作生产。大力实施“大哉孔子”美术创作工程,推出一批以济宁市的传统音乐、舞蹈、戏剧、曲艺、杂技等为素材的非物质文化遗产。实施优秀剧本和重点剧目创作扶持计划,支持济宁市的演艺企业培育、策划原创的舞台艺术精品。

(二)传承弘扬民间文化艺术

全面对接山东省地方戏振兴和京剧保护扶持工程,加强优秀传统民间艺术的保护传承,实施全市地方戏普查,制定济宁市戏曲扶持名录,推动民间文化艺术之乡的建设与申报工作。推广“依团代传”成功经验,加强对濒危剧种的抢救及保护,积极开展地方经典剧目“音配像”工作,加强数字化保护和传播,建立济宁市戏曲剧种数据库和信息共享交流网络平台。设立市级民间曲艺保护传承中心,加大政府购买演出服务的力度,改善戏曲院(团)的创作和演出条件。开展全市美术馆藏品普查工作,不断提高艺术院(团)、美术馆和文化馆的创作演出(展览)能力。支持群众性音乐、舞蹈、戏剧、曲艺创作,鼓励两夹弦、山东大鼓、山东梆子、花鼓戏等创新并生产现代剧目。

(三)加强文艺传播和交流

完善区域文化艺术交流机制,推动各县、市、区在文艺创作、精品展演、文艺人才培养等方面进行交流与合作,支持与省内外的地市进行文化宣传交流,鼓励文化单位、艺术界实现常态化访问交流。筹备参加第十一届中国艺术节及其他全国性艺术展演,组织参加第十一届省艺术节和第二届、第三届全省小型戏剧优秀创作作品展演,办好山东省戏曲红梅大赛。申报国家艺术基金年度传播交流推广资助项目,参与国家及山东省组织的对外文化交流活动,融入“一带一路”战略。加大文艺惠民演出力度,继续开展“一村一年一场戏”,艺术家进校园及送戏进军营、进社区、进学校、进工地、进福利机构公益演出活动。大力发展网络文艺,推动优秀作品的多渠道传输、多平台展示、多终端推送。

(四)推动文艺创作管理创新

深化创新双轨制改革路径,理顺各文化事业单位的公益性、非公益性和兼公益性等性质,重点探索人事管理、收入分配、社会保障制度的改革路径。加强对济宁市演艺集团的支持引导,整合以场馆为代表的演艺资源,探索更有效的市场化演出形式。支持民间文艺团体的发展，遴选基础条件好、创新能力强的重点团体进行扶持，促进民间文艺团体整体水平的提高。充分发挥文联、作协等群团组织的作用，鼓励和引导社会力量支持艺术表演团体发展。加强对各级文艺院团、戏剧创作机构、画院等文艺实体组织的创作激励和绩效考核，发挥国有文化企业在践行“社会效益首位、社会效益和经济效益相统一”的准则的过程中的模范作用。建立健全反映文艺作品质量的综合评价体系，完善舞台艺术创作繁荣发展的长效机制。

专栏　文化艺术精品创作重点工程

地方戏曲振兴工程：做好地方戏曲的传承和创新，移植、复排一批优秀传统剧目，如山东梆子、四平调、枣梆、两夹弦、花鼓戏、山头花鼓等。

舞台艺术创作精品工程：创作或挖掘、整理、移植一批舞台艺术精品剧目，争取在国家舞台艺术精品工程、“五个一”工程和中国艺术节等国家级项目和山东省“泰山文艺奖”工程、舞台艺术“4＋1”工程、山东省文化艺术节、山东省群众文艺创作工程等省级项目的评奖中取得良好成绩。

人才培养工程：在艺术人才引进、使用、职称评定、工作待遇方面制定优惠政策，对水平突出、业绩突出、贡献突出的艺术人才大力奖掖。理顺引进优秀戏曲专业人员的渠道。将转制的戏曲艺术表演团体和民营戏曲艺术表演团体中的专业技术人员纳入职称评审范围。

三、构建现代公共文化服务体系

（一）持续推进公共文化设施建设

推动全市公共文化服务设施网络建设，提高公共文化服务标准化、均等化水平。加大基层综合性文化服务中心的建设力度，力争成为国家级基层综合性公共文化服务中心建设示范点。按照精准扶贫要求，加快推进贫困地区的公共文化服务体系建设。建成济宁市文化中心并投入运营，建设数字图书馆、数字文化馆，持续推进文化信息资源共享工程。整合并用好各类公共文体设施和服务资源，积极开展流动服务，建设和完善面向未成年人、老年人以及残障人士的公共文化设施。加强广播电视台、发射台建设，推进有线电视网络双向改造。推进三网融合发展，实现三网互联互通、资源共享。推动中央电视节目无线数字化覆盖工程中济宁段的地面数字电视频道建设，到 2020 年，地面电视实现由模拟到数字的战略转型。

（二）提升公共文化设施服务效能

持续推动公共图书馆、文化馆（站、室）、博物馆、纪念馆、非物质文化遗产传习所、美术馆等免费开放。倡导文化系统外的公共文化设施向社会开放，推动工人文化宫、青少年宫、妇女儿童活动中心、科技馆、体育馆、爱国主义教育基地、青少年校外活动场所等文化场所实行免费开放，努力扩大覆盖面，有效保障特殊群体的基本文化权益。逐步推动党政机关、国有企事业单位的各类文体设施向社会免费开放，鼓励行业博物馆、非国有博物馆等民办文化场所向社会免费或优惠开放。推动基层公共文化服务区域联动，发挥主城区、示范区的辐射带动作用，推动相邻县、市、区的资源共建和共享。创新管理模式与服务机制，探索开展公共文化设施社会化运营，以县级文化馆、图书馆为中心推进总分馆制。

（三）推动公共文化活动和服务供给侧结构性改革

全面提高文化有效供给能力和水平，持续打造"市民大舞台""百姓大舞台"等国家级公共文化服务示范项目，定期举办全市性文化活动，鼓励群众自编、自导、自演文化活动。支持各类剧场、体育场、青少年宫、老年活动中心、爱国主义教育基地等开展文化讲座及展览、艺术鉴赏、健身指导等惠民活动。持续组织开展中华母亲文化节、中国（鱼台）孝贤文化节等传统节庆、庙会活动。深入开展全民阅读活动，逐步实现全市公共图书馆"通借通还"，探索将学校图书馆纳入公共文化服务体系，扩大图书供给范围。打造全市范围内互联互通的公共文化资源共建、共享数据库。制定指导性目录，进一步加大政府购买公共文化服务的力度。建立以群众需求为导向的公共文化服务模式，建立群众文化需求反馈机制与评价制度。

专栏　现代公共文化服务体系建设重点工程

文化场馆设施建设及配套工程：济宁市文化中心建设工程；县（市、区）文化艺术中心布展装修工程；图书馆、文化馆、美术馆建设及改造工程；文化大院建设工程。

公共文化服务数字化工程：市县级图书馆、文化馆、博物馆等馆藏及服务数字化。

文化惠民工程："千场大戏进农村""万场演出惠民生"及农村数字电影放映工程等。

广播电视工程：广播电视无线数字化覆盖工程，应急广播工程。

四、加强文化遗产保护与利用

（一）创新推动文物保护工作

继续开展全市文化资源普查，探索建立完善的分类分级管理制度。继续推进文物保护单位“四有”工作等基础工作，不断增强安全保障能力。着力实施重大文物保护项目，重点推动“三孔”古建筑彩画保护修缮工程项目、“乡村记忆”工程和传统村落保护项目、大运河历史文化长廊建设工程项目、考古遗址公园建设工程项目、文物安全天网工程项目、智慧博物馆建设工程项目等的建设。重点编制大运河保护规划、曲阜片区大遗址保护项目规划等一批重点专项规划。争取得到国家支持，建立国家级文物保护重点科研基地，扶持并加强省级重点文物科研基地的建设，支持文物博物馆单位与国内外高等院校、科研院所共建科研联合体，加强文物保护科技成果转化和科学技术普及工作。引进国内外博物馆先进理念，对相关馆藏开展联合研究、共同管理等。全面实施文物数字化保护平台的建设，利用地理信息系统、数据库及流媒体技术等实施文物整理、保护、展示工作。加大文物保护执法力度，深入开展文物保护法制宣传教育。

（二）完善“非遗”传承保护机制

持续完善“非遗”四级名录体系，健全完善包含“非遗”保护项目、传承人、传习所、生产性保护基地的“四位一体”保护传承体系。进一步推进“非遗”保护利用设施和“非遗”传习中心的建设，筹备创建第二批省级“非遗”生产性保护示范基地，参加第四届中国非物质文化遗产博览会。加强“非遗”教育传承，开展“非遗传承人群研修培训”工作，组织参与“山东省非物质文化遗产月”系列活动。完善传承人的保护制度，实施国家级代表性传承人抢救性记录工程，积极申报第五批省级代表性传承人。对稀有曲艺、民间绝技等处于濒危的项目和代表性传承人实施抢救性保护，加大对石雕、版画、火烙画等具有一定市场前景的“非遗”项目的生产性保护及支持力度，对“非遗”集聚区实施整体性保护。实施传统工艺振兴计划，提升“非遗”文化产品品质，推动“非遗”走进现代生活。实施济宁文化记忆工程，利用数字多媒体等现代信息技术手段，全面记录济宁市的“非遗”项目。

（三）创新发展文博体验经济

探索文化遗产保护与利用的新形式、新途径，进一步推动“三孔”“四孟”等重点文化旅游板块发展,推进孔子博物馆、鲁国故城国家考古遗址公园、南旺枢纽考古遗址公园、伏羲庙、微子墓保护和开发利用等项目的建设。依托市场化渠道,研发文博领域受欢迎、有效益的文创产品和公共服务,支持各级博物馆扩大展览,交流合作,举办各种联展、借展、巡展。依托数字信息技术,实施文博展示体验工程,开辟若干文博主题精品旅游线路。借鉴国内外博物馆的成功经验和技术,推动文物衍生品的研发设计,以历史文物为原型,研发生产文物衍生品,开拓旅游纪念品市场。推动文化产业投资基金参与、扶持、引导文博创意产业发展,打通社会力量和社会资本参与文物保护利用的项目、资金、技术和人才渠道。

(四)加强文化生态保护区建设

巩固和发展邹鲁文化生态保护实验区建设成果,坚持动态性、整体性的保护方式,推动邹鲁文化生态保护实验区"非遗"保护名录和传习设施建设,创建一批文化生态名村、名镇。加强区内自然地理环境、生产生活环境、民族民间文化的原生态保护,逐步完善传承人、传承群体与现代教育相结合的传承体系。推动梁山县积极申报省级水浒文化生态保护区,依托水泊梁山风景名胜区、梁山泊遗迹、黄河景观带等,保护水浒文化发祥地,全面呈现水浒文化精神内涵,彰显水浒文化魅力。推进微山湖文化生态保护区建设,传承、弘扬微山湖的北方水乡文化特色。支持嘉祥县积极申报省级山东梆子地方戏曲生态保护区。

专栏　文化遗产保护与利用重点工程

文物保护工程:大遗址保护、国家级文保单位维护、省级文保单位维护、市级文保单位维护、县(市、区)级文保点位维护。

国家级"非遗"保护利用设施建设工程:建成一批有助于国家级"非遗"项目传承保护、展示利用的综合性设施。

文化生态保护区建设工程:邹鲁文化生态保护实验区、水浒文化生态保护区、微山湖文化生态保护区、嘉祥县山东梆子地方戏曲生态保护区。

国家级"非遗"代表性传承人抢救性记录工程:对65岁以上国家级代表性传承人掌握的技艺进行全面记录。

济宁文化记忆工程:利用数字多媒体等现代信息技术手段,拓展"非遗"的管理、保存、传承、传播、利用渠道,筹划建设非物质文化遗产数据库,并组织非物质文化遗产传承人进行研修、培训。

五、大力发展特色文化产业

大力实施“文化＋”“互联网＋”发展战略，改造提升核心优势业态，重点培育战略新兴业态，打造山东省文化产业发展高地。

（一）大力提升核心优势业态

着力推动印刷发行、工艺美术和艺术品、教育培训、演艺娱乐、节庆会展等核心优势业态转型升级。

1.印刷发行业

以“优化结构、提升档次、合理布局、集约经营”为原则，推动印刷技术升级和产业结构调整。突显教辅教材出版优势，推动印刷发行企业集聚，将梁山出版印刷产业园建设成为具有全国影响力的出版印刷基地。进一步整合国内名师、名校资源，不断推出原创教辅产品，培育壮大一批品牌企业。顺应基础教育领域电子教材的发展趋势，加快从纸张和光盘为媒介的传统出版模式向以互联网为平台的数字出版转型，推动模拟教学、网络教育等新兴业态发展。大力发展绿色印刷、数字化印刷、个性化印刷等与高新技术相结合的新型印刷。加快传统出版业的数字化转型，形成互动教育、数字图书、网络出版、电子出版、有声阅读、文化古籍等数字出版产业链。充分发挥具有国家图书总发行资质、国家二级图书发行资质、零售批发资质的企业的优势，支持发行业发展，以电子商务和流通网络建设为重点，积极推进印刷品流通和物流产业发展。

2.艺术品业

全面对接全省传统工艺振兴计划，以嘉祥石雕产业园、鱼台县清河镇柳编产业园、泗水县柘沟镇陶艺集聚区等为依托，传承石雕、柳编、陶艺等优秀技艺，扩大楷雕、面塑、鲁锦、砭石、澄泥砚、琉璃瓦等传统手工艺品的生产规模。倡导工艺与生活美学相结合，推动传统工艺与互联网、现代生活、文化创意融合，提高产品文化、创意、技术含量，研发生产“继承传统工艺，融汇创意美学，契合消费新需求”的创意产品。依托曲阜孔子商贸城、梁山仿宋街、邹城铁山书画市场等艺术品市场，大力支持书画、古董、玉石、民间工艺品交易、拍卖，打造全国著名的艺术品生产和流通集散地。扶持工艺美术类旅游产品龙头企业和交易平台的发展，形成集创意研发、生产销售、文化体验于一体的产业链。

3.教育培训业

大力发展传统文化特色研修及游学产业,将曲阜打造成“国学教育第一城”。依托曲阜“三孔”、孔子六艺城、尼山书院,整合邹城“四孟”、泗水尼山论坛等资源,打造独具特色的国家级干部教育培训基地、具有全国影响力的青少年传统文化教育基地、儒商国学培训基地、教师师德培训基地和有国际影响的儒学研修基地。大力发展研学旅游,开发建设内容丰富、功能齐全的体验基地,打造习儒拜圣、文化寻根、崇文尚武、礼仪培训等一系列国学经典研学游和经典文化体验游品牌。大力发展特色职业教育,丰富传统文化、手工技艺、艺术创作、软件技术等各类教育培训内容,满足传承弘扬传统文化的需求、指导创新创业和留学深造的需求,以及促进在校学生和学前儿童全面发展的需求。大力发展O2O(线上到线下)教育平台以及远程教育,发展线上线下相融合的教育培训新模式。

4.演艺娱乐业

培育和繁荣文化演艺娱乐市场,激活创作、演出、营销端各主体市场活力,构建主体多元、竞争有序、高效运转的演艺娱乐产业链。培育壮大一批行业骨干企业,切实发挥国有文艺院团的市场引领作用,支持民营演出企业和团体做大做强。打造富有地方文化特色的大型演艺项目和知名演艺品牌。支持演艺企业参与山东剧场院线、山东演艺联盟,加强与国内其他院线、联盟的合作与交流。创新传统剧种剧目,尝试进行以祭孔乐舞、山东梆子、杂技表演、唢呐吹奏、梁山武术等为主题的商业演出,丰富提升《孔子》《河都老店》《菩提东行》等济宁特色剧目的品牌效应和市场效益。吸引社会资本投资剧目策划、创作和商业性演出活动,鼓励景区、酒店开发现代歌舞、综艺表演等演艺项目,支持地方戏曲、杂技、武术等进景区、进酒店、进旅游商业街区。支持大型娱乐项目发展,填补现代娱乐市场空白。

5.节庆会展业

集中力量将中国曲阜国际孔子文化节打造成为具有全球性影响力的文化节庆品牌,推动中华母亲节、汶上太子灵踪文化节、梁山水浒文化节、泗水桃花旅游节、金乡诚信文化节等成为区域特色节庆品牌。支持尼山论坛、世界儒学大会、孔子学院总部理事会议等发展成为具有世界影响力的高端国际会议。培育若干区域会展品牌,做响济宁电商会展品牌,逐步把中国(济宁)专利高新技术产品博览会、国际珠宝玉石博览会等打造成具有全国影响力的展会平台。创新办节办展理念，采用“1＋N”模式，完善会展产业链条，提高会展服务能力，逐步推动形成由政府引导、社会参与的市场化运作模式。培育一批会展龙头企业，鼓励国内外知名会展企业在济宁设立分支机构、代理机构或合作机构。提高孔子文化会展中心、济宁文化中心、奥体中心场馆等的利用效能，策划举办与工艺美术、书画、文创、动漫游戏、非物质文化遗产等相关的文化惠民系列活动。

（二）重点培育新兴复合业态

培育发展文化旅游、创意设计、动漫游戏、现代传媒等新兴复合业态。

1. 文化旅游业

深入推动文化与旅游融合发展，持续提升“孔孟之乡、运河之都、文化济宁”的城市旅游形象。构建“东文西武、南水北佛、中古运河”的文化旅游发展空间格局，全力打造孔孟文化圣地之旅、始祖文化寻根之旅、运河之都体验之旅、水浒文学故地之旅、泗水山水生态文化体验之旅、微山湖水乡休闲运动之旅等主题游览，丰富提升国学经典研学游、文化经典体验游、圣地乡村生态游等现有的 3 大系列 14 大主题 33 条线路产品。重点打造儒家文化旅游品牌，创新修学游产品体系，全力推进修学旅游“十百千”工程。提高历史街区、古镇古村、旅游度假区的文化吸引力，开发建设“济宁记忆”主题文化街区和非物质文化遗产体验传播基地，保护开发一批老民居、老会馆、老茶馆、老厂房。支持演艺进景区，丰富旅游体验内容，延长游客停留时间，拉伸产业链条。立体化、网络化实施城市宣传和市场营销，增强济宁市文化旅游的国际影响力和美誉度。到 2020 年，力争文化旅游产业规模、质量、效益进入全国先进行列，使济宁成为儒家文明传承创新区和文化旅游发展示范区，建成国际著名的文化旅游城市和全国文化旅游高地。

专栏　文化旅游业重点

规划编制：围绕建设旅游目的地城市，编制旅游集散体系、旅游交通体系、信息咨询服务体系、道路导引标识体系、旅游公共服务设施以及配套服务体系等专项规划，成立文化旅游规划策划决策专家咨询委员会，对文化旅游规划、重大产业项目等进行咨询论证。

空间布局：构建“一心、一带、一路”的发展格局，即突出“一心”，把曲阜优秀传统文化传承发展示范区建成国际儒家文化体验交流中心；强化“一带”——以曲阜、邹城、兖州、汶上、梁山为主体的“朝圣、礼佛、尚武”文化旅游带;提升“一路”,开通汶上至微山的运河文化旅游线路。

发展重点:支持太白湖创建国家级旅游度假区、微山湖创建国家5A级景区,推动微山湖、尼山省级旅游度假区实体化运作。结合美丽乡村建设,大力发展乡村旅游,支持创建乡村旅游示范镇、村及星级农(渔)家乐和各类休闲农业示范点;适应休闲度假需求,开发登山、垂钓、采摘、温泉、滑雪等系列休闲产品。

重点工程:文化旅游商品价值延伸工程、文化旅游精品打造工程。

2.创意设计业

积极推动文化创意、广告设计、艺术设计、咨询服务等行业的发展,重点推动工业设计、环境艺术、服装设计、建筑设计等设计门类发展,壮大济宁市创意设计产业的规模。支持山东新思域设计艺术有限公司等大型创意设计企业发展,鼓励中小微设计企业发展,通过孵化器支持创客成长。整合市内各类设计院所和创意创新力量,提升服务实体经济能力,推动创意设计与其他产业融合发展。鼓励现代创意设计融入济宁传统文化元素,推动生活用品、礼仪休闲用品、家用电器、服装服饰、家居用品、数字产品、文化体育用品的设计创新。持续举办文化创意产品设计大赛、全国大学生机器人电视大赛,强化济宁高新区创意大厦、高新区文化创意产业园、中德文化创意产业园等载体的支撑作用,完善配套服务平台体系。

3.动漫游戏业

鼓励动漫影视制作、动漫软件平台开发、动漫游戏内容及衍生品开发、应用动漫等发展。鼓励以济宁文化为题材,开发包含儒家文化故事的动漫影视剧、动漫游戏等产品,开拓网络休闲游戏、手机游戏和家庭视频游戏市场。不断扩大市场主体规模,支持山东美猴动漫文化艺术传媒有限公司、山东豆神动漫有限公司、济宁光影动漫有限公司等发展,培育一批行业龙头企业,扶植小微动漫企业发展。优化动漫和服务外包产业的软硬件环境,依托济宁软件园、惠普软件园区、中动动漫产业园等产业载体,建立完善软件公共技术开发和测试平台、网络环境、软硬件配套设施、数字多媒体技术平台,支持济宁软件园发展成为山东省动漫产业基地以及国家级软件孵化基地。以惠普软件、中兴通讯、甲骨文等大项目落地为契机,强化信息软件技术对动漫游戏开发的技术支撑。

4.现代传媒业

加快推进传统媒体和新兴媒体的融合发展进程。深入实施全媒体平台建设、新闻信息数据库建设、信息综合服务、传统媒体提升、互联网主流媒体建设、移动网络媒体建设等六大重点工程。打造综合性的现代文化传媒集团，着力打造一批形态多样、手段先进、具有竞争力的新型主流媒体，建成几家拥有强大实力和传播力、公信力、影响力的新型媒体集团，形成立体多样、融合发展的现代传播体系。鼓励《济宁日报》、《济宁晚报》、济宁广播电视台等新闻媒体大力发展全媒体平台，建立济宁市新闻报道资源数据库，完善全市重大主题全媒体报道机制。提高信息服务水平，依托大数据、云计算技术，打造多种形式的新闻产品，不断完善济宁日报社的"大型户外发布平台项目"、济宁广播电视台的"综合信息发布及问政平台"。培育新型网络自媒体平台，加强商业化数字原创内容生产，推动图书、音乐、影像等产品和服务的数字化、网络化传播及消费。强化对自媒体信息内容的监管和引导。

六、扩大对外文化交流与合作

(一)拓展文化交流平台与渠道

全方位提升和拓展对外文化交流平台，开拓多层次的对外文化交流格局。依托孔子研究院等研究机构和高等院校，建设世界儒学研究中心，组织和推动海内外学习、研究、传播儒学的活动，办好国际孔子文化节、尼山世界文明论坛和世界儒学大会，讲好孔子故事，不断扩大儒学文化品牌的世界影响力。积极融入"一带一路"战略，加大与丝绸之路沿线国家的合作交流，发挥好孔子学院总部体验基地的作用。参与实施孔子走进东盟工程，利用海上丝绸之路沿途国家的孔子学院，实施一批文化交流合作项目。深化与友好城市的交流与合作，积极参加韩国光州、加拿大皮克灵市等友好城市的文化交流活动。

(二)扩大对外文化贸易与合作

依托国家"一带一路"战略，制订文化贸易合作专项计划，建立济宁对外文化合作特色项目库。加强与国外知名文化企业、文化贸易机构的联系合作，拓展境外营销网络和渠道，推动济宁市更多的文化产品和服务走出国门。鼓励文化企业通过收购等方式，在境外开展文化领域投资合作。努力扩大柳编、节庆用品、工艺美术品等产品的出口规模，培育、提升自主品牌的国际影响力。加强对外文化贸易信息服务,协助文化企业跟踪国际文化市场动态。支持文化企业申报省级和国家级文化出口重点企业,对依法认定的文化产品和服务出口基地给予奖励。

专栏　济宁市的对外文化交流与合作重点

对外文化交流平台:孔子学院总部体验基地、分布于世界各地的孔子学院、中国曲阜国际孔子文化节、海外“欢乐春节”活动、国际友好城市、“一带一路”沿线国家和地区等。

对外文化贸易重点商品领域:商业演出、商业展览、柳编、节庆用品、工艺美术品、动漫等。

对外文化贸易区域布局:稳定东亚及东南亚市场,拓展欧洲、北美市场,扩大俄罗斯和东欧市场,积极开发非洲、拉丁美洲市场。

第三节　发展路径

一、重大工程

(一)国家级优秀传统文化传承发展示范区建设工程

把握中国文化走向世界的历史性机遇,以建设国学教育中心为目标,以曲阜市、邹城市、泗水县为核心,以曲阜国家级文化产业示范园和中华文化标志城为载体,建设国家级的曲阜优秀传统文化传承发展示范区。

1.大力推进儒学研究与阐发工作

深入发展孔子及儒家思想研究传播体系,打造儒学研究传播高地。规划建设国家级传统文化研究教育基地、中华传统文化传播基地,争取得到国家支持,建设国家国学教育研究中心。适应现代传媒发展趋势,推动儒家思想解读和传播的现代化。推动儒家文化旅游开发研究,增强学术研究支撑。讲好儒家优秀传统文化故事,推动以孔子、孟子及孔子重点门徒的事迹为题材的演艺、影视剧目打造,创拍一批儒家文化经典剧目。探索推进儒学大众化、民俗化的新模式,培育彬彬有礼、崇德守信、和善向上、忠孝仁义的儒韵民风。

2. 加快落地一批重大文化项目

打造并完善六艺城、蓼河古街、鲁国故城国家考古遗址公园、中华文化研究与体验基地（世界孔子学院曲阜总部）、邹鲁文化生态保护实验区、儒源文化传承发展体验区等一批大型文化项目。加快推进文化艺术中心、孟子书院、孟子学堂、镇史、村史、民俗展览馆、镇村综合文化中心等一批文化基础设施建设项目。大力支持祭孔大典、孔府宴、邹鲁礼乐、平派鼓吹乐传承基地等一批"非遗"保护项目。鼓励儒家传统文化与新兴业态相结合的项目落地，推动儒家文化创意产品的研发和生产。以重大项目推动政德教育基地、中华文化教育培训基地的建设。加强与深圳、杭州等文化产业发达地区合作，建设国学产业化基地。

3. 加大示范区建设综合保障力度

积极争取国家和山东省对示范区给予政策扶持，严格落实争取国家和省政策扶持任务责任清单制度。加快推进《曲阜优秀传统文化传承发展示范区发展规划》的编制和实施工作。加大示范区招商推介工作，市县两级统一成立专业招商队伍，制定市场化的绩效激励政策，集中人力、财力、物力，专攻项目招商，完善项目用地、财税优惠等招商政策。

（二）"儒学原乡·文化圣地"品牌建设工程

将传承弘扬儒学思想和优秀传统文化的目标融入到公共文化服务系列活动之中，着力建设"儒学原乡·文化圣地"特色公共文化服务品牌。

1. 持续推进优秀传统文化"六进"普及工程

推动优秀传统文化进入机关、学校、企业、社区、农村、家庭，编写儒家优秀传统文化系列读本，开展优秀传统文化宣讲培训。市级媒体开设优秀传统文化专栏，组织开展"诵中华经典、学道德模范、做有德之人"等活动，在全市形成继承和弘扬优秀传统文化的浓厚氛围。

2. 加强儒学普及传承阵地建设

依托市、县、乡镇（街道）、村（社区）四级公共文化服务网络，做好一个书院、一处讲堂、一个舞台、一批精品的"四个一"工作。市图书馆持续开展尼山书院授课与交流活动，市艺术馆完善"非遗"展厅和传习基地，县级图书馆建设"尼山书院"、文化馆建国学体验基地，乡镇（街道）、村（社区）推进实施乡村儒学、社区儒学项目，乡镇综合文化站、村文化大院建设"乡村儒学讲堂"。

(三)"十百千万"产业载体工程

"十三五"期间,进一步加大文化产业载体建设力度,策划培育一批具有重大示范效应和产业拉动作用的文化产业工程、园区、企业、项目。

1.实施文化产业10大业态提升工程

围绕济宁市现有文化产业业态体系,大力实施文化休闲精品打造工程、演艺娱乐品牌提升工程、创意设计产业提质工程、出版印刷转型升级工程、动漫游戏提速增效工程、节庆会展业态培育工程、艺术品价值延伸工程、现代传媒融合拓展工程、教育培训品牌塑造工程、文化金融服务创新工程,着力构建济宁特色文化产业体系。

2.打造提升10个重点文化产业园区

推动曲阜国家级文化产业示范园、嘉祥石雕文化产业园、梁山出版印刷产业园、鱼台清河草柳编工艺品出口基地等特色文化产业园区发展壮大,在基础设施、土地使用、财税政策、公共服务平台建设上予以支持。规划建设济宁文化产业创业孵化基地、济宁创意设计产业园、济宁新媒体广告产业园、济宁大运河文化产业园、济宁文化创意生活街等重点文化产业园区、基地。支持旧城区、旧村、旧工业区、旧建筑等改造,鼓励它们成为文化产业园区。

3.建设运营100个重点文化产业项目

大力推动全市100个重点文化项目落地实施。建设、运营好济宁市文化中心、济宁市杂技城等公共文化服务项目,建设、提升中华文化研究与体验基地、孔子博物馆、尼山圣境、国际儒学传承发展示范区等传统文化传承创新项目,加快邹鲁文化生态保护实验区、鲁国故城国家考古遗址公园项目等文化遗产保护项目的建设进度,推动羊山国际军事旅游度假区、北方陶都创意产业园等文旅、文创项目落地运营,打造睿湖文化商务区、曲阜文化国际慢城等"产城人文"一体项目。

4.引进100家大型文化企业

加快文化创意产业发展,积极吸引国内外著名文化企业总部(含地区总部)落户济宁。针对信息服务、动漫游戏开发、影视传媒制作、设计服务、软件开发、艺术品创作等项目,安排专项资金用于招商引资工作。对于新引进的大型文创企业,给予税收优惠和房租补贴，对于注册资金500万元以上的企业，实施“一企一策”的引进政策。

5.扶持壮大1000家“三上”文化企业

支持济宁报业传媒集团、济宁演艺集团、曲阜文化旅游发展投资(集团)有限公司、山东儒源文化集团、山东金榜苑文化传媒有限公司、山东新思域设计艺术有限公司、山东嘉祥石雕文化产业发展有限公司等重点骨干企业做大做强。扶持科技创新型文化企业，争取到2020年，全市“三上”文化企业达到1000家。

6.培育10000家小微文化企业

孵化培育1000家特色小微企业。推动实施文化产业发展“金种子”计划，探索创新企业新型孵化模式，引导和扶持创意人才、中小投资者、大学生创办特色文化企业。鼓励互联网创业平台、交易平台等新兴创业载体发展。制定支持文化企业发展及文化领域创业者的具体措施或方案，通过奖励、项目补贴、物业费用减免、金融信贷等方式加大对小微企业的扶持力度，争取到2020年，济宁市小微文化企业数量达到10000家。

(四)“文化＋”融合发展工程

实施“文化＋”融合发展工程，提高文化与相关产业的融合发展水平。

1.推动“文化＋农业”融合发展

深度挖掘农业特色资源，围绕休闲体验、会展节庆、农耕文化等主题，拓展整合农业的休闲、体验、教育、文化传承等功能。建设一批具有历史、地域、民族特点的特色旅游村镇和乡村旅游示范村，有序发展新型乡村旅游休闲产品。鼓励邹城、微山、泗水等地发展智慧乡村游，通过网上团购、网络订票等服务，提高在线营销能力。

2.推动“文化＋工业”融合发展

加强工业设计领域的技术研发，支持工业企业与设计企业在产品研发、形象展示、营销策划等领域对接，提升消费者对工业产品的艺术观感和消费体验，推动产业结构优化升级。鼓励工业企业的设计部门独立运营或成立创意设计公司，支持济宁灵动文化传媒有限公司、山东新思域设计艺术有限公司等发展壮大。

3.推动“文化＋金融”融合发展

构建完善的政、银、企合作机制。支持金融部门拓展文化领域业务，创新推广商标权质押、专利权质押、股权质押等特色产品。丰富相关金融文化产品，制定文化产业专项授信、担保、贷后及内控管理政策，实行一站式处理模式，在有效控制风险的前提下，满足文化企业多样化的金融需求。

4.推动“文化＋科技”融合发展

推进实施文化领域大数据建设、“互联网＋文化”行动计划。利用高新技术改造提升文化领域的技术装备水平，大力支持梁山县教辅企业开发电子教材、电教设备等。以惠普软件、甲骨文、大唐高鸿等高新技术企业为依托，发展人才实训、创意动漫等产业。支持具备条件的文化企业申报高新技术企业，落实企业研发投入税收优惠政策。

5.推动“文化＋贸易”融合发展

以文化引领商贸，以商贸激活文化，加快任城区文化商贸集聚区建设，着力打造儒家文化商务服务区和文化产品展示交易平台。鼓励和引导文化出口企业加大内容创新、设计力度，创作开发应体现济宁市的优秀文化。支持文化出口企业通过新设、收购、合作等方式拓展文化出口平台和渠道。鼓励文化企业借助电子商务等新型交易模式拓展国际业务。

(五)引导和扩大文化消费工程

1.改善文化消费环境

适应供给侧结构性改革要求，营造全社会齐抓共管，改善文化消费环境的有利氛围，形成企业规范、行业自律、政府监管、社会监督的多元共治格局。主管部门从深入调研、发布信息、强化指导、项目推动等多个角度，为促进文化消费提供支撑。积极参与“山东标准”建设，实施质量品牌提升工程，培育国际国内名牌文化产品和名牌文化企业。

2.提高文化产品供给质量

支持济宁演艺集团、山东儒源文化集团等文化企业提供雅俗共赏、百姓喜闻乐见的文化产品与文化服务。提高文化产品和服务的竞争力，形成多样化的消费方式和消费增长点。引导文化企业在济宁市及各县、市、区投资，兴建更多适合群众需求的文化消费场所，在出版发行、电影放映、文艺表演、网络服务等领域积极开拓基层文化市场。

3.加强文化产品精准供给

加强与银行的合作，推出文化惠民卡，鼓励文化消费，同时有效掌握群众文化消费倾向，进行精准营销和推送。探索搭建政府 O2O 大数据平台，实现文化消费数据的信息化、集成化，准确、及时捕捉文化消费新动向。鼓励文化企业加强与数据处理技术企业合作，对文化消费数据实时分析，实行按需生产和个性化定制，增强文化产品供给的精准性和特色化。

二、保障措施

（一）加强组织领导

1.健全组织协调机制

各级党委和政府充分认识加快文化发展的重要意义，加强组织领导，强化统筹协调，把文化发展纳入当地经济社会发展总体规划和年度计划，纳入党委政府重要议事日程。宣传部、文广新局、教育局、旅游局、发改委、财政局、人社局等相关部门在政策衔接、标准制定和组织实施等方面加强统筹协调，进行整体设计。组建成立国有济宁市文化发展有限公司，负责市级重大文化项目的建设、运营、投融资以及对引导性产业和项目的投入等业务。

2.加强目标责任考核

围绕规划的总体目标和重点任务，制订工作方案，明确任务实施的分级责任和时间表、路线图，集中力量推进工作落实。建立完善文化发展综合评价监测体系，加强对规划执行情况的监测评估和监督检查，市政府与各县、市、区政府签订目标责任书，将文化发展和规划实施情况纳入各级政府年度目标责任考核范围，完成情况将作为考核的重要内容。建立规划实施动态监测、定期通报制度，开展规划实施评估，做好中期评估和期末评估。

（二）优化发展环境

1.加快转变政府职能

进一步转变政府职能，简政放权，放管结合，优化服务，按照政企分开、政事分开原则，推动文化行政部门由办文化向管文化转变。深化文化市场综合执法改革，理顺市级与县级综合执法机构的关系。构建多元管理机制，鼓励社会团体、行业协会等社会主体参与公共文化管理，承接政府转移的部分职能。

发挥基层群众性自治组织的作用，推动开展公共文化服务参与方式创新，保障群众文化选择权、参与权和自主权。

2.完善落实政策措施

制定出台关于支持社会力量参与文化事业的政策措施,落实鼓励企业、机构和个人捐赠、兴办公益性文化事业的税收优惠政策,完善文化体制改革配套政策。制定文化企业国有资产监督管理办法,明确社会效益指标考核权重,并将社会效益考核细化量化。健全完善文化建设相关的财政、税收、金融、土地、人才培养及扩大文化消费政策。对新成立的文化企业、新引进的大中型文化企业或企业集团、重点文化企业给予税收优惠和奖励,并在国家法律法规、政策许可的范围内优先安排用地。各县、市、区在每年的土地指标中拿出不少于30%,用于文化产业项目用地。支持文化创意和旅游开发企业利用空置厂房、仓储用房、古建筑、老建筑等现有资源兴办重点文化旅游产业项目。相关政府部门利用多种形式加强文化法规、政策的培训和解读。市内主要新闻媒体加大对文化政策的宣传,促进信息公开、政策透明,提高文化企业对政策的知晓率、利用率。

3.健全文化市场体系

推动文化专业市场发展,积极发展连锁经营、物流配送、电子商务等现代文化产品流通组织和流通方式。大力支持发展电子商务,由政府牵头,与互联网电商平台等合作,搭建网络文化产品交易平台。规范文化资产和艺术品交易,建立和完善专利权、著作权等无形资产的评估、质押、登记、托管、流转和变现制度,加强与山东文化产权交易所等的合作,为文化企业提供专业金融服务。完善济宁市文化产业资本、人才、技术等要素市场,加强济宁市级和县级文化行业组织和中介机构建设,积极发展文化经纪代理、评估鉴定、技术交易、推介咨询、担保拍卖等各类中介服务机构,加强行业信用评级制度建设,培育和扶持市场信用服务机构。

(三)完善投融资体系

1.加大政府财政投入

合理划分政府的文化支出责任,建立健全文化建设财政保障机制。各级财政应按照不低于国家和省级标准的水平,将支持文化发展的经费纳入公共财政经常性支出预算。各级财政要逐年增加对文化事业和文化产业的资金投入,每年增长幅度应高于经常性财政支出的增长幅度。设立市级和县级文化产业发展专项资金,并落实到位。采取政府购买、项目补贴、定向资助、贷款贴息等政策措施,加大市级财政转移支付力度。建立完善公共文化设施免费开放财政保障机制。各级财政进一步加大对剧场及其运营管理的扶持力度，对中小剧场，根据演出场次进行补贴，用于鼓励其开展低票价惠民演出。文化企业缴纳的土地出让金，优先用于文化基础设施建设。各县、市、区整合现有各类文化专项资金，重点支持文化产业公共平台建设、新型业态及骨干文化企业发展。加大对文化企业的补贴和奖励力度。

2. 拓宽投融资渠道

改革创新公共文化服务的投入方式，支持通过特许经营、投资补助、政府购买服务等方式，吸引社会资本积极参与公共文化服务领域的投资运营。完善实施政府和社会资本合作 PPP(公私合营)模式，允许条件成熟的项目试水众筹等互联网金融模式。加快政府引导基金运作，有效吸附带动社会资本，支持文化企业和项目融资。筹划成立济宁市文化银行、济宁市文化旅游投资基金等。引导文化企业与金融机构开展多种形式的银企合作，鼓励银行机构扩大抵(质)押物范围，探索开展适合文化产业特点的针对专利权、商标权、应收账款等的质押贷款方式。引导融资性担保机构开展适合文化企业的多种担保和保险业务。深化与券商等中介机构的合作，帮助文化企业进行规范化改造，拓宽直接融资渠道。鼓励文化企业发行公司债券、中小企业私募债券、中小企业集合债券，探索运用债券类融资工具。推动符合条件的文化企业上市融资。

(四)推进人才队伍建设

1. 加强基层文化队伍建设

根据公共文化机构人员编制标准，在核定的编制数额内，按照适应综合性文化服务功能要求、具备综合性服务能力的标准，配齐基层公共文化服务机构专职人员。探索实行多种形式的用人机制，设立城乡基层公共文化服务岗位，配置由公共财政补贴的工作人员。构建文化志愿服务体系，建设文化志愿者服务数据库，加强文化志愿者培训，完善文化志愿者注册招募、服务记录、管理评价和激励保障机制。完善“结对子、种文化”工作机制，建立文化志愿服务下基层制度，鼓励各地打造具有地方特色的文化志愿服务品牌。加强与高校的交流合作，通过高校专业人才挂职锻炼等方式，推动基层文化发展进入学术研究领域。

2.加大人才引进培养力度

加强基层公共文化人才、文化管理人才培训,积极对接全省乡镇(街道)文化站长轮训工作。扎实推进儒学人才高地建设,引进培养一批优秀儒学人才。组织举办全市优秀中青年戏曲人才培训班、美术创作人才培训班、剧场管理人员培训班,积极培育后备艺术人才。建立文化产业人才常态化培训机制,主办或参加文化产业政策理论、文化产业园区管理、文化创意产业经营管理、文化金融融合、动漫游戏产业、演艺产业运营管理等方面的人才培训班。重点引进带技术、带项目、带团队、带资金的高层次文化创意领军人才以及其他文化创意人才,对引进国家级文化创意人才的企业给予适当奖励。对新建的市级留学人员文化创意创业园提供一次性平台建设扶持资金,支持市辖区内高等院校、科研机构、文化产业园区(基地)建立文化产业人才培训和实验基地,对具有一定规模的培训和实验基地给予资助。设立市创意人才奖金,每两年开展一次创意大师、创意新人评选活动,给予一定奖励。

第四章

上海德必易园调研报告

2017 年 10 月 21～23 日，山东大学文化产业研究院昝胜锋一行专家赴上海市、浙江杭州市调研文化创意产业，这次调研是《泺尚·创意中国调研报告(2018)》编委会为推动 2017 年文化创意产业规划而专门进行的一系列考察和观摩活动。昝胜锋博士及先期到达上海园区的课题组成员，来到长宁区德必易园参观并调研。

上海德必集团是中国领先的、专业致力于文化创意产业发展的服务企业，从 2006 年开始投资运营文化创意产业园区，通过几年探索，已形成一套集园区投资、设计、招商、运营、创新服务为一体的独特成熟的“德必模式”。走进德必易园，可以看到竹林、青砖……让人忍不住打开笔记本电脑或者拿起一本书，一边大口呼吸着新鲜空气，一边工作、学习。WE″国际文化创意中心则完美地结合了东方和西方文化元素，入驻了一大批国际领军企业，包括瑞士、意大利等国的企业，他们让老上海文化与欧洲文化碰撞出了火花。除了优美的休闲区域，还可以在 WE″ Kitchen 亲手制作美味点心与朋友分享，感受来自北欧厨房的绝佳美味。在这里还定期举办丰富多彩的社群活动，人们可以分享创业信息，与园区的其他企业建立关系，对接资源，以促进商务合作。德必园区通过搭建企业服务体系，使入驻企业得到在资金、政策、品牌推广、人才招聘等方面的切实支持。不仅如此，德必还引入法律、金融、投资等各类资源,为这些企业的发展提供合作的契机和平台,使他们互相促进,共同发展。

此次调研围绕三个重点目标:深入了解企业文化及企业业态;重点探析德必集团在园区管理和经营方面的成功经验;分析德必的典型案例,从中提取出可以复制、应用到其他园区管理服务商的经验,并最终形成了调研报告。现摘取报告的部分研究成果,以飨读者。

第一节　发展概况

一、德必概况

上海德必集团从2006年开始运营文创园区,至今已有10余年时间。在国内,德必已经运营的园区有30多个。德必还在意大利佛罗伦萨建立了中国首个海外文化创意产业园区“上海佛罗伦萨—中意设计交流中心”,作为中国创意力量在海外起步的第一站,该中心已成为上海乃至中国创意设计企业进驻欧洲市场的起点。通过公开资料进行比较,目前全国较大的文创园区专业投资运营商有三个,除德必之外,还有“深圳灵狮”和“北京尚八”,这两家机构投资运营的园区数均为9个。可见,从投资运营文创园区的数量上来说,上海德必稳居全国头把交椅。目前,德必在上海为1000多家企业提供服务,其中文化创意企业集聚度达85%以上,个别园区达到95%。

上海市长宁区德必易园(以下简称“易园”)是德必总部所在的园区,坐落在航天计算机技术809研究所的旧址上。易园属于上海多媒体产业园二期工程项目,总面积达30000平方米,共有6幢老建筑,入住率长期保持在98%以上,主要入驻的行业是多媒体产业、公关咨询和文化传播业,年营业额超过25亿元人民币,其中的代表企业有大众点评网(总部)、传漾广告、拉加代尔集团、美国酷石网络科技公司等。易园于2011年12月被正式认定为上海市第二批文化产业园区。2012年12月,该园区获得了“2012长三角文化创意产业金鼎奖”的最佳公共服务平台奖,并于同年获得了“龙腾奖中国创意产业最佳园区奖”。德必易园同时入选“2012年中国文化创意产业最受关注的十大园区”,位列第五。

二、企业文化

“德必”之名，缘自《论语·里仁》：“德不孤，必有邻。”德必的核心目标是助力中国创意，运营模式是集文化创意产业聚集区的投资、设计、建设、招商、运营、平台式整合创新服务为一体。

（一）德必的核心价值观

1. 大爱：爱自己、爱家人、爱团队、爱国家、爱世界，爱每一个人与物，承担对社会和人类的责任。

2. 协作：诚实守信，合作共创，真诚团结，大局为重。

3. 共享：开放自信，兼容并蓄，连接共享。

4. 创新：持续学习，独立思考，勇于破格，相信办法总比困难多，敢为天下先，为客户提供满意超乎期待的服务。

（二）德必的愿景

让德必人获得物质与精神的幸福，做有理想、有社会责任感的企业；成为全球文化创意、科技创新企业首选的合作伙伴。

（三）德必的使命

通过持续创新并整合、积累各类资源，提供充满创意的产品及服务，建设线上线下连通的平台，构建全球领先的轻公司生态圈，助力文化创意与科技创新企业发展！

三、公司业态

轻公司生态圈：创意、创新能力代表着中国未来的生产力，文化创意与科技创新企业的发展将成为中国经济发展的双翼。德必一直服务着这样的公司，我们称其为“轻公司”，这类公司轻盈灵动，锐意进取，具有轻资产、轻体量、高智力的特点。创意与创新思维是他们的核心竞争力。德必通过搭建“轻公司生态圈”(Smart Circle)，来帮助轻公司相互连接与更好地发展。德必相信，在经济的森林中，既要有参天大树的“巨无霸”，更需要灌木草丛的“小清新”。轻公司或以小而精致的模式创新突破，或以独领风骚的优势技术获得发展，或以创意精英特立独行的思维取胜。德必园区连接5000余家轻公司，通过搭建企业服务体系,与园区内外部的资源对接——企业与资源、企业与企业、人与人,实现内外圈层跨界合作,自由连接。德必徐汇创意阁园区的邻居企业"邻趣"和"阿姨在哪",就是两家以德必为媒介进行企业和企业间合作的典范。同为O2O平台,它们一个为城市白领搞定外卖、水果、代送、随意购、遛狗、看护等个性化服务,一个提供寻找和预约保洁、小时工的服务。虽然提供不同的服务,双方却有众多诸如重视用户体验,借鉴Uber(优步)的手机应用模式等共通点,这也就形成了合作的基础。从共同派发宣传单页、互置彼此的业务信息到各类商务合作,"邻趣"和"阿姨"展开了各式新颖的合作。德必还通过组织"沪杭创投圈首期碰撞会""德必·投融资会议"等不同主题的活动,集结政府、文创产业服务商、投资方、创业者等多方力量,搭建有效平台,从而构建领域更宽泛、内容更全面、功能更完善的"轻公司生态圈"。德必下设以下几个分部:

(一)德必文化创意企业服务中心

长期以来,德必相信帮助有潜力的文化创意企业快速成长就是对社会最大的贡献。因此,德必关注中小创意企业全方位的需求,开辟了"德必文化创意企业服务中心",推出了七大增值服务:创业服务、投融资服务、人才服务、品牌推广服务、法律和政策服务、财务顾问服务、上海文化创意产业CEO俱乐部。

(二)德必—中国文化创意产业研究院

研究院的研究宗旨是以全球化视野,致力于中国文化创意产业发展的理论和实践研究,预测和发现产业发展和服务的新规律、新方向、新机会;研究院的研究方向是对文化创意产业相关的中国与全球各国的产业政策持续追踪解读,进行国内外产业经济走势、城市规划、市场分析等方面的研究;研究院的研究方法是宏观产业研究结合微观案例追踪分析,理论联系实际,为区域经济和企业的产业升级、创新发展提供研究咨询服务和系统可行的解决方案。

(三)德必WE″

WE″是结合物业与未来服务的一种新型物业载体,无论是在建筑设计规划还是服务平台搭建方面,都极大地突破了传统的办公。其中,"WE"是West & East的缩写,代表东西方的共创。上海是一个国际化都市,中国的企业正在从这里走向国外,国际上的企业也将通过这个窗口进入中国。未来的WE″将在硬件服务和软件服务上集采双方之长,超越国际水准。在 WE″的设计建造中，其位置将被设定在具有历史文化内涵的最核心区域，并强调个性化、自然舒放的设计理念，这将使得每一个 WE″都能成为全新的、独一无二的空间载体。WE″希望让人们的工作变得更高效、更有趣。为了完成这样的想法，德必甚至在 WE″园区中设置了“未来生活方式试验馆（WE LAB）”，这是对现有商业与办公结合的新尝试，探索更多的生活与工作的关系与场景。WE″不再是单一的办公品牌，而是结合建筑设计、艺术文化、服务资源等融合而成的跨界新作。

（四）静安 WE″

WE″国际文化创意中心（静安）坐落在上海最著名的静安商圈之中，这里是静安商圈铂金区域，拥有上海内环核心稀缺办公资源。这里是上海第七印染厂的旧址，有数十年的建筑历史，见证了静安区城市文化的兴起与繁华。这里有上海最大的垂直鱼缸：设计师强调水对于建筑的灵魂性作用，水将铁艺雕栏的浪漫欧洲风情与小桥流水质朴的东方气质完美地融合在了一起，贯穿静安 WE″，构筑建筑的生命力。设计师带着对静安生活的新体验，为每户企业都设置了入户花园，在静安 WE″工作的白领每天工作前都会先经过清新自然的花园美景。WE″国际文化创意中心（静安）被打造成了集创意、时尚、设计、展演为一体的创意办公园区。

（五）德必—硅谷科技时尚创新中心

由美国智贸国际集团副总裁周群燕、硅谷知名律所 Royse Law 创始人 Roger Royse、德必集团董事长贾波共同建立。德必—硅谷科技时尚创新中心致力于连通国际文创及科创产业，为有意向走进国际舞台的文创及科创企业提供四大核心服务，其中包括：(1)法律服务。与硅谷最老牌的律师事务所合作，为入驻硅谷的企业提供公司注册、法律咨询、专利申请、合同起草等服务。(2)媒体宣传服务。联合在美国的优质媒体资源，结合企业宣传需求，为落地硅谷的企业打开媒体绿色通道。(3)市场服务。帮助企业对接上下游服务商和客户，接入硅谷周边金融、资本、科技、社群网络等资源，打开国际市场。(4)技术及人才服务。对接硅谷周边高校资源，定期举办德必硅谷园区专场招聘会，接入设计、科技等外包公司，为企业提供相应的技术和人才。这四大服务能有效地帮助中国文创及科创企业实现在国外的注册落地、团队组建和高效运营，助力中国文创及科创企业走向国际市场。

(六)国际社群节

国际社群节(ICF),是由上海市创意产业协会、上海设计之都促进中心、上海时尚之都促进中心、上海工业设计协会、上海市青年创意人才协会、长江商学院文创学会、上海产业转型发展研究院、上海交大文化创意产业学院、东华大学上海国际时尚创意学院、华东理工大学传媒与艺术学院等众多机构指导和支持,德必集团主办的大型文创、科创领域盛会,是一场汇聚众多白领及精英的大型活动。

第二节　经验总结

从 2006 年开发第一家园区徐汇创意阁至今的 10 余年时间里,德必取得了快速成长,收获了良好的经济效益和社会效益,成为业内备受瞩目的文化创意产业园区专业运营商,是许多有潜质的文化创意企业的首选入驻地。德必的成功之道在于创新发展模式,走出了一条文化创意产业园区发展的特色之路。德必的实践对许多仍然沿用"二房东"模式坐地收租或者正在探索转型方向的文化创意产业园区有着重要的借鉴意义。

一、崇尚人文精神,培育园区文化

(一)用文化吸引文化

成功的文化创意产业园区首先要构建和培养自身的文化,方能吸引有潜质的文化创意企业入驻,这是用文化吸引文化的最好诠释。德必园区设计者在其开发的德必易园和 525 系列中,均融入了中国传统文化的元素。以易园为例,德必巧妙地将《易经》的元素和思维方式融入园区设计中,营造舒放自在的工作空间,以促使园区内人才最大限度地迸发智慧和创意的火花。易园里的建筑秉承了《易经》"简"与"变"的精神,以"太极生两仪,两仪生四象""道法自然"的理念构筑建筑空间。易园内部有七重花园设计,种植了大量竹子,车库和重要场所都安放了黑白二色的阴阳鱼缸,地上铺置着古朴淡雅的青砖。传统文化元素的运用结合富有现代感的设计,对于创意企业具有很强的吸引力。

（二）以企业客户需求为本

德必的成功之道，最关键的方面在于真正做到了以客户需求为本，一切从客户出发。德必的多数园区在设计之初即已完成部分招商工作，对园区的规划设计是园区运营商与企业客户共同决定的，企业可以根据自己的需求对建筑布局、绿化环境、设施配备提出建议与要求。其最具特色的七大增值服务是立足于中小微创意企业的实际需求所设的，体现了人性化、个性化、合理化和规范化的特点。园区管理者与企业保持着融洽的关系，和企业高层定期交流沟通，了解他们的真实需求，并将其纳入园区的运营管理中。园区和企业和谐互动，共同成长。

二、变"招商"为"选商"，规划产业网络

（一）用市场吸引市场

德必运用了连锁经营的策略，通过不同地域的选择和不同概念的打造，为文化企业提供适合它们的选择。从 2006 年初至今的 10 余年里，德必已经在长三角地区开发了 30 多个文化创意产业园区，并将业务延伸至国外。其开发的文化创意产业园区有融合《易经》元素的"德必易园"系列，包括长宁德必易园、徐汇德必易园、大宁德必易园、沪西德必易园、天杉德必易园、漕河泾德必易园、杭州西湖德必易园；有体现禅意文化的 525 系列，包括法华 525 创意树林、虹桥 525；有寓创意于休闲的"运动 LOFT"——虹口运动 LOFT；有反映老上海面貌的"老洋房"系列，包括老洋行 1913、愚园 1890；还有佛罗伦萨中意设计交流中心等。这些园区各有自己的产业定位，如长宁德必易园的定位是为多媒体产业服务，大宁德必易园是中国首个电商服务产业园，虹口运动 LOFT 以"运动办公、健康工作"为核心定位，老洋行 1913 聚焦音乐、时尚、设计、影视等产业。连锁化经营模式为德必创立了品牌，一些文化创意企业将德必旗下的园区作为入驻首选。

（二）建立客户数据库，精确分析后"选种"

德必提出"产业网"的观念，希望通过有目的地选择入驻企业和搭建交流服务平台，实现资源配置整合，使园区内的创意产业链更加完整，实现生产、制造、推广、销售等阶段的一体化整合。德必建立了客户数据库，任何企业在申请入驻时都必须填写详细的资料。通过对资料中的数据进行深入分析，德必可以判断企业的成长性，以及其是否可以

和园区现有的企业有效互动,融入产业网,并根据分析结果确定是否接受该企业入驻。德必变招商为选商,挑选“好种子”,而不是急功近利,只注重企业规模大小及眼前的租金收益,这也是德必园区经营的成功之道。

(三)成立创意产业研究院,发掘有潜质的创意企业

德必在易园专门设立了中国文化创意产业研究院,吸纳了一批文化创意产业研究方面的专门人才,致力于文化创意产业领域的政策、现状、发展趋势研究,发现和挖掘有较好成长性的小微创意企业。其研究结果一方面用于结合申请入驻的企业资料选择有发展潜质的“好苗子”,另一方面也用于定位企业未来可能的需求,为企业提供更好的、前瞻性的服务,实现德必助力中国创意的目标。

三、推出七大增值服务,探索多样化赢利模式

德必最大的特色就是它所推出的“七大增值服务”:创业服务、投融资服务、人才服务、品牌推广服务、法律和政策服务、财务顾问服务及上海文化创意产业CEO俱乐部的服务。通过搭建企业服务平台,德必与园区内企业实现了共生、共长、共发展,并探索多样化的赢利模式,从仅提供物业管理、获取租金收入的“二房东”管理模式成功转型为园区运营商和企业服务商,实现了能级提升。以下列举德必的重点服务模式:

(一)搭建基础人才服务平台

德必每年都会组织园区企业的专场招聘会,如在上海市松江大学城举行的2013青年志愿者招聘会上,德必应邀设立了德必园区企业招聘专区。德必还免费为园区企业的新进员工进行岗前培训,帮助新进员工尽快适应工作;提供团队拓展训练,帮助企业增强团队凝聚力;举办各类专题讲座,邀请专家做学术研讨;举办白领派对、园区运动会等特色活动,丰富园内生活。

(二)搭建投融资服务平台

投融资服务是德必七大增值服务中的亮点。德必提供了以下几种投融资服务:(1)实行“以租金换股权”的融资模式。在企业成立的初始阶段,德必可以免收有潜力的文化创意企业的房租,以换取企业的小部分股权。(2)进行直接的天使投资。对于成熟的优质企业,德必会做长期的天使投资,参与到企业的上市进程中。(3)在企业和银行间

充当“红娘”的角色。如与工商银行共同开发了融资产品“创赢宝”，工商银行每年给德必一定的授信额度，由德必作担保，经过对企业信用、口碑、客户评价以及团队背景等的调查，将处于初创期有潜力的企业推荐给银行。(4)引进国内外著名风险投资商如红杉资本和园区内的创意企业形成对接，以帮助企业获得长期发展所需的资金。

(三)搭建企业管理咨询服务平台

文化创意企业“麻雀虽小，五脏俱全”，而企业的初创者多为艺术家，虽有创意和技术，但缺少管理经验，急需企业管理咨询和财务、法律等方面的配套服务。德必和第三方财务以及法律服务公司进行合作，专门为园内的企业推出了法律咨询、管理咨询、财务管理等服务，如聘请专门的律师事务所为中小型创意企业提供基础法律服务，定期提供讲座服务，解读最新的法律政策。德必和国内知名的企业管理咨询公司合作，特别制定了管理课程，给需要学习管理经验的创意企业提供准确和具有针对性的辅导。德必还为园区内的企业聘请了专业的财务咨询公司，提供财务管理规范化服务。

(四)搭建整合推广服务平台

德必十分注重园区内企业产品的品牌市场效应，依托自身强大的媒体背景，参与并支持了上海财经记者俱乐部的组建，为有潜力的园区企业免费提供整合品牌并推广的服务。德必还特别组建了创意产业 CEO 俱乐部，为俱乐部举行的定期活动提供场地支持，为 CEO 们搭建商务合作及信息交流平台。

七大增值服务的推行，为德必探索租金之外的其他赢利方式提供了契机。如在投融资服务方面，给企业和银行“牵线搭桥”，成功后德必会收取贷款额 5% 的财务顾问费和担保费；在租金换股权和天使投资中，只要有 30% 的目标企业成功，德必就会获取 10 倍的资金回报。目前，德必虽然仍以租金为利润的主要来源，但是其赢利模式已经从仅依赖租金收入的单一赢利模式变为将物业租赁收入、投资收益、服务性收入包括在内的组合赢利模式，并计划在未来逐步发展为以投资收益和服务性收入为主。

在园区运营方面，德必率先提出了“园区经营是产业链经营”的创新理念，这一理念让德必将园区经营者与普通办公楼宇的物业角色彻底区分开来，从文创产业发展的需求出发，开辟了德必文化创意企业服务中心这个园区服务“大脑”，全面地为入驻企业提供除基础服务外的七大增值服务。其中，投融资服务的多管齐下解决了不少企业的燃眉之急。由于文创企业大多是中小企业甚至小微企业,所以向银行贷款和融资有很大难度,而园区则通过多种渠道帮他们排忧解难。如由园区担保与银行合作,为企业提供小额贷款;与风投合作,对接有潜力的文创企业;园区还辟出了专门场地,对初创阶段的文创企业提供以房租换股权的融资模式,以房租入股,与企业共担风险。据统计,截至 2013 年底,德必七大增值服务平台累计服务企业超过 6700 家,服务人次将近 7 万,主办和承办各项活动 800 余场,为文创企业的发展提供了积极的作用,创造了良好的社会与经济效益。

四、四个转变助力企业发展

除了七大增值服务,近两年来,德必在企业服务上有了新的思考和实践,主要分为四个方面。

(一)从选商向育商转变

从第一次做园区开发开始,德必就坚决选择符合园区文创定位,有潜力的企业进入园区,即“选商”。通过不断实践,德必发现,光“选商”还远远不够,必须跳出园区竞争的范围,做一个孕育好企业的平台,从而源源不断地产生好企业。因此,德必先后与飞马旅、《创业家》杂志黑马大赛、创始人互动俱乐部、楚仕会、B 座 12 楼等国内知名创业扶持组织合作,持续投入资金和场地,为培育优秀企业提供肥沃的土壤。2011 年底,德必与 Workface 创始人学院结成紧密战略联盟,为全国超过 5000 家创业企业提供全方位的服务,截至 2015 年,已在全国各地举办各类活动 500 余场,帮助一个个优秀的中小文创企业茁壮成长,并源源不断地走入德必园区。

(二)从园区出租向企业发展全过程服务解决方案转变

在园区服务实践中,单一的办公场所租赁早已不能满足不同发展阶段的企业需求。为了全方位服务不同发展阶段的文创企业,德必开发了多形态的产品。从孕育小微企业的 Workface 创始人学院,到为中小企业提供带有订制特色的德必易园系列,再到为大中型企业量身定做的专属订制园区,德必在探索一个从企业创建到鼎盛发展的全过程服务解决方案。

(三)从实体园区向实体园区与虚拟园区相结合的方向转变

通过观察国内外其他成功产业园区的发展历程,德必发现,一个真正能带动地区经济发展的产业园区，不光要有上下游产业链的服务，还要有立体的产业网服务。因此，自2009年开始，德必开始探索打破实体园区的围墙，为更多上海乃至全国的优秀文创企业提供服务。2010年，德必参与发起了规模达269亿元人民币的上海市创意（设计）产业投资基金联盟，开始探索为园区外的文创企业提供服务。2011年，德必与Workface达成合作，逐步探索虚拟园区的构建路径。2012年，德必与众多法律和财务咨询机构进行合作，为越来越多的中小文创企业解决企业发展中出现的问题。2013年，"德必荟"创业服务微信群正式上线。同年，Workface首家海外分舵在美国硅谷开设，虚拟园区的服务覆盖到了欧美地区。未来，德必还将投资建设网络众筹平台，并开发云计算办公平台，通过移动互联技术，最终形成一个线上与线下无缝闭合的全方位虚拟园区服务体系，实现"人在哪里，园区服务就在哪里"的目标。

（四）立足本土发展，向内外结合的发展方向转变

为响应上海市鼓励文创企业走出去的号召和园区内企业的实际需求，德必正逐步在国内外建立园区，帮助文创企业向全国乃至海外抱团式扩张发展。在国内发展方面，德必依托自身品牌及服务优势，在苏州、南京、杭州、北京、天津、芜湖等地积极拓展。在海外发展方面，在上海市经信委、上海设计之都促进中心、佛罗伦萨市政府的帮助和努力下，中意设计交流中心在意大利佛罗伦萨开园，德必作为维持中心日常经营的运营方，努力把该基地建成上海设计产业在欧洲的窗口，服务好在设计、时尚领域交流合作的各个企业。上海市的政府工作报告中指出，要进一步提高文化创意产业的竞争力，提升文化创意产业园区的服务功能，支持更多的文化产品和文化企业走出去，在开拓境外市场中增强竞争力和影响力。德必将在上海市大政方针的指引下，不断总结经验，完善园区服务，坚持开拓创新，助力上海文创企业的发展。

五、打造园区品牌，着眼长期效益

除了培育园区特色文化，德必也关注自身成长，通过爱心助学、志愿服务等方式履行企业的社会责任，打响自身品牌，成为很多有潜质的文化创意企业的首选入驻地。

（一）对接社区，将服务延伸至园外企业

易园与长宁区华阳街道的社区文化活动中心相邻，在园区二楼平台和华阳社区活动

中心之间搭建了一座“连心桥”,并在桥上设计了太极图案,突出了易园的文化特色。通过共享桥梁,园区的客户可以使用社区活动中心的图书馆、电影院、会议室、健身房等,充分利用了社区资源。同时,园区辟出专门场地,与社区共建繁花之上志愿者服务中心,为园区客户和社区居民免费提供心理咨询、图书共享、白领交流等活动。通过这些方式,德必创造性地整合了社区资源,使社企联动,以实现共赢。德必通过邀请各个领域的知名人士,开展了丰富多彩的讲座、研讨会、沙龙,并吸引园外企业来参加,在提供学习和交流平台的同时,也宣传了自身的品牌特色。自2010年以来,易园开展的活动包括“五中全会与社会转型”专题讲座、“创意企业如何对接风险投资”投融资沙龙、CEO俱乐部沙龙活动、中国新闻发言人联盟私享沙龙、文化创意企业危机公关沙龙、2012上海移动互联网论坛、品牌新媒体营销技巧讲座、2013《小企业会计准则》解析讲座、百科大讲堂系列讲座等。

(二)爱心助学,志愿服务,树立良好的社会形象

“水分子爱心计划”是由德必发起成立的以关注青少年教育特别是学龄前、小学及初中阶段的儿童及青少年教育为目标的慈善公益组织。由德必客户及园区员工等自愿对贫困农村学生进行一对一的助学捐赠,每年还选定几名“爱心天使”定期下乡与捐赠对象进行互动。“水分子”还与德必旗下园区所在的社区结对,为社区的困难学生提供助学金,资助他们完成学业。通过爱心助学和相关的志愿服务,德必在实践中切实履行了企业的社会责任,树立了良好的社会形象,客观上也有助于企业品牌的推广。

六、德必的模式化准则

(一)布局连锁化

体现在两个方面:一是在空间布局上,德必深耕上海,然后辐射全国甚至海外。正如前所述,德必在上海一城即拥有30多个文创园区,仿佛在一座城市开了30多家连锁店,然后从杭州起步,拓展上海以外的国内市场。二是按照五大主题进行园区主题布局。德必园区按照易园系列、老上海系列、禅宗系列、运动系列和WE″系列这五大系列进行主题布局,其中易园系列占50%,WE″系列占20%。未来,德必还将形成新的园区主题,但这五大主题特别是易园系列和WE″系列主题分别代表传统文化和东西方文化交流新趋势,

可能仍会作为园区主题连锁布局的重点。

（二）设计创意化

设计创意化主要是指其园区建筑设计和园林景观设计富有创意，不拘一格，主要表现在三个方面：一是将传统文化与现代设计相结合，赋予园区丰富的文化内涵。对传统文化的高度重视及极致利用在德必随处可见，“德必”之名源于《论语·里仁》“德不孤，必有邻”，而“易园”之名则来自《易经》。在易园系列中，“易”的理念随处可见：黑白虚实、互通互换的建筑群落，两个悬空于车库顶的黑白双色玻璃鱼缸中分别饲养黑色和红色的“阴阳双鱼”，百年大树根部铺设黑白鹅卵石太极图，园区内专设供人静思的禅修室，罩进玻璃柜进行保护的法华寺柱基石……这些举措做到了传统文化理念和元素与现代建筑设计的有机结合。二是景观设计注重生态环境。易园系列园区中种植了大片竹林，长宁易园还在屋顶花园放养了小兔子，大宁易园的屋顶则设置了天空菜园并饲养了香猪，并在一楼小花园放养了两只孔雀，供园区内的员工放松心情和劳动锻炼。三是设计体现人性化。在多个德必园区的停车场都设置有电动汽车充电桩，以方便电动车主。在虹桥易园的6～8层，部分楼层被架空做成了空中花园，极大地方便了入驻公司员工的工间休憩。

（三）产业链条化

主要表现在两个方面：一是集团内部打造了完善的产业链条。德必在国内率先提出了园区经营是产业链经营的创新理念，在集团内部设置了战略、投资和运营三大板块，从公司架构上形成了完整的链条。集团通过把设计院和项目开发中心合并，将前期的定位、投资、设计、施工到招商、运营、服务整合成一级一级的服务链条。特别是在园区设计方面，通过自己的规划设计院进行设计，比外包至少能省30%的成本。同时，集团还投资了众创空间方糖小镇，精选入驻项目进行股权投资，并入股Workface，打造虚拟园区，这些举措不但帮助优秀的初创企业茁壮成长并源源不断地走向德必园区，也有利于拓展德必集团的产业链条。二是入园企业大多处于同一产业链。德必按照产业链及产业细化分类集聚的理念来打造多种类文化创意产业园，也就是说30个园区除了分属前述的五大主题系列之外，每个园区也几乎都形成了自己的产业主题，比如新媒体产业园、互联网产业园、电子商务服务产业园、泛设计类产业园以及大健康产业园。每个园区内的入园企业大多处于同一产业链，而每个园区之间也基本处于上下游的链条，比如多媒体产业和互联网产业就是相关的上下游，如此一来，不但园区内的企业之间，甚至园区与园区之间都不会有过于激烈的竞争，这反而会形成“1＋1＞2”的合作链。

（四）运营生态化

包括三个方面：一是招商生态化。德必从运营园区之初就有自己的明确定位，绝不做赚取租金差价的“二房东”，而是要做孕育优质企业的平台。为此，德必在招商方面特别注重选商和育商，以有利于形成集团和入园企业共同成长的生态关系。在选商方面，德必建立了客户数据库，任何企业在申请入驻时均要填写详细的资料，通过对资料的精细分析，德必可以判断企业的成长性，以及是否可以与园区现有入驻企业有效互动，形成生态关系，从而决定是否接受该企业入驻。在育商方面，德必主要是通过方糖小镇和Workface来发现优质项目进行培育。正是考虑到这种生态关系，德必的园区招商非常容易，比如大宁德必易园有一栋楼在改造还未完工的情况下，招商完成率就达到了100%。可以说，招商是德必的又一“必杀技”。二是园企关系生态化。德必为建立园区与入园企业互动、互惠、互利的生态关系，成立了德必文化创意企业服务中心，专门为入园企业提供了“7＋X”增值报务，其中“7”是指投融资服务、创业服务、法律和政策服务、基础人才服务、财务顾问服务、品牌推广服务和文创企业CEO俱乐部，这部分的服务已经取得一定的成果，服务企业超过6700家、累计服务人次近7万，主办和承办各项活动达800场；“X”是指未来的任意基于园区企业需求的其他服务。可以说，服务是德必的第二个“必杀技”。三是政商关系生态化。德必与政府的关系是一种双赢的生态关系，产业园区运营属于2.5产业，能够将第二产业和第三产业打通，拉动经济增长，而德必通过专业的改造，不但将旧工业厂区变成了漂亮的文创园区，辐射、影响周边社区环境进一步提升，而且为政府带来了税收、人才、就业、消费和社区活力。

第三节　园区列举

截至2010年，上海德必文化创意产业发展有限公司在上海服务了大大小小的超过300家创意企业，包括新媒体、网络、多媒体、设计、广告等众多类型的知名企业，各园区始终保持98%～100%的入住率。德必开发和运营的创意园区以独特的“文化重生建筑”的特色风格、迅捷的招商速度及贴心的商务管家服务吸引了知名媒体的广泛报道，包括东方卫视、第一财经、上海电视台外语频道、上海电视台新闻综合频道以及《第一财经日报》《东方早报》《新闻晨报》《房地产时报》《都市住宅》等。

一、德必·易园创意天地

易园—上海多媒体产业园分园，位于上海市长宁区中山公园安化路492号，此地为上海航天集团809研究所的旧址。德必·易园秉承《易经》简与变的精神，以易经中的阴阳理论结合计算机二进位制原理，突破传统办公楼一成不变的局促格局，营造缤纷变化、自然舒放的商务空间，并成功地和上海市多媒体产业园概念相呼应，吸引了众多国内外知名IT公司、设计公司入驻。

二、德必·运动LOFT创意基地

德必建立了中国首个配置了综合运动设施的创意园区。虹口德必运动LOFT位于上海市虹口区花园路128号(原同心路723号)，这里是原上海电气集团华东电焊机厂的旧址，汇集了20世纪20～90年代的各具特色的建筑，被负责本项目概念设计的法国设计师称为中国当代厂房建筑的博物馆。运动LOFT以律动、活力、创造为精神主题，以运动产业、科技、传媒业、设计艺术为主体，运动和创意在撞击中迸发出无限的先锋思想。运动LOFT园区内配置室内篮球场(NIKE青少年战训营)、室内足球场、乒乓球馆、羽毛球馆、城市舞蹈中心、岩舞空间攀岩馆(上海市最大的室内攀岩馆)、思诺克馆、跑道街区等运动设施。

三、德必·法华525创意树林

这是中国首个禅文化创意办公空间，位于上海市长宁区法华镇路525号，是始建于北宋开宝年间(970年)的法华寺的旧址，后来被长期用作服装厂车间，在番禺路、新华路、定西路的合围之下，成为了文化社区的核心，与交通大学安泰学院仅一墙之隔。四顾无木，心中有林。只有用头脑思索生活的人，才能一窥创意树林的妙义。德必·法华525

的改造主旨为“中而新，国际化”。这里有舒适、人性化的苏州园林氛围，却又处处突破，传承禅院的历史、融合现代工厂的痕迹，使它们在静雅的创意空间中一元共存，使传统和现代和谐一体。

四、德必·徐汇创意阁

徐汇创意阁位于上海市徐汇区冠生园路231号光大会展中心附近，这里原是上海某汽车配件厂，总建筑面积12000平方米，是德必创意2006年完成的投资项目，总投资430万美元。徐汇创意阁的所有公共空间都经过了最新设计和建造，不仅拥有自由的创意灵感空间，也注重形象的塑造，水泥、钢结构、木线条组成了连接工业与知识、经济的通道。徐汇创意阁是在有20年房龄的钢筋混凝土结构的厂房的基础上经全新改造而成的，在设计和改建中，去除了一切陈腐、多余的元素，以大高度、阔空间，通过现代创意的视角注入了时尚艺术的元素，创造了高品位的工作氛围，产生了强烈的艺术冲击和扣人心弦的整体视觉效果。

五、德必·虹桥525

德必·虹桥525位于上海市闵行区龙柏金汇板块先锋街525号，是德必旗下法华525品牌的又一力作。其设计风格延续法华525创意树林的“中而新，国际化”理念，处处突破创新，使传统和现代和谐呼应，极力营造舒适、个性化、苏州园林式的办公环境。

六、德必·老洋行1913

德必·老洋行1913位于上海市虹口区，项目坐落于1913年所建的英商和记洋行的旧址上，还原了建筑百年前的真实面貌，完整地再现了20世纪初老上海的时代风情。老洋行1913地处国家音乐产业基地核心街区，为音乐及其他时尚、设计、影视等产业营造了专属创意空间。

未来，德必计划在全球10多个国际化城市，包括伦敦、特拉维夫、巴黎、慕尼黑、东京、纽约、休斯敦、墨尔本等陆续建立遍布全球的国际园区。同时，德必园区也将遍布北京、上海、深圳、广州、南京、成都、厦门等国内各大城市，连接国内外服务。德必希望构建全球服务平台，作为企业的“大使馆”，为有意进入中国市场的国际性的文创、科创企业铺路，也为国内企业走向国际开设绿色通道。德必不仅服务中国的文创、科创企业，同时也服务全球的文创、科创企业，通过提供国际化的双向服务，实现双核驱动全球的发展战略。

第五章

文化产业园区设施与服务规范

《文化产业园区设施与服务规范》由山东大学文化产业规划研究团队负责人昝胜锋、泺尚有道文化创意产业规划设计院院长周朋飞共同执笔开创，联合《泺尚 · 创意中国调研报告(2018)》编委会、济南国际创新设计产业园共同完成。

该规范也是《泺尚 · 创意中国调研报告(2018)》的有机组成部分。我们将继续关注国内文化产业园区的快速发展对传统文化产业规划、运营理念提出的新要求和新挑战，进行文化创意产业理论和学术创新，将文化经济发展的一般规律和国内外最新的文化产业实践案例与商业逻辑相结合，通过精准研析新时代文化经济和商业形态运行的全新特征，为文化创意产业规划实施与落地建设提供重要参考。

现摘取该规范的部分研究成果，以飨读者。

第一节　总体概括

本规范以“创新、协调、绿色、开放、共享”的发展理念为指导，广泛借鉴国内外文化产业园区建设运营的先进经验，并结合国内发展实际制定。

本规范明确了文化产业园区在基本标准、规划设计、功能布局、基础设施、形象识别、运营管理、服务平台等方面的基本要求，普遍适用于国内新建、改建、扩建的各类型文化产业园区。

一、编制依据

指导性文件：《中共中央宣传部关于加强对文化产业园区规范管理的通知》《国家级文化产业示范园区管理办法（试行）》《国家标准化体系建设发展规划（2016～2020 年）》《文化部关于开展文化产业园区清理检查工作的通知》及其他有关文件。

规范性文件：《城市用地分类与规划建设用地标准（GBJ 137）》《建筑设计防火规范（GB 50016）》《供配电系统设计规范（GB 50052）》《电力工程电缆设计规范（GB 50217）》《城市道路交通规划设计规范（GB 50220）》《城市给水工程规划规范（GB 50282）》《城市工程管线综合规划规范（GB 50289）》《城市电力规划规范（GB 50293）》《城市排水工程规划规范（GB 50318）》《文化娱乐场所卫生标准（GB 9664-1996）》《环境管理体系要求及使用指南（GB/T 24001）》《标志用公共信息图形符号（GB/T 10001.1-2006）》及其他有关的国家行业地方标准。

二、术语和定义

下列术语和定义适用于本规范：

1.文化产业园区

实现文化产业资源开发、文化企业和行业集聚及相关产业链汇聚，对区域文化及相关产业发展起示范、带动作用的特定区域。

2.园区公共服务设施

文化产业园区为保证文化生产、展示、供给、消费等顺利实现，为入驻企业提供的研发、生产、会务、商业、居住、餐饮、休闲、娱乐等设施的统称。

3.园区公共服务平台

文化产业园区为构建良好的集聚生态系统，为入驻企业打造的研发设计、技术转化、信息服务、设备共享、投资融资、人才招聘、教育培训等平台。

4. 园区形象识别系统

文化产业园区向市场、公众展示并传播园区形象的系统载体，由企业形象识别系统(CIS)引申而来，包括视觉识别(VI)、理念识别(MI)、行为识别(BI)。

第二节　具体标准

一、基本标准

(1)符合国家文化产业发展的宏观趋势，紧密衔接当地总体规划和产业发展规划。

(2)园区选址合理，区域文化资源、环境、交通等要素基础能满足园区建设、生产、经营的要求。

(3)具有完善的基础设施和公共服务体系，能够为文化企业发展提供必要的软硬件环境。

(4)建设、运营管理机构为法人单位，具备完善的运营机制和管理制度。

(5)具有明确的主题特色和主营业态，在一定区域内具有代表性和差异性。

(6)具备合法、完备的审批手续，符合国家土地、消防、安全、节能、环保、卫生等相关规定和标准。

(7)符合国家及地方性法律、法规规定的其他条件。

二、分类指导

各类型文化产业园区应根据园区业态结构和行业特征，健全完善园区相应的设施及服务体系。

1. 文化生产型园区

以创意设计、广告传媒、数字科技、印刷出版等类型的企业为主要服务对象的文化生产型园区，应着力构建主业链条，围绕研发、设计、生产、供给各端口，健全各类公共服务平台，促进入园企业的业务合作，形成规模化的文化产能。

2. 文化消费型园区

以文化体验、文化商贸、观光旅游、休闲游乐为目标的文化消费型园区，应以文化体验为核心，引领和服务大众消费，将优秀文化内涵渗透至与产品有关的各个环节，打造良好的文化消费环境。

3. 文化复合型园区

集聚文化生产、文化消费及其他相关业态的文化复合型园区，应合理控制业态比例，主动融入城市社区，实现园区界线的柔性伸缩，根据园区的内外要素及需求，带动一批支撑产业、配套产业的发展。

三、规划设计

(1)文化产业园区规划应由具备相应资质的单位编制，规划方案须由相关领域专家论证通过，并经所在地的区、县级以上人民政府批准。

(2)文化产业园区规划应符合城乡土地利用总体规划、城市发展总体规划，符合生态循环与产业可持续发展要求。

(3)文化产业园区内各相关功能区的体量、风格和相对位置应准确定位、合理布局。

(4)综合考虑日照、采光、通风、防灾、配套设施及管理要求，创造安全、卫生、方便、舒适和优美的文化创意环境。

(5)规划设计符合国家其他有关法律、法规和强制性标准的规定。

四、功能布局

1. 用地结构

(1)文化产业园区的土地利用应符合当地土地利用总体规划，合理确定各区域用地的开发强度和土地利用结构。

(2)文化产业园区规划总用地包括建设用地和其他用地两大类，建设用地与其他用地的比例视园区周边城市总体规划及现状环境而定。

(3)文化产业园区各项用地所占比例的平衡控制指标应根据园区地理区位、产业定位及周边产业结构、空间环境综合测定。

(4)对于不同价值特点的地块,须进行合理的功能配置,最大限度地发挥其特色和潜能。

(5)大型文化产业园区规划前应先进行土地利用专项规划,土地利用专项规划应包括土地资源分析评估、土地利用现状分析及其平衡表、土地利用规划及其平衡表等内容。

2.空间布局

文化产业园区的总体布局应遵循下列原则:

(1)充分实现因地制宜,与周围环境相协调。

(2)统筹把握开发时序,实现分期开发的顺畅衔接。

(3)合理规划空间布局,符合园区招商及市场需求。

(4)统筹布局公共服务设施,规划合理的服务半径。

(5)合理规划空间层次和空间尺度,增强环境归属感。

(6)构建有机的园区生态系统,注重自然生态营造。

(7)建立高效安全的交通微循环系统,合理组织人流、车流。

(8)涉及文物保护单位和历史文化保护区保护规划范围的,须严格服从保护规划的相关条款。

3.功能配置

(1)文化产业园区功能配置可分为文创生产和辅助配套两部分,文创生产功能包括创意构思、设计研发、生产制作、技术支持、商务交易、教育培训等,辅助配套功能包括文化配套、商业配套、休闲配套、住宅配套、餐饮配套等。

(2)园区功能配置比例应根据周边相关资源统筹测定,城市型、城郊结合型、远郊型三类园区的辅助配套比例应逐次提高。

(3)不同地域的园区功能设计应根据自身优势,合理定位功能体系,实现一定区域范围内的差异化定位。

(4)园区应依托区域优秀文化资源,不断丰富文化内涵,结合政策导向和市场热点,推出高质量的文化产品和服务。

五、基础设施

1. 办公设施

(1)园区应根据新建、扩建、改建建筑的具体情况，结合经营业态及市场需求，统筹利用办公空间。

(2)办公楼等单体设施宜采取大空间形式，满足文化创意人群的多样性、可变性需求。

(3)办公设施内部或结合庭院宜设置共享交流空间，满足文创企业人员的交流需求。

(4)园区办公设施应结合当地日照、风向等气候特点布置，应保证良好的采光和通风效果。

(5)办公设施宜结合院落和自然景观设计，确保安全、静谧。

(6)办公设施单体设计应符合国家办公建筑设计规范。

2. 休闲设施

(1)园区应根据基本定位，设置休闲区、运动区、游乐区等特色休闲板块，并配以使用流程、安全防护等提示说明。

(2)园区应根据主营业态和人群，利用公共空间提供丰富多样的互动休闲活动。

(3)园区应有配套的公共休息设施和观景设施，根据园区特色设立多种形式的休憩点。

(4)园区应顺应融入城市社区的发展趋势，高效利用周边公园、广场、馆所等公共休闲设施。

3. 住宿餐饮设施

(1)园区应根据既定开发计划和周边配套条件，确定是否配置酒店、公寓等住宿设施。

(2)有需求、有条件的园区宜根据园区性质、主要消费者市场特征及接待数量，确定住宿设施的规模、等级。

(3)园区应根据入驻人员规模，合理配置一定数量的餐饮服务设施，明确餐饮接待能力和设施服务范围。

(4)充分依托咖啡厅、茶吧、酒吧等餐饮设施，广泛开展商务洽谈、交流互动等活动。

(5)深入挖掘当地饮食文化，开发能反映当地饮食特色、具有吸引力的特色餐饮系列。

(6)住宿、餐饮设施宜结合自然环境设计,外观及体量与园区环境相协调。

(7)住宿、餐饮设施周边的动静流线、洁污流线应减少交叉,避免后勤服务对园区环境造成干扰。

4.景观系统

(1)文化产业园区景观系统宜涵盖文化景观、自然景观两部分。

(2)文化景观应围绕园区文化主题或区域文化资源进行系统塑造,围绕文化主题形成清晰的文化主线。

(3)文化景观一般涵盖雕塑、小品、长廊、遗迹、标识、墙绘等形式,体现园区的文化内涵、历史脉络和精神风貌。

(4)园区基础设施、发展理念和行为规范中亦应融入文化内涵、历史风貌等元素,形成隐性文化景观。

(5)园区自然景观应遵从生态环保的设计原则,根据区域生态特色和自然条件进行塑造,尽量保留已有树木和绿地。

(6)园区应根据区内外规划布局,设置相应的中心公共绿地及其他块状、带状公共绿地。

(7)新建园区的景观绿地率一般不低于30%,改建园区的景观绿地率不低于25%。

5.道路系统

(1)根据当地地形、气候、周边环境、城市交通系统、园区用地、人员的规模及出行方式等因素,规划设计经济、便捷的道路系统。

(2)园区根据自身规模可配套建设城市主干道、城市次干道、城市支路、园区内部路,相关道路应按城市道路交通专项规划确定的路宽进行设计。

(3)园区道路的组织应层次分明、主次有序,合理划分机动车道、非机动车道、步行道、无障碍通道。

(4)合理设计与园区周边道路的接口,区内主要道路至少应有两个出入口,主要道路至少应有两个方向与外围道路相连。

(5)除消防、救护、公安用车及内部客车、物流货车、专业车辆等,园内应禁止其他机动车辆穿行。

(6)园区应配置完善的道路交通标志、距离指示牌、位置示意图、环线导览图。

（7）城郊、远郊型园区与近邻城市（镇）间应视具体情况，开通相关交通专线。

6. 其他基础设施

（1）给排水系统应根据当地地形、土质、水源、工程设施、道路设计、供水规模、水质及水压要求进行科学的规划设计，视情况可分期建设。供水水质必须符合现行生活饮用水的卫生标准，排水系统应采用生活排水与雨水分流制排水。

（2）科学布局给水、污水、雨水和电力管线，在采用集中供热的园区内还应设置供热管线，同时还应考虑燃气、通讯、闭路电视等需要的管线的设置或预留埋设位置。管线规划、布置、铺设、维护应符合国家相关规定。

（3）暖通系统的规划设计应根据实际情况，采用绿色、节能、环保的设计方案。电力系统应统筹近远期规划，经济合理地预留电网中的各级电压变电所、开关站、配电所、电力线路等电力设施，并配置一定比例的智能控制照明系统。

（4）园区通信设施由电信通信、有线广播电视和公共安全三项基本设施组成，各通信系统建设应符合国家相关技术标准要求。电信通信和有线广播电视设施规划应与当地市政规划相一致，无线宽带网应尽量实现园区全覆盖。

（5）园区内停车场的规模应满足园区接待需求，鼓励建设有绿化停车面或绿化隔离线的生态停车场和地下停车库、立体车库。停车指标按当地各类建筑配建停车位指标计算，停车设施应留有必要的扩容余地。

（6）园区应严格按照国家有关规定，足额配置消防设备，符合《建筑设计防火规范》。对没有条件集中供水的建筑、景观等，应配置足额的灭火器材、消火栓等。应合理配置卫生间、垃圾桶等卫生设施。

六、形象识别系统

1. 视觉识别系统

（1）园区视觉识别系统的 Logo、标准字体、标准色彩的设计应较好地契合园区主题，文字及图案内容清晰、直观，设计方案应体现文化性、艺术性、生态性和功用性。

（2）建立园区 VI 应用系统，明确办公用品、物品包装、广告媒体、交通工具、制服、旗帜、招牌等园区所需的基本物品的设计方案及使用规范。

(3)完善园区导览标识系统,确保出入口标识、交通指引标识、服务设施标识、建筑标识与楼内导示、环境及功能单元标识、各类图示等发挥实际效用。

(4)园区 VI 应用系统与导览标识系统应紧密结合园区实际,确保色彩、造型、材质等与园区文化内涵、业态及环境相契合。

(5)园区应根据既定的视觉识别系统,明确整体风貌与建筑风格,营造统一有序的园区形象,并确保实现后续建设的风格传承。

2. 理念识别系统

(1)充分衔接园区建设、运营规划,对园区当前和未来的发展目标、服务宗旨、经营战略及运营模式实施顶层设计。

(2)协同并引导入园文化企业牢牢把握文化产业的正确发展方向,坚持社会效益优先,努力实现经济效益和社会效益相统一。

(3)依托制度建设和宣传引导,明确园区服务机构、入驻企业人员应具备的职业素养、服务精神、社会主义核心价值观等基本规范。

3. 行为识别系统

(1)建立完善的园区组织制度、管理规范、职员教育、行为规范等对内经营行为准则。

(2)建立市场拓展、产品推广、企业宣传、社会活动、项目合作等对外行为准则。

(3)健全园区企业经营行为约束机制,配合各地文化产业园区动态管理办法(制度),规范企业经营行为。

七、运营管理

1. 运营机构

(1)根据园区不同的开发模式,成立相应的具有企业法人资格的运营管理机构,统筹推进园区基础设施建设、运营管理、项目招商、平台构建、对外合作等事宜。

(2)园区应突破传统的"招商+物业"模式,主动整合行业组织、第三方专业机构等,打造集团型运营服务团队。

(3)倡导复合型、特定型园区完善"管委会+平台公司"机构模式,发挥资源整合的最大化效益。

2. 管理机制

(1)依据国家和地方对各级别园区的具体要求和管理办法,建立系统的园区管理制度。

(2)健全园区准入管理机制,明确入驻企业所拥有的权利、政策及应承担的责任、义务,制定准入、退出具体实施细则。

(3)完善减免、奖励、补贴机制,激活企业间示范带动、相互促进的集聚效应,拓宽园区、企业、项目间的合作渠道。

(4)加强园区经营资源管理,积极导入外部资源,合理管控业态比例,建立园区效益动态监测体系。

(5)建立园区自我更新机制,不断创新运营模式,根据市场趋势拓展企业亟须的增值型服务项目。

(6)结合地方文化产业园区动态管理办法(制度),从经济、社会、文化综合效益的角度制定园区综合效益指标体系。

八、服务平台

1. 构建模式

(1)根据园区性质及开发模式,围绕政府自建、园区自建、企业自建和共建共享等模式,构建符合本园区实际的服务平台体系。

(2)园区管委会等机构利用财政拨款直接建设的公共服务平台,可由政府下属相关机构自主运营或委托专业运营公司进行管理,提高平台的普惠性服务范围。

(3)园区开发公司负责筹资建设的公共服务平台应突出平台专业性,贴近服务企业,确保提供更有针对性的服务。

(4)对入园企业自行投资建设的公共服务平台,应鼓励园区、企业以租赁、补贴的方式实现共享利用,以提高利用效能。

(5)由政府、园区、企业、研究机构等多方参与建设的大型公共服务平台,应常态化导入各方优质软性资源,实现平台利用的高效率、低成本。

2.平台体系

根据园区业态结构及企业需求,各园区应努力构建符合自身实际的服务平台体系。

(1)研发服务平台。围绕文创行业创意研发需求,建设一批实验室、工作站,配备相应的研发设备和管理人员。

(2)投融资平台。以引入金融机构、创投机构,与担保、保险等增信第三方合作及组建投融资平台公司等方式,拓宽园区、企业、项目融资渠道。

(3)创业孵化平台。充分利用地方创业孵化政策及相关资源,营造创业环境,创新孵化模式,为初创企业提供低成本、便利化的创业孵化服务。

(4)产学研合作平台。发挥高等院校、研究机构、专业服务机构的决策咨询作用,探索与园区、企业等的多方合作模式,形成一批跨领域合作成果。

(5)管理服务平台。条件成熟的园区可争取在科技、人社、工商、税务、法律等部门设立办事机构或绿色通道,为入驻企业提供便捷的管理服务。

(6)招商引智平台。依托地方招商平台与相关资源,整合线上、线下招商渠道,集中发布招聘信息,推动项目、企业、人才等信息的高效流通。

(7)信息共享平台。构建互联网信息发布平台,组织商务培训、沙龙论坛、市场对接等活动,为企业创造更多的互动对接与交流分享机会。

(8)版权交易平台。联合区域内业态相近、链条互补的园区,构建文化创意版权交易圈,提高文创成果转化率。

第二篇

中国文体产业调研报告

第一章

青岛创建国家运动休闲城市总体方案研究

2017 年 5 月，国家体育总局副局长赵勇就运动休闲城市建设工作在青岛调研时强调，青岛要以创建国家运动休闲城市和推进社会力量办体育改革为抓手，加快构建与“大体育”理念相适应的体制机制，以“六以”战略指导全民健身“六个身边”工程，推动山东省走在全国体育强省前列。创建国家运动休闲城市，已成为青岛新时代落实“全民健身”国家战略的关键抓手和促进经济社会发展的重要机遇。

2017 年 12 月，山东大学体育产业研究中心承接的“青岛创建国家运动休闲城市总体方案研究”专项课题全面启动，该重大专项课题由青岛市体育局委托山东大学体育产业研究中心承接，课题首席专家为山东大学体育学院院长孙晋海教授，课题具体负责人为山东大学体育学院訾胜锋博士。

2017 年 12 月 5～6 日，孙晋海教授、訾胜锋博士到青岛仁洲控股集团、青岛全时健身产业集团、山东大学青岛校区等现场考察。考察期间，孙晋海院长主持跨洋视频电话会议，就山东大学、美国春田大学、仁洲集团拟合作共建国际运动健康学院进行磋商。考察期间，全时健身拟在山大青岛校区共建智慧健身中心，合作双方初步确定了具体选址和共建流程。6～8 日，课题组成员来到青岛国信体育馆、奥帆中心、浮山生态公园、老年体育中心、新兴体育馆、双星集团、全民健身中心、沿海步行栈道等地考察。在随后的座谈会上,青岛市体育局产业处于亲华处长就课题的总体设想、基本构架、总体进度、细节内容与课题组进行了深度交流。9～10日,课题组昝胜锋博士应邀参加青岛鳌山湾未来城文体休闲产业与城市发展研讨会。会议围绕“发掘生态人文资源,融合文旅体产业”主题,放眼世界湾区城市发展与本地特色深度结合等问题,并展开讨论。昝胜锋博士从宏观形势、中观生态、微观建议等层面进行发言,并受聘鳌山湾未来城体育产业智库专家。

2018年1月19日,山东大学文体双创基地揭牌及《青岛创建国家运动休闲城市总体方案研究》第一轮评审会在济南国际创新设计产业园举行。山东大学体育学院院长孙晋海、山东大学国家大学科技园管理办公室副主任王立民、山东大学体育学院党委副书记郭学庆、济南市市中区创新设计产业园区服务中心主任于阳、济南同天投资有限公司总经理陈健共同揭牌“山东大学文体双创基地”。于阳主任在致辞时表示,济南国际创新设计产业园采取“政府主导、专业化管理、市场化运作”模式,正在建设成为华北最具影响力的设计产业聚集区,园区将以文体设计、教育装备等为突破口,开展与山东大学的深度合作。王立民副主任在致辞时指出,山东大学作为2017年度全国创新创业典型经验高校,将创新创业教育作为学校战略持续推进,初步形成了创新创业的生态体系。山东大学文体双创基地的建设,将加快山东大学和驻鲁高校的文体科技、智慧体育成果转化,催生更多的新技术和新业态。

评审会由课题组总协调人、山东大学体育学院孙晋海院长主持,课题组具体负责人昝胜锋博士汇报了方案研究的基本思路和具体内容。参加评审会的专家有山东省体育产业发展服务中心主任刘益民、山东体育学院体育社会科学学院院长张志勇、山东省宏观经济研究院研究员孙明霞、山东大学国家大学科技园管理办公室副主任王立民、山东大学体育学院党委副书记郭学庆、山东大学体育学院副院长王飞、济南市市中区创新设计产业园区服务中心主任于阳。课题组成员范泽斌、丁庆建、李拓键、张宪亮、孙国晓、周朋飞、卢霞、陈旭等参加了论证会。经讨论,评审专家组一致认为:《青岛创建国家运动休闲城市总体方案研究》体现了以运动休闲为核心、以青岛资源条件为依托、以创建国家级平台为标准的研究准则,指导思想明确,文本结构完整,措施内容具体,重点较为突出,课题进一步凸显青岛运动休闲特色,有助于指导青岛市打造国际性品牌赛事,推动青岛市的体育与文化、旅游、健康等产业深度融合，文本完善后可报相关部门。

现摘录该研究的部分前期研究成果，以飨读者。

第一节　基础分析

一、重要价值与意义

（一）全方位落实十九大精神，助力体育强国建设

党的十九大开启了中国体育事业发展的新时代，习近平总书记在十九大报告中明确提出"广泛开展全民健身活动，加快推进体育强国建设"的目标。在供给侧结构性改革不断深入，国家"一带一路"倡议、"海洋强国"发展战略不断推进和全民健身、"健康中国"国家战略稳步实施的契机下，青岛以海洋休闲运动为核心，建设国家运动休闲城市，是以习近平新时代中国特色社会主义思想引领体育改革发展的全新实践，是将体育事业发展融入到实现"两个一百年"奋斗目标中去谋划的具体体现，是创新体育发展动力，开拓新时代体育强国建设新局面的内在要求，是有效应对、解决社会主要矛盾的重大举措。

（二）实施全民健身国家战略，加快健康中国建设

2014 年，国务院《关于加快发展体育产业促进体育消费的若干意见》将"全民健康"上升为国家战略，全民健身计划与国民经济和社会发展五年规划实现同步，并成为全面建设小康社会的重要组成部分。2015 年，党的十八届五中全会明确提出了"健康中国"的建设目标，《"健康中国 2030"规划纲要》成为今后 15 年推进健康中国建设的行动纲领，提高全民身体素质随之成为"健康中国"的中心任务。国家运动休闲城市建设，系统涵盖了全民健身和全民健康领域，已成为落实全民健身和健康中国两大国家战略的综合抓手。

（三）适应运动休闲市场趋势，满足美好生活需要

当前，我国已进入全面建成小康社会的决胜阶段，人民群众多样化的运动休闲需求日益增长，消费方式逐渐从实物型消费向参与型消费转变，激活了运动休闲与文化、旅游、健康、养老等其他产业潜在的天然耦合性，运动休闲市场面临广阔的发展空间。近年

来,青岛的综合经济实力不断增强,居民消费结构稳步升级,人均可支配收入逐步增加,但同时也存在运动休闲有效供给不足、大众消费不平衡不充分等问题。建设国家运动休闲城市,对推进体育领域供给侧结构性改革,培育新的经济增长点,挖掘和释放消费潜力,保障和改善体育民生,满足人民群众对美好生活的向往具有重要意义。

(四)推动青岛新旧动能转换,服务国际城市战略

2018年,山东新旧动能转换综合试验区建设正式成为国家战略,山东将在全国新旧动能转换中先行先试、提供示范,新旧动能转换成为统领全省经济发展的重大工程。青岛作为山东新旧动能转换的主战场,依托“五张清单”,强力推进新旧动能转换工程。而运动休闲城市建设成为了青岛高质量发展的新动力、新引擎。新时期,青岛市提出打造现代化国际城市的战略目标,国际城市的规划建设、现代服务功能、产业综合实力、现代文明素质等4大领域的指标框架均与国家运动休闲城市建设密切相关,它们将在相关领域实现共建共享的强大合力,有利于提升城市发展品质和品牌美誉度。

二、现状分析与评判

本课题紧密结合青岛实际,将针对运动休闲相关领域的发展成绩、存在问题、比较优势及未来趋势四个方面进行研究分析。

(一)发展成绩

近年来,青岛在运动休闲基础设施、赛事活动、竞技体育、产业发展、特色品牌等相关领域获得长足发展,为创建国家运动休闲城市奠定了坚实基础。

1.基础设施网络日益完善

青岛大力推进体育基础设施建设,截至2017年,全市共拥有健身设施8600多处,人均体育场地达到2.5平方米,城市社区“8分钟健身圈”基本建成。累计为6655个行政村改建健身设施,为200个省定贫困村和500个农村社区提供健身设施,共建成74个镇级健身工程、13处示范性健身设施,按期实现基层健身工程全覆盖。第24届省运会专用场馆建设与改造工程进展顺利。新建青岛市全民健身中心、水上运动中心、射击运动中心、国家青少年足球训练中心等多处大型体育运动设施。场馆设施利用效能逐步提升,国信、天泰、新兴等体育场馆的运营管理模式不断优化,公办体育场馆均对社会实行分时段

免费或低价开放，城区85%以上(全市50%以上)的中小学校体育场地设施向社会开放，进一步盘活了社会场馆资源。全民健身组织体系逐步完善，全市各级社会体育指导员增至2.3万余名，全民健身辅导站点5100余处，各级社会体育指导员每万人拥有量达到21名。

截至2017年，青岛市的大型场馆(含在建)概况如表2-1-1所示。

表2-1-1　　2017年青岛市大型体育场馆统计(含在建)

名称	概况
青岛市民健身中心	规划面积130×10^4 m^2，首期建设体育场一座(坐席数6万)、体育馆一座(坐席数1.5万)，总建筑面积21.8×10^4 m^2
青岛市全民健身中心	占地面积约3.3×10^4 m^2，规划建筑面积约7×10^4 m^2，包括室外主运动场、各类室内运动场馆，可同时接纳2000人进行各类健身活动
青岛市第二体育场	占地面积2.2×10^4 m^2，场内有400 m^2棋牌馆、乒乓球训练场馆三个，400 m标准田径场一处，中心为足球比赛场地，看台可容纳5000名左右的观众
青岛天泰体育场	前身是青岛第一体育场，1933年7月建成，改造后占地面积超过1×10^4 m^2，设计使用寿命一百年。可以保证全年全天候使用，可容纳观众2万人以上
青岛国信体育场	2013年，体育场改造竣工，改造后的国信体育场按照国内甲级体育场的定位，具备承办国际足球单项赛事、国内足球最高赛事、国内田径一类赛事的能力
青岛弘诚体育场	占地面积6.15×10^4 m^2，建筑面积0.8×10^4 m^2，设坐席12000个，与天泰体育场、青岛体育中心并称岛城三大体育场
新兴体育馆	总投资2亿多元人民币，分为地上和地下两部分
胶州体育中心	总建筑面积约4.28×10^4 m^2，主体育场能同时容纳12000万人观赛
平度奥体中心	占地约15.3×10^4 m^2，建筑面积约4.25×10^4 m^2，按15000坐席的规模设置。2018年奥体中心建成后，将承办山东省第24届运动会篮球和国际摔跤等重要赛事，并授牌“国家青少年训练基地”
莱西市体育中心	体育场坐席数约为10000个，占地4.6×10^4 m^2，建筑面积约为1.34×10^4 m^2

2.休闲运动活动蓬勃开展

青岛常年组织丰富多彩的全民健身活动，每年举办市级以上大型全民健身活动40余项，区(市)级活动300余项，社区级活动1000余项，直接参与群众近400万人次。精心培育迎新年万人健康跑、全国群众登山健身大会、社区健身节、万人畅游汇泉湾、全国徒步大会、沙滩体育节全民健身六大特色活动，连续举办青岛市体育大会、青岛市徒步大会、全国全民健身操舞大赛、万人健步行等特色赛事。青岛市已成功主办2015年世界休闲体育大会，2017国际极限帆船系列赛青岛站比赛、第八届城市俱乐部国际帆船赛、第九届青岛国际帆船周、青岛国际海洋节、2017全国青少年帆船俱乐部联赛（青岛站）、“远东杯”国际帆船拉力赛等高端国际帆船赛事，并在2017年举办了城市超级联赛、足协杯赛、五人制足协杯赛等5000余场群众性足球赛事。

3.竞技体育水平显著提高

青岛竞技体育传统优势持续增强，在2012年伦敦奥运会、2013年第十二届全运会、2014年十七届亚运会及第二十三届省运会、2015年第一届全国青运会等重大赛事中屡创佳绩，继续保持全省和全国同等城市领先地位。持续推进竞技体育队伍建设，不断完善业余训练体系，现已建成7个国家级、13个省级高水平体育后备人才基地，向省以上专业队输送高水平运动员总计201人，其中40名运动员入选国家队，并在男子乒乓球、女子举重、女子柔道、女子赛艇等项目上具备奥运夺牌实力。青岛市的专业体育赛事承办能力显著提升，成功举办国际马拉松赛、亚洲滑冰邀请赛、世界柔道大奖赛、全国自行车冠军赛、全国短道速滑锦标赛、亚洲橄榄球锦标赛、全国动力伞冠军赛、青少年冰球国际邀请赛、全国太极拳公开赛总决赛、全国橄榄球锦标赛等高水平赛事。

“十二五”期间及2017年青岛籍运动员的获奖情况如表2-1-2所示。

表2-1-2　　“十二五”期间及2017年青岛籍运动员获奖情况统计

时间	级别	获奖情况
“十二五”期间	国际大赛	117枚金牌、41枚银牌、29枚铜牌
	国家级赛事	321枚金牌、212枚银牌、183枚铜牌
	省级赛事	798.5枚金牌、498枚银牌、604.5枚铜牌
2017年	国际大赛	金牌10枚
	国家级赛事	金牌84枚
	省级赛事	金牌244.5枚

4.运动休闲产业实力提升

青岛市体育产业规模持续扩容。2016 年，全市体育产业增加值 159.66 亿元，占全市 GDP 比重为 1.60%，远超全国平均水平(图 2-1-1)。产业结构调整成效显著，体育二、三产业比由 2015 年的 58.5∶41.5 优化至 2016 年的 56.6∶43.4，体育服务业比重逐步加大，体育场馆管理业、体育健身休闲业、体育中介业在内的体育服务业和体育销售业发展迅速。市场运营商环境逐步优化。2016 年，全市从事体育产业的单位有 2510 家，从业人员达到 10 万余人，民办非企业体育协会达到 50 多家，拥有民办非企业体育俱乐部 268 个，涌现出英派斯集团、双星集团、新兴集团等一批优秀企业，其中青岛英派斯健康管理有限公司成为国家体育产业示范单位。青岛国际游艇俱乐部、银海国际游艇俱乐部、风之帆国际航海俱乐部、城润水上运动俱乐部等优秀的水上运动俱乐部也不断涌现。重大产业项目建设稳步推进，青岛藏马山滑雪场等 5 个单位(项目)被评为国家和省体育产业示范单位，田横温泉特色体育休闲小镇项目获得国家体育总局批复，青岛国际帆船周·国际海洋节获批国家体育产业示范项目。

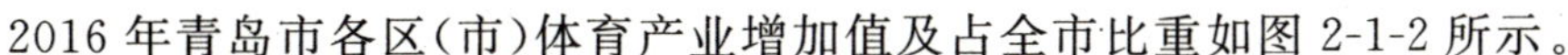

2016 年青岛市各区(市)体育产业增加值及占全市比重如图 2-1-2 所示。

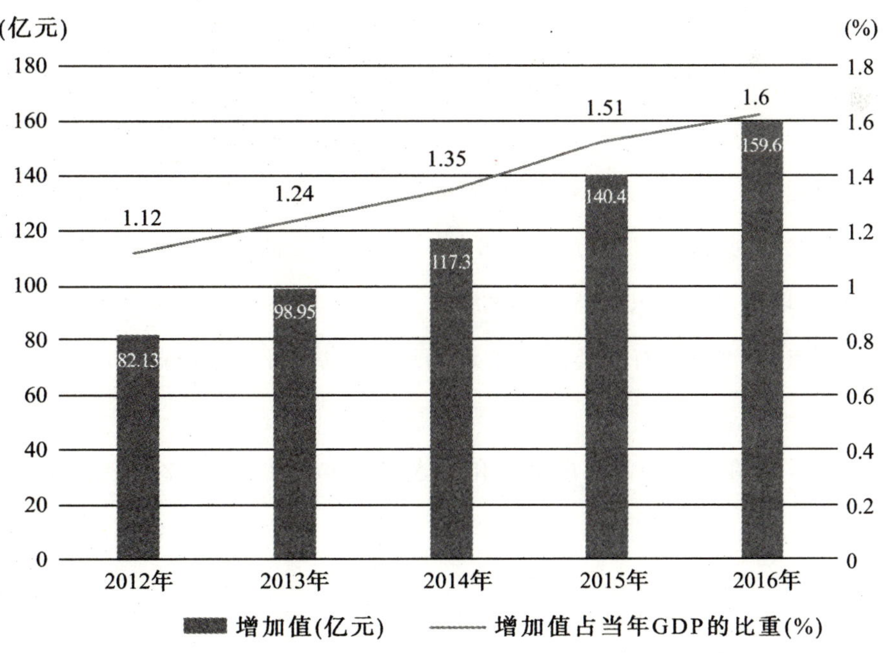

图 2-1-1　2012～2016 年青岛市体育产业增加值及占比

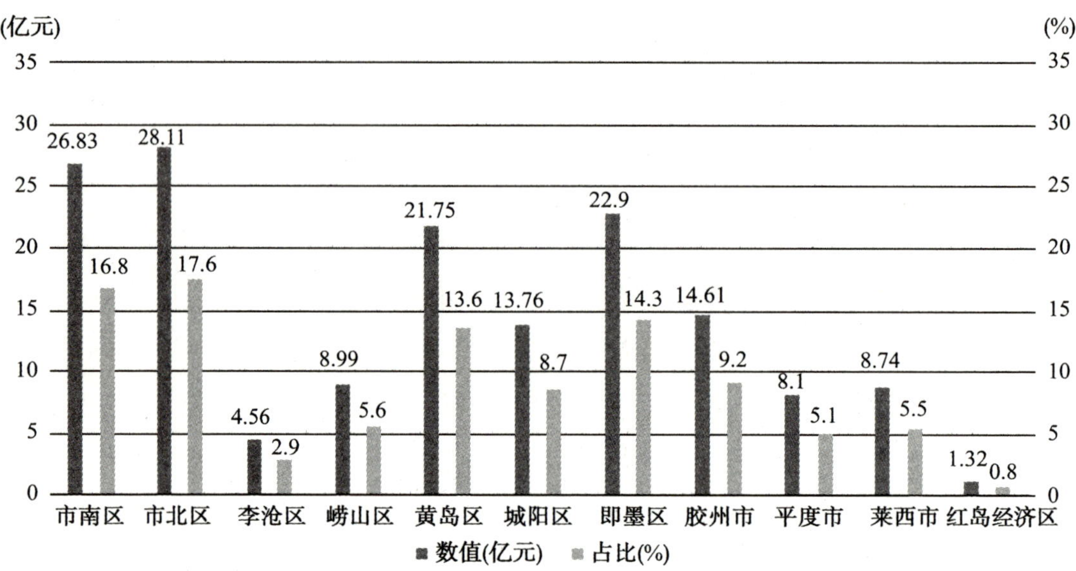

图 2-1-2　2016 年青岛市各区(市)体育产业增加值及占全市比重

5. 运动休闲品牌效应显现

青岛“帆船之都”品牌建设成效显著，连续五年举办克利伯国际环球帆船赛(青岛站)、国际极限帆船系列赛(青岛站)等高端国际帆船赛事。推进“帆船进校园”和“欢迎来航海”全民帆船普及活动，共培训青少年帆船运动员 2100 余名，先后组织 5 万余人次参与帆船体验。积极推动与“一带一路”沿线国家和地区的体育人文交流，荣获国际帆联颁发的世界帆船运动突出贡献奖。着力打造“足球名城”，加强中国足球试点城市建设，大力开展以城市联赛为主体的群众足球赛事。广泛开展“校园足球”活动，加大各级各类足球教练员、教师培训力度。积极筹建国家级青少年足球训练中心，设立首批 4 个市级精英足球训练网点，全市现拥有各类足球活动场地 913 块，可承办职业足球比赛的体育场有 4 个。

2015～2017 年在青岛市举办的帆船和足球重点赛事活动如表 2-1-3 所示。

表 2-1-3　　2015～2017 年青岛市帆船和足球重点赛事活动统计

分类		名称
帆船	赛事	克利伯国际环球帆船赛(青岛站)、国际极限帆船系列赛(青岛站)、CCOR 城市俱乐部国际帆船赛、青岛国际帆船周·青岛国际海洋节等
	活动	21 世纪海上丝绸之路“中国·青岛”号帆船航行暨北冰洋创纪录航行
	获得奖项	“帆船之都”城市品牌相继获得“点赞青岛城市风尚奖”、世界帆船运动发展突出贡献奖、中国帆船运动发展突出贡献奖
足球	赛事	五人制足球超级联赛、民间足球争霸赛等业余赛事 5000 余场,中国足协杯赛、全国五人制超级联赛、全国青少年足球超级联赛等国家级足球赛事 45 场次
	活动	“全国校园足球夏令营”“中德青少年足球友谊赛”等活动

(二)存在问题

青岛市群众日益增长的运动休闲需求与当前提供的运动休闲资源不足的矛盾日渐突出,除存在市民休闲运动意识不强、休闲业态配置比例不科学、运动休闲氛围不浓等问题外,深层次主要表现在以下几个方面:

1. 公共服务体系有待完善

城乡、区域运动休闲业态发展不均衡,布局结构不尽合理。运动休闲场地设施人均占有量偏低,场馆建设尤其是室内健身点的建设仍无法满足市民多样化的健身需求。政府履行公共服务的职能水平有待提高,部门协调联动机制亟待完善。基层运动休闲项目组织能力有待加强,全民健身服务质量仍需提升。

2. 赛事活动供给有待丰富

青岛群众体育活动存在组织模式较为传统、市场化程度低、精品项目少等问题,面向职工、残疾人等人群的体育活动供给不足,太极拳等传统体育项目推广困难。体育社团承担竞赛项目的流程有待规范,竞赛组织管理还需加强。职业足球俱乐部自我发展能力较弱,缺少凸显青岛特色自主品牌的高端国际帆船赛事,田径、射击、游泳、举重等传统竞技优势项目出现滑坡,竞赛管理与服务能力有待加强。

3. 产业整体能级有待提升

青岛体育产业总体规模与发达国家平均水平、北上广深等一线城市水平差距较大,对地方的经济贡献率仍有待提升。体育市场主体缺乏竞争力,企业研发创新能力普遍不足,类似英派斯、双星、国信的大型企业集团较少,缺少国内外知名的体育服务品牌。体育与文化、旅游等产业的融合程度较低,文化资源的运动属性与功能开发较为滞后,体育旅游项目分布不合理,海上运动旅游产品同质化问题突出。

4.人才队伍建设有待加强

青岛市的高水平运动、教练人才队伍存在结构性短缺问题,后备人才培养与激励机制仍需完善。"体教结合"落实不充分,校园体育和竞技体育难以协同,学训矛盾仍然突出,青少年体育组织、场地和设施建设有待加强。体育产业运营管理人才匮乏,整体业务素质不强,专业型管理团队建设亟待加强。基层公共体育服务人才队伍数量难以满足群众运动休闲需求,基层体育社会组织功能亟待加强。

(三)比较优势

1.海洋运动休闲环境优良

青岛三面环海、风光秀丽、气候宜人,被称为"东方瑞士",拥有中国最优美的海滨风景带。青岛海岸线长达731千米,为运动休闲活动的开展提供了理想的海洋休闲环境。丰富的自然旅游资源和人文旅游资源——海湾、沙滩、海岛、城市风貌、温泉、湿地、山岳、宗教文化、海洋文化等品级较高的旅游资源,层次感鲜明,组合优势明显,成为运动休闲城市创建的重要空间要素。崂山、藏马山等山体资源为开展登山、攀岩、山地越野、滑雪等山地项目提供了便利条件。旖旎壮美的海滨风景线,起伏跌宕的海上仙山,红瓦绿树、碧海蓝天的城市风景,具有典型欧陆风格的多国建筑,浓缩近现代历史文化的名人故居以及现代化的度假、会展条件使青岛成为海内外著名的度假、休闲、观光、商务、会展目的地。

2.滨海区位交通方便快捷

青岛地处山东半岛东南部,东、南濒临黄海,坐拥海陆丝绸之路交汇点的地缘优势,是中国东部沿海地区重要的交通枢纽,海外游客出入中国的主要口岸,沿黄流域和环太平洋西岸重要的国际贸易口岸、海上运输枢纽,为国内外体育合作交流提供了十分便利的区位条件。近年来,青岛内外交通网络日趋完善,龙青高速公路、青荣城际铁路、地铁3号线等建成通车,胶东国际机场、济青高铁、青连铁路等重点工程陆续开建,青岛与周边地区重大交通设施的互联互通不断加快，区域交通枢纽地位日益突出。良好的区位交通优势，带动了青岛城市功能的不断完善和承载力的日益提升，为青岛建设国家运动休闲城市奠定了要素流通与资源集聚优势。

3.运动休闲产业空间广阔

近年来，青岛运动休闲相关产业总体呈现快速增长态势，2016 年，青岛全市体育产业总产出 413 亿元；2015 年，文化产业增加值达到 557.3 亿元，高于全市 GDP 增速的 6.7 个百分点。2015 年，青岛全市接待游客 7200 万人次，实现旅游总收入 1200 亿元左右。2016 年，青岛全市旅游总收入达 1438.68 亿元，同比增长 13.3%，远高于 GDP 的增速。青岛市旅游市场的客源构成如表 2-1-4 所示。这些成就为青岛将自身打造成为国际体育休闲和海上运动知名城市奠定了经济和流量基础。“十三五”期间，青岛将着力打造区域性服务中心，将健身休闲、竞赛表演等运动休闲相关产业纳入重点发展的十大现代服务业范畴中，支持发展服务业新业态、新模式，鼓励服务业与制造业深度融合，青岛运动休闲产业面临难得的发展机遇和广阔的发展空间，将为青岛成为国家运动休闲城市提供坚实的产业支撑。

表 2-1-4　　青岛市旅游市场客源构成

分类	内容
入境旅游市场客源构成	一级市场：韩国、日本和中国香港、中国澳门、中国台湾市场 二级市场：美国、德国、英国、法国、俄罗斯、澳大利亚、马来西亚、新加坡、菲律宾等欧、美、澳及东南亚市场 三级市场：除上述国家或地区以外的亚洲、欧美市场
国内旅游市场客源构成	一级市场：青岛及省内周边城市 二级市场：环渤海、长三角、珠三角、东北、安徽、河南、山西等地区 三级市场：其他地区

4.开放创新时尚氛围浓厚

青岛历来就有锐意向前、引潮流所向、开风气之先的传统。自建制以来，青岛曾诞生过多个中国第一，中国第一家帆船俱乐部的成立、现代足球传入青岛等历史事件，一定程度上奠定了青岛运动休闲发展的氛围基础。海洋休闲运动成为彰显青岛市海洋优势、突出文化旅游体育元素的重点领域。深厚的齐鲁文化底蕴与现代西方文明在青岛交流碰撞,孕育出多元化的城市文化和独特的青岛文化现象,“中国最美城区”“中国最佳休闲城市”等美誉均彰显了青岛浓郁的休闲时尚氛围。新时期,青岛提出建设国家东部沿海重要的创新中心城市的战略目标,致力于打造创新之城、创业之都、创客之岛。开放进取、锐意创新的精神及深厚的运动休闲历史渊源,将为创建国家运动休闲城市提供良好的民意基础和自发动力。

5.政策保障体系趋于完善

山东省政府及青岛市政府高度重视运动休闲城市创建工作,目前已出台《山东省体育产业发展规划(2016～2020年)》《青岛市国民经济和社会发展第十三个五年规划纲要》《青岛市国家级旅游业改革创新先行区实施方案》《青岛城市空间发展战略研究》《青岛市城市总体规划》《青岛市“十三五”体育事业发展规划》《青岛市蓝色经济区发展规划》《关于加快发展完善旅游公共服务体系的实施意见》《青岛市促进文化创意产业发展若干政策》《青岛市文艺精品项目扶持奖励管理办法》《青岛市文化人才培养和引进计划》等相关政策、指导意见与专项规划,这些政策的顶层设计和落地实施为青岛创建国家运动休闲城市提供了重要支撑。

(四)未来趋势

1.新兴项目蓝海效应迅速释放

近年来,人们对部分传统运动项目的关注度正逐步稀释,体育运动元素开始快速融入旅游、商贸、健康等领域,催生了一批新兴运动休闲项目、时尚健身消费项目。电子竞技、冰雪运动、极限运动市场快速扩张,汽摩、航空、击剑、马术等时尚运动项目得到快速普及,新兴运动休闲项目在健康、休闲、消遣、社交等城乡居民消费需求中的纽带作用日益显现。

2.运动休闲相关产业加速融合

运动休闲产业具有显著的融合性特征,与文化、养老、教育、健康、农业、林业、水利、通航等产业的融合空间巨大。未来,“体育＋旅游”“体育＋文化”“体育＋健康”将引领运动休闲与相关产业的融合大潮,在技术融合、业务融合、市场融合条件下,以运动休闲为特色的旅游、康养产品供给将逐渐丰富,运动休闲在优化参与体验、促进身心健康、提升生活品质等方面的作用将充分体现。

3.赛事经济助力产城一体发展

长期以来，以体育赛事为核心产品的竞赛表演业一直是发达国家体育产业的主导业态，极大地带动了区域经济和社会发展。未来，职业体育联赛和群众性体育赛事将取得较大发展；体育赛事的市场化、商业化程度将逐步提升，成为竞赛表演业发展的关键驱动力；品牌体育赛事不仅会有效带动相关产业发展，还将在提升城市形象、扩大城市影响力、助力城镇化建设中发挥更大作用。

4.运动休闲生态系统全面升级

随着我国休闲时代的到来，在追求美好生活的多元化、多样性的运动休闲需求驱动下，运动休闲产业正以竞技体育、全民健身、体育制造等为基本架构，依托互联网、物联网、大数据、云计算技术，高效整合教育、医疗、旅游、文化等“体育＋”资源，不断推出新业态、新模式、新产品，一种基于运动休闲消费需求动态感知的产业组织方式和生态系统正在形成。

第二节　经验借鉴

为进一步拓展和启迪创建思路，本报告选择澳大利亚墨尔本、西班牙瓦伦西亚和中国温州、湛江、沧州(在创城市)作为对标对象，剖析各城市在运动休闲领域的发展经验与相关举措，共同为青岛创建国家运动休闲城市提供经验借鉴和路径参考。

一、国际典型城市

(一)体育赛事旅游之都——澳大利亚墨尔本

墨尔本作为世界知名的体育旅游之都，拥有澳式足球总决赛、墨尔本杯赛马节、英联邦运动会等众多赛事资源，被认为是全球举办运动盛会的最佳城市之一。

1.构建专业赛事管理运营团队，强化赛事保障

为更好地整合相关资源，提高赛事申办的成功率，维多利亚州决定由政府牵头，成立维多利亚大型赛事公司，工作职责是研究现有的国际重大体育赛事及其申办程序，并根

据墨尔本的实际情况,组织相关资源申办国际体育赛事。同时,成立专业组委会或赛事管理公司进行赛事运作,对墨尔本当地的体育场馆、体育组织、政府、赞助商、体育观众和媒体进行深入研究,同时与当地的体育、旅游、商业和公园管理部门协同共进,联动职业澳式足球俱乐部,板球俱乐部以及足球俱乐部参与赛事。

2.完善“国际赛事+节庆活动”功能体系,提升城市形象

墨尔本依托多元化的城市功能,充裕的比赛场地、浓郁的城市氛围等优势,重点选择承办专业级别与竞技水平高的体育赛事,最大限度地发挥引流作用。当地每年的澳式足球和英式足球赛事,吸引了成千上万旅客前来观光旅游和度假。墨尔本除运用丰富多彩的赛事吸引当地市民和外来游客外,还融入了赛马等精彩纷呈的节庆活动,让游客在活动中体验墨尔本丰富多元的历史、民俗、民族文化。通过国际赛事的推动,墨尔本将运动休闲元素一体整合,使得赛事本身就成为城市形象的塑造者,提升了城市的知名度和美誉度。

3.探索构建“赛事+旅游”模式,发展“游客经济”

墨尔本市在维多利亚州旅游局的大力支持下,积极探索体育赛事和旅游资源的互动融合方式,构建以举办传统赛事和申办国际性体育赛事为核心的“赛事+旅游”模式,通过申办大型体育赛事实现城市体育、旅游产业的融合发展。黑尔本统筹赛事活动与旅游行为的时间和空间,建立了一套完整的体育赛事管理体系和相对固定的年度体育赛事计划,将体育赛事与城市风貌、度假生活无缝对接,有效延长了游客停留时间。时至今日,墨尔本已成为澳大利亚乃至全世界体育迷们的首选短期度假目的地。

(二)滨海运动休闲之都——西班牙瓦伦西亚

瓦伦西亚地理位置优越,号称欧洲的“阳光之城”,体现了海洋港口城市的独特魅力,以瓦伦西亚美洲杯帆船赛、赛艇运动为代表的滨海竞赛表演业高度发达。

1.充分利用区位优势,提升城市吸引力

瓦伦西亚市位于西班牙东南部,被誉为地中海西岸的一颗明珠,在历史上一直是西班牙通往地中海的门户。优越的地理位置为瓦伦西亚带来了最好的帆船赛举办条件和观赏条件,稳定的风力条件保证各“分站赛”在风光迷人的地中海如期举行,赛道围绕着瓦伦西亚海港中心和码头而建,还有美丽的海滩、充足的日照、广阔的海洋、起伏的山脉、

大量的名胜古迹及多彩的民间节日，吸引着世界各地的无数游客。

2.联动多元社会资本，助推相关产业发展

瓦伦西亚政府在承担大众体育运动发展职责的同时，还鼓励社会资本以合作、合资、联营联合、参股控股、特许经营等方式参与城市体育基础设施、群众体育活动、休闲运动项目、运动竞赛项目的经营和管理。比如为了办好美帆赛，瓦伦西亚集中了高达5亿欧元的投资，将现有的商业化市内港口改建为专门为美帆赛服务的“帆船村”。同时，引导社会资本构建社会关系网络，为城市体育设施建设、社区体育组织的发展提供多方面的支持，并通过与社会资本合作设立体育基金，大力发展体彩业，允许有实力的体育俱乐部上市筹集资金。

3.健全市场化运行机制，激活市场活力

瓦伦西亚市尊重体育休闲产业发展规律，政府对各地方体育协会不再行使管理权，重点加强政策指导和宏观监控。公共体育场馆所有权与经营权高度分离，鼓励各地方体育协会自筹经费，允许成绩较好的运动员自行选择是否参加赛事，自负盈亏。业余选手除学生之外，大多数都有本职工作，职业选手人数相对较少，并有一定的经济实力去支付运动技能的培训费用。

4.完善体育组织架构，确保高效运营

瓦伦西亚体育组织架构建立在完全的市场经济基础之上，具有两个基本特征：一方面，政府机构最高体育理事会与民间组织及体育联合会分工合作、相互协调；另一方面，瓦伦西亚体育事务高度自治。这样的架构最大化地提高了民间体育组织的积极性和创造性，政府与民间由此形成了分工明确、密切配合的联合推进机制。

二、国内在创城市

目前，我国温州、湛江、沧州等城市正积极响应国家体育总局关于探索创建国家运动休闲城市的号召，制定出台了相关创建规划和具体举措。

(一)国际性时尚智城——温州

为推动全民健身与全民健康深度融合，提高竞技体育水平，引导健康生活方式，提升城市生活品味，温州于2017年正式提出打造国家运动休闲城市。重点创建措施如下：

1. 明确创建定位、创建目标及创建理念

温州围绕国际时尚智城建设目标，顺应"一带一路"和"健康中国"的发展战略，充分发挥战略区位重要、山海资源丰富等综合优势，注重以人为本、服务民生、安全第一、绿色消费和健康、文明、环保的运动休闲发展理念，以体育让生活更美好为宗旨，构建现代山海运动休闲产业体系，制定总体规划，打造国家运动休闲城市和体育现代化城市。

2. 统筹场馆资源、项目资源、赛事资源

加快推进奥体中心主体育场、国际赛车场等市级重大体育设施建设项目，提高温州承办国际大型赛事的能力。积极承办全国公路自行车冠军赛，全国航空定点滑翔伞比赛、世界帆船锦标赛、国际山地户外运动挑战赛、WBA 世界拳王争霸赛，争取承办全国运动休闲大会、世界华人篮球赛和国际户外休闲嘉年华等活动，重点办好"一校一品"体育特色项目。

3. 积极推进大众运动休闲示范区建设

着力推进大众运动休闲示范区建设，在有效扩大增量资源，开发空闲地闲置资源，落实规划建设项目的基础上，进一步丰富健身活动供给，统筹建设健身场地设施，普及青少年体育活动，建设全民健身社会组织，稳步提升竞技体育水平，加强体育后备人才培养，大力发展运动休闲、"互联网＋体育"、滨海休闲体育旅游等产业。

(二)魅力冬休新城市——湛江

为加快推进健康湛江建设，提升宜居城市的品质，提高城市知名度、美誉度和文明程度，湛江于 2017 年启动国家运动休闲城市创建工作。重点创建措施如下：

1. 制定创建方案，引领运动休闲城市建设

优先把创建国家运动休闲城市、促进体育消费纳入政府重要议事日程，出台并尽快落实国家运动休闲城市创建方案和总体规划，通过打造具有海滨特色的体育项目，带动湛江运动休闲产业发展，彰显冬休城市魅力，助推环北部湾中心城市建设。

2. 依托本土资源优势，提升城市文化品位

依托湛江的自然环境与人文环境，充分利用湛江热带和亚热带季风气候资源优势，充分利用传统优势项目、民俗活动与现有体育场馆、场地和体育设施、设备，通过挖掘整理、规范布局，广泛开展运动休闲活动，展现湛江地方传统体育元素，丰富城市体育文化

内涵，有效推动创建国家运动休闲城市。

3. 培育精品赛事，引导体育及相关消费

紧扣“运动休闲之城”的目标定位，打造湛江国家运动休闲城市共享共建平台，推动运动休闲与其他产业共同发展。积极开发竞赛表演、商业比赛等活动，培育湛江本地运动赛事品牌。扩大和引导体育消费，努力探索更加便利的体育消费方式。开展具有海滨特色的体育项目，彰显湛江海滨城市魅力，带动文化旅游业发展，助推环北部湾中心城市建设。

（三）京津冀休闲节点——沧州

沧州目前已出台《关于建设运动休闲城市的实施意见》和总体规划，明确了具体任务和责任分工。重点创建措施如下：

1. 立足高端创品牌

首先，提升沧州运动休闲档次，大力发展网球、自行车、沙滩排球等高端体育项目。加快气膜网球馆和自行车馆建设，依托海兴小山山地自行车竞赛基地、现有城市公路网及渤海新区人造沙滩，组织发展山地自行车、公路自行车和沙滩排球项目。其次，举办届次性、大众性、亲民性的网球、自行车、沙滩排球等体育赛事，吸引和发展新的体育受众，创立高端体育品牌。办好每两年一届的中国·沧州国际武术节这一武术盛会，提升沧州武术品牌的国际影响力。

2. 培育壮大社会体育组织体系

鼓励市、县两级建立体育总会、老年人体育协会、农民体育协会和社会体育指导员协会。引导和扶持篮球、网球等体育运动主打项目，加快篮协、网协发展，完善篮球、网球的赛事组织体系，鼓励群众自发形成的健身团体、网络体育社会组织等民间体育组织，依法、依规将其转化为固定的健身组织。引导体育协会、基层体育组织等在运动休闲城市建设中发挥生力军的作用。

3. 融入京津冀协同发展格局

依托沧州的区域资源禀赋，全面对接《京津冀健身休闲运动协同发展规划（2016～2025年）》，围绕体制机制创新、区域错位发展、赛事项目联动等重点任务，制定出台《沧州市运动休闲城市建设三年行动实施方案》，切实加大政策、资金等方面的支持力度，确保全面完成创建任务。

第三节 对策建议

一、顶层设计与构想

青岛丰富的滨海运动休闲资源、良好的运动休闲产业基础、浓厚的运动休闲氛围,为创建国家运动休闲城市提供了客观条件。在具体创建工作中,青岛应紧密结合城市特色、明确资源适配理念,从顶层设计的高度明确标准和总体要求,并依此形成科学合理的路线图、时间表和任务书。

(一)引领制定"国家运动休闲城市"创建标准

1. 立足优势,高起点实施创建工作

青岛市的城市综合实力、现代化水平和国际化程度,决定了其应由高起点实施与城市发展层次相匹配的创建工作,努力在战略定位、实施路径、创建成效等层面发挥引领和示范作用。

(1)创建工作应与青岛经济基础、创新能力和开放优势相匹配

近年来,青岛作为沿海经济发达城市,高新产业发展迅速,现代服务业迈上新台阶,一批重大项目加快落地,知名高校院所纷纷落户。青岛市融入国家战略实现重大突破,被定位为"一带一路"新亚欧大陆桥经济走廊主要节点城市和海上合作战略支点,成为国家技术创新工程和国家创新型城市双试点城市。这些成就为青岛创建国家运动休闲城市提供了强有力的内生驱动与外部支撑。

(2)创建工作应与青岛生态资源、运动氛围和海洋休闲文化相适应

青岛的休闲运动资源以原生态的海滨资源为主,其发展的独特性就在于海洋文化与其他文化的融合。青岛作为国家级海洋生态文明建设示范区,坐拥山、海、河、湖、空等优质的生态资源,享有"足球名城""田径和游泳之乡"等美誉,具备悠久的体育运动传统和浓郁的健身活动氛围,积累了一系列国际性体育赛事资源。青岛近代工商文化繁荣,形成并积淀了多元化的生活方式与审美趣味,获誉"最具动感休闲城市",岛城休闲文化蔚然成风,以上均为青岛创建国家运动休闲城市奠定了稳固的资源基础与文化氛围。

(3)创建工作应与青岛城市定位、发展战略和远景目标相契合

“十三五”期间,青岛将着力打造国家东部沿海重要的创新中心、国内重要的区域性服务中心和国际先进的海洋发展中心,基本建成具有国际影响力的区域性经济中心城市。围绕这一宏伟目标,青岛还将以创建体育强市为主线,大力推进“帆船之都”建设,着力打造国际休闲运动和海上运动知名城市,以上均为青岛创建国家运动休闲城市提供了明确的战略导向与目标指引。

综合以上,青岛应本着立足当下、紧抓海洋休闲特色,放眼长远、科学发展的原则,统筹规划国家运动休闲城市创建工作,努力建设特色鲜明、层级规格高、辐射范围广、内涵要素多的城市发展平台,以此带动城市功能的优化提升、城市经济的转型升级,进一步提升青岛在世界城市体系和区域发展中的影响力。

2.先行先试,建立科学的指标体系

近年来,青岛在新区建设、金融改革、服务贸易、产业培育、政策创新等领域勇于探索,打造了诸多先行先试的青岛样板,初步形成了利于改革创新的政策环境、配套机制和社会氛围。创建国家运动休闲城市亦应顺应政策导向,坚持世界眼光、国际标准,确保创建工作走在全国前列。

(1)顺应政策导向,紧密结合国家相关指导意见与上位规划

贯彻执行《全民健身计划(2016～2020年)》《“健康中国2030”规划纲要》《关于加快发展体育产业　促进体育消费的若干意见》《关于加快发展健身休闲产业的指导意见》等上位意见和规划,紧紧围绕增强人民体质、提高健康水平的中心目标,以满足人民群众日益增长的多元化体育健身需求为出发点和落脚点,夯实国家运动休闲城市的创建基础。另外,还应聚焦青岛运动休闲生态圈、产业链和软环境,加强政策互鉴与规划衔接,整合各相关领域的发展目标、重点任务、保障体系,通过立体构建、整合推进、动态实施,建构并不断完善国家运动休闲城市评价指标体系。

(2)积极寻标对标,科学制定核心指标、评价标准和测评方法

在国际范围内遴选与青岛城市区位、生态、资源相近的运动休闲城市,分析其在公共体育服务、体育设施建设与运营管理、特色产业与市场开发、城市风貌与运动氛围等层面的成功经验与问题教训,指导青岛国家运动休闲城市创建规划和实施工作。严格执行

《体育法》《全民健身条例》《国民体质测定标准》等法规、条例、标准。建立政府、社会、专家等多方力量共同组成的工作平台,采用多层级、多主体、多方位的方式对运动休闲各领域进行立体评估,注重发挥各类媒体的监督作用。“青岛创建国家运动休闲城市总体方案研究”课题组围绕公共体育服务、竞技体育、运动休闲产业、体育文化与氛围、综合保障体系五大核心指标,尝试建立了国家运动休闲城市1～3级指标体系,如表2-1-5所示。

表2-1-5　　国家运动休闲城市创建指标体系

一级指标	二级指标	三级指标
公共体育服务	基础设施网络	各区市“五个一”工程(综合体育场、体育馆、游泳馆、全民健身中心、体育公园)建设情况;社区健身中心、农村社区健身广场数;人均体育场地面积(室内、室外);设施无障碍率;场馆免费开放率;体育场馆复合经营能力;社会单位场馆开放率;群众晨、晚练点数量;闲置运动资源改造利用率等
	赛事活动供给	每年举办社区级以上全民健身活动的次数,精品体育活动数量;本土特色运动休闲项目数量;青少年业余比赛数量及规模等
	体育组织	四级全民健身组织覆盖率;三级体育总会覆盖率;民间社团、体育俱乐部数量等
	专业指导	体育健身辅导站点;获得社会体育指导员技术等级证书的人数;每万人拥有各级社会体育指导员数量;体育服务志愿者数量;年均体质检测质量等
竞技体育	竞赛成绩	奥运会、亚运会等世界级、洲际综合性运动赛事成绩;全运会、省运会等国内综合性赛事成绩;国内外专项赛事成绩等
	运动人才输出	国家队青岛籍运动员的人数;输送到省队以上运动员人数等
	优势运动项目	优势项目总数、比重;运动员、教练员和裁判员人数;优势运动培训机构数等
	赛事举办	国内外大型体育赛事数量、参与人数;中小型竞技赛事数量、参与人数;学校、城市联赛数量、规模等

续表

一级指标	二级指标	三级指标
运动休闲产业	产业规模	运动休闲产业生产总值、增加值；产业增加值占 GDP 比重；产业增加值增长速度；产业固定资产投资总额等
	产业结构	总产出结构、总投入结构；传统与新兴业态比例；生产型与服务型业态比重；产业融合系数等
	产业载体	体育场馆总量、所有制比例；体育产业园区、基地数量；国家级、省级体育产业示范基地比重；城市体育综合体总数及经营效益；运动休闲产业项目投资额、效益预测；各类特色小镇中体育业态占比等
	市场发展	运动休闲企业总数、规模以上企业比重；企业从业人员数量；知名运动休闲品牌数量；城乡居民运动休闲支出规模、居民消费与社会集体消费比例等
体育文化与氛围	群众体育	每周参加 1 次及以上、经常参加体育锻炼人数比例；市级、区级、社区级全民健身活动数量及参与人数；学生日常运动时间、掌握体育运动技能数量；经常参加体育健身活动的老年人数及比重等
	传承弘扬传统体育文化	传统体育、游艺与竞技等“非遗”项目遗存数量、认知度、普及率及保护利用现状；民间特色体育项目的产业化开发情况及参与人数等
	宣传引导	宣传渠道覆盖率；新媒体平台数量、比重；宣传频次、公益广告投放数量；青岛创建国家运动休闲城市的市民知晓率与支持率等
综合保障体系	规划引领	创建规划体系；专项实施计划；各区(市)行动计划等
	组织领导	组织领导机构及工作机制；参与部门及协同能力等
	保障力度	各级财政投入、上级资金支持总额及到位情况；专项基金数量及资金总额；引导社会投入总额；国家、省级相关政策落实情况；本市专项政策出台数量及实施情况等
	制度建设	创建主体及任务分工情况；督查、考核制度；常态建设机制等

(二)明确创建国家运动休闲城市的总体要求

1. 指导思想

全面学习贯彻党的十九大精神，深入学习习近平新时代中国特色社会主义思想，牢固树立“创新、协调、绿色、开放、共享”的发展理念，以满足人民日益增长的运动休闲需求和对美好生活的向往为宗旨，以落实全民健身国家战略为抓手，加快推进体育强市建设，统筹推进全民健身、竞技体育、体育产业发展，不断完善公共体育服务体系，广泛开展全民健身活动，着力提高人民健康水平，提升运动休闲产业层级，弘扬中华传统体育文化，培育打造有青岛特色、国际知名的体育赛事品牌，助力青岛打造国家运动休闲城市和国际海洋名城。

2. 创建原则

(1)坚持政府主导，鼓励市场参与

第一，创建国家运动休闲城市需要发挥各级政府统筹协调、服务调度、监督管理的重要职能。当前，青岛正致力于建设高效服务型政府，打造深化改革的"青岛模式"，国家运动休闲城市创建应结合全市各领域改革创新大局，着力提高政府运动休闲公共服务的供给能力和水平。第二，创建国家运动休闲城市需要发挥市场在资源配置中的决定性作用，应多措并举激活市场主体活力，鼓励社会力量参与运动休闲城市创建。

(2)坚持规划引领，加强政策集成

第一，创建国家运动休闲城市须从顶层设计角度，明确创建路线图、时间表和任务书，依托国家运动休闲城市创建总体规划和专项规划，统筹创建目标、重点任务、重要载体、实施计划、保障措施等重点内容，提高国家运动休闲城市创建的质量、效率、效益和知名度。第二，打好政策组合拳，贯彻执行青岛《关于加快发展生活性服务业、扩大旅游文化体育健康养老教育培训等消费的实施方案》，落实省级健康服务业创新发展试验区等实施方案。

(3)坚持问题导向，树立领先标准

在运动休闲核心领域达到全国领先、相关领域无短板，是成功创建国家运动休闲城市的前提。第一，在创建前期，应着力解决青岛运动休闲基础设施存在历史欠账、产业结构比例不尽合理、管理和服务人才匮乏等突出问题，着力推动赛事举办、场馆运营机制改革，创新消费引导政策。第二，应在运动休闲细分领域树立领先优势，围绕竞赛表演、场馆服务、体育健身、体育传媒等行业，制定与国际接轨的行业规范和服务标准，实施产业项目、从业技能的评估定级。

(4)坚持科学统筹，促进协调发展

创建国家运动休闲城市是一项覆盖面广、时空跨度大的系统工程。第一，必须围绕运动休闲基础设施、群众体育、竞技体育、运动休闲产业、运动休闲消费市场、城市体育文化等重点领域谋篇布局。第二，作为国家级城市品牌创建工作，应与青岛市将自身打造成现代海洋文化名城、国家东部沿海重要的创新中心、国际先进的海洋发展中心等重大战略定位相结合，以更高的平台基础带动运动休闲与相关领域的协调发展。

3.建设目标

2017年9月，国家体育总局副局长赵勇在《温州市创建国家运动休闲城市发展规划》论证会上提出，创建国家运动休闲城市要实现国民体质监测体系全覆盖、运动健康教育全覆盖、运动组织全覆盖、运动健康设施全覆盖，建立大数据智能化大平台，创新赛事品牌，提高城市知名度。

"青岛创建国家运动休闲城市总体方案研究"课题组建议，青岛应着力凸显海洋运动休闲特色，推动运动休闲各领域与青岛地域文化、海洋文化相结合，打造海上休闲运动城市品牌。同时，为创建国家运动休闲城市，青岛应努力实现以下目标：

(1)总体目标

从2018年1月开始，力争通过5年左右的创建工作，使全市公共体育服务、竞技体育、运动休闲产业、体育文化建设、综合保障等运动休闲相关领域的主要指标位居全国前列，青岛成功跻身国家运动休闲城市，成为国内运动休闲产业发展高地、国际高端海洋体育赛事集聚地，初步建成国际休闲体育和海上运动知名城市。

(2)具体目标

①运动休闲设施网络提档升级

新(改)建一批用于竞赛、训练、健身的大型体育场馆，人均体育场地面积达到2.8 m^2以上，远高于全国平均标准。各区市"五个一"工程达标率100%，新建社区和乡镇、行政村公共体育设施达标率100%。城市社区"8分钟健身圈"和农村社区"15分钟健身圈"实现全覆盖，落地10个以上大中型体育服务综合体、1万处体育健身设施。打造富有青岛海洋休闲特色、具有国际影响力的滨海文化长廊，全市海洋生态片区、历史人文景观及运动休闲项目实现串点成线。

②公共体育服务供给能力显著提升

全民健身服务体系进一步完善，全市经常参加体育锻炼的人数比例达到49.5%，全市每年组织市级以上全民健身活动100次以上，区(市)级、社区级全民健身活动保持在1500次左右。全市每万人体育社会组织数超过3个，每万人配备27名社会体育指导员。

群众体育赛事活动进一步丰富，培育10大精品群众体育赛事。形成完善的国民体质监测体系和运动健康教育体系，居民健康素质主要指标位居全国前列。

③运动休闲产业层级明显提升

到2020年，青岛体育产业实现总产出800亿元，2022年实现总产出1000亿元，运动休闲产业增加值占比大幅提升，运动休闲产品和服务供给更加丰富，服务质量和水平明显提高。培育一批运动休闲知名企业，打造2～3个以运动休闲服务为核心的国家级、省级体育产业基地，建设形成6大户外运动特色板块、2个以上省级特色体育休闲项目，规划2条以上节假日体育休闲精品线路，落地一批运动休闲特色小镇。

④体育品牌赛事体系持续完善

着力打造8～10项具有较高影响力的本土品牌赛事，培育青岛国际马拉松赛事等一批高水平的国际赛事。广泛开展帆船、足球国际交流合作，有针对性地引进一批有利于提高城市影响力的国内外体育大赛，重点完善高端国际帆船赛事等各层次帆船赛事体系。

⑤城市休闲运动氛围浓郁

青岛的“帆船之都”“足球名城”城市品牌深入人心，全市体育运动休闲人数达到600万人次以上，参加帆船运动的人数达30万人次，足球运动员注册人数由4000人增至6万人。青岛计划打造一批高质量的体育文化精品工程，办好一批社会效益显著的体育文化品牌活动，全市人均体育消费支出显著提高。青岛创建国家运动休闲城市的分支目标如表2-1-6所示。

表2-1-6　　青岛创建国家运动休闲城市分支目标(2020年)横向对比

分支目标	青岛目标	全国目标	对比结果
人均体育场地面积	2.8 m^2	1.8 m^2	比国家指标高出56%
每周至少参加1次体育锻炼的人数占总人口的比重	60%以上	2020年达7亿（总人口预计14.2亿）	比国家指标高出22%
经常参加体育锻炼的人数占总人口的比重	50%以上	2020年达4.35亿（总人口预计14.2亿）	比国家指标高出67%
体育产业增加值占国内生产总值的比重	2.0%	1.0%	比国家指标高出100%
体育服务业增加值占比	50%(2025年)	超过30%(2020年)	比国家指标高出67%

续表

分支目标	青岛目标	全国目标	对比结果
体育及其相关产业从业人数占比	1.5%	0.4%	比国家指标高出275%
新建居住区面积和社区配建的健身设施面积	室内人均不低于0.1㎡ 室外人均不低于0.3㎡	室内人均不低于0.1㎡ 室外人均不低于0.3㎡	相同
人均体育场地面积	2.8 m^2	2.0 m^2	比国家指标高出40%
体育产业增加值占国内生产总值的比重	2.0%	1.2%	比国家指标高出67%
获得社会体育指导员技术等级证书的人数比重	3‰	2.3‰	比国家指标高出30%
全市经常参加体育锻炼的老年人数占总人口的比重	65%	50%	比国家指标高出30%
建立体育总会的乡镇(街道)、行政村(社区)	80%	80%	相同

4.创建战略

(1)“标准化+”战略

全面落实青岛市《关于全面推进“标准化+”战略打造青岛标准创新先行区的实施意见》,将标准化应用到国家运动休闲城市创建的全过程中,打造运动休闲城市“青岛标准”。推动体育基础设施、公共体育服务、体育社会组织、体育赛事管理、体育重点行业、体育消费市场等环节的工作(图2-1-3),积极对接全市工业、服务业、新兴产业及城市建设与治理等标准化重点领域,建立与青岛经济社会发展相适应的标准化管理体制和运行机制。

第一,建立标准化项目库。由各区(市)体育局和标准化主管部门统一协调标准化项目,向青岛市、山东省和国家标准化主管部门推荐项目立项,各有关行业主管部门负责组织标准实施。第二,开展标准化试点示范。积极争取和承担体育科研、运动健康、体育消费等领域的标准化试点任务,充分发挥试点示范带动作用,不断提升标准化水平。第三,加强评估监督。研究建立标准分类实施评估监督和实施效果评价机制。开展标准实施信息反馈与监测，加强标准实施的社会监督和行政执法。

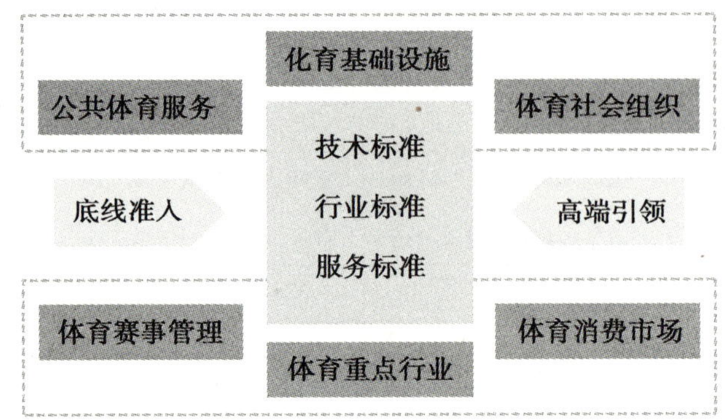

图 2-1-3　青岛创建国家运动休闲城市“标准化＋”战略

(2)“六城联创”战略

将国家运动休闲城市建设纳入青岛国家级城市品牌创建体系中，在成功创建国家森林城市、国家环保模范城市、国家卫生城市、全国文明城市的基础上，着力增强运动休闲与城市生态、环保、卫生、文明的系统性与协调性，提高国家运动休闲城市创建的质量、效率、效益和知名度(图 2-1-4)。

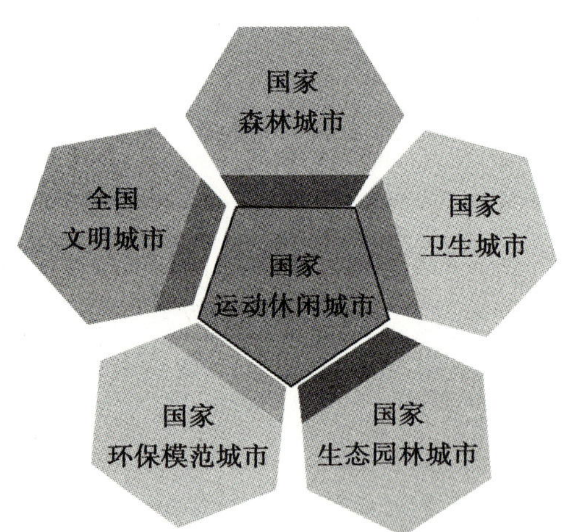

图 2-1-4　青岛创建国家运动休闲城市“六城联创”战略

在联动创建过程中，统筹生产、生活、生态三大布局，一方面要努力巩固已创建的成果，建立长效维持机制，加快推动众多创建成果转化为城市无形资产和品牌效应。另一方面要推动国家运动休闲城市、国家生态园林城市等在创品牌的联动创建，节约创建资源、提高创建效率，进一步优化青岛生态环境、生活环境、人文环境、市场环境、政策环境。

(3)“互联网＋体育”战略

整合体育休闲运动城市信息资源，以体育运动休闲城市公共服务、政务管理、体育场馆运营管理为切入点，搭建智慧体育信息网络平台。加强运动休闲数据采集、检测、智能统计和分析，实现数据对接和信息共享，形成体育运动休闲城市大数据库，提高对外服务、对内管理、横向交流的综合水平。整合政府微信公众平台、微博、网站、短信群等平台，为社会提供便捷的体育信息服务。

运用互联网思维，深入挖掘市民及游客的消费需求，完善运动休闲网络建设与产品更新工作，准确把握海洋休闲运动消费者的消费心理、习惯、能力，着力创造各地扩大海洋休闲运动消费的条件。重点大力支持海洋休闲运动项目前沿科学手段的融合，将物联网技术融入海洋休闲运动中。

(4)“体文旅”融合战略

充分发挥体育、文化、旅游产业关联度高、带动性强、辐射面广的优势，加快体旅、文旅、康旅、农旅、工旅、商旅等业态融合发展，构建综合性、多层次、高效益的“体文旅”产业生态系统，实现文体旅一体化、产城一体化、城乡一体化、景城一体化。

以城市公共文化、体育服务体系建设为基础，结合乡村振兴、全域旅游创建战略，联动实施特色小镇、田园综合体、美丽乡村工程，将青岛丰富的历史文化积淀、独特的山海岛自然风光、体育运动空间、特色产业项目、各类文化旅游景点等元素串连成一个有机整体，在产城一体推进中提高国家运动休闲城市创建质量。

5. 主导方向

课题组对国内外休闲运动类型进行了分析总结，依据青岛独特的海洋、山体、湖泊、河流等资源及现有产业基础，建议青岛以海洋运动休闲为主导，以登山运动休闲、湖泊运动休闲、河流运动休闲、空中运动休闲等为支撑，打造特色鲜明的国家运动休闲城市。

(1)海洋运动休闲

借助奥帆城市的资源，大力发展海洋运动休闲产业。整合市南区、崂山区、黄岛区等的海滩、海涂、海岛及海上资源，积极开发海上帆船帆板、游艇、水上滑翔、潜水、沙滩运动及海岛探险、海钓等运动，提升海洋休闲运动的可参与性和服务水平，打造国家海洋运动休闲示范区。

(2)登山运动休闲

依托崂山区、城阳区、黄岛区、即墨市、平度市的自然资源，积极开发登山、野营、穿越、滑雪等休闲运动，拓展登山运动休闲产业体系。

(3)湖泊运动休闲

以举办世界休闲体育大会为契机，依托莱西市、胶州市、即墨市等的湖泊、湿地资源，稳步开发钓鱼、环湖自行车、沙滩橄榄球、极限运动、攀岩、马术等，到2020年，基本形成湖泊运动休闲产业链条。

(4)河流运动休闲

借助大沽河改造工程，大力发展龙舟、漂流、钓鱼、极限运动、自行车等河流休闲运动。

(5)空中运动休闲

依托山海自然资源优势，探索发展热气球、动力伞、滑翔伞等空中休闲运动。

二、实施对策与建议

(一)实施重点任务

1.加强规划衔接，优化运动休闲空间格局

运动休闲城市建设涉及体育、生态、产业、城乡发展等多个领域，其空间布局应广泛结合全市体育事业规划、体育及相关产业规划、生态保护规划、城乡发展规划等，实现“多规合一”。《青岛市国民经济和社会发展第十三个五年规划纲要》提出，开拓环湾中心城区、紧密层城镇组团、外围战略节点紧密结合的立体发展格局。《青岛市体育产业发展规划(2014～2020年)》明确了全市体育产业“一核聚集，两带展开，五区支撑，多维辐射”的空间布局。

根据上位规划，结合全市运动休闲资源分布情况及体育事业、产业发展基础，青岛在创建国家运动休闲城市过程中应遵循“中心辐射，轴带展开，组团发展”的空间布局原则，最大限度地提高运动休闲资源开发、要素流动、产业协同效率。

(1)强化中心城区辐射引领效应，打造海洋运动休闲示范区

发挥市南区、市北区、李沧区、崂山区、城阳区人口稠密、体育场馆密集、服务业发达

的优势，打造市民体育健身休闲核心区、半岛运动休闲产业集聚区、国家运动休闲综合体建设示范区。

第一，加快推进公共体育设施建设，进一步提升主城区“8 分钟健身圈”设施布局质量，鼓励市南区、市北区等体育用地紧张的地区，因地制宜实施公园、广场等共用场地的空间改造。高标准打造青岛市民健身中心，扎实推进射击运动中心、水上运动中心等第 24 届省运会场馆设施建设，确保如期交付。第二，依托中心城区人才、科技集聚的优势，大力开拓体育咨询、体育经纪、体育培训、体育娱乐等高端体育服务市场，做大做强数字化体育媒体和体育创意产业。充分利用城区商业发达、群众消费能力强的特点，培育时尚体育用品零售商圈。利用国际会展中心等场馆资源，经常性地举办国际体育健身休闲产品博览会。第三，鼓励健身休闲设施与住宅、文化、商业、娱乐等项目的综合开发，加快推进青岛万象城、万达广场、百丽广场、金狮广场等实施的“体育进商场”“体育进综合体”工作的进程，合理布局集体育休闲、旅游购物、赛事娱乐、便民服务为一体的运动休闲服务综合体。支持新兴体育俱乐部等民营市场主体创新经营模式，拓展个性化增值服务。

(2)发挥河海轴带贯通作用，培育运动休闲特色发展带

第一，打造海洋休闲体育产业发展带。全面融入青岛“三湾三城”沿海空间发展格局，重点开发海洋竞技、健身休闲、竞赛表演、运动康养项目。依托胶州湾群，串联欢乐滨海城、青岛湾、太平湾、小麦岛及四方滨海欢乐城、银海游艇俱乐部等，打造海洋体育休闲核心区。依托灵山湾群，串联竹岔岛、灵山岛及周边的凤凰岛、琅琊台等节点，打造西海岸体育旅游度假区。依托鳌山湾群，串联崂山区沿海、即墨区沿海的体育及康养资源，打造高端运动康养示范区。第二，建设大沽河流域休闲运动圈。在大沽河治理工程的基础上，加大两岸自然生态保护力度，依托胶州、莱西等丰富的湖泊、湿地资源，建设青岛重要生态涵养区。借力世界休闲体育大会品牌，在垂钓、徒步、环湖自行车等传统项目的开发基础上，提高冰雪、航空、露营、极限运动等特色项目开发力度，承办一批观赏性强、群众参与度高的户外竞技赛事，完善湖泊河流运动休闲产业链条，打造青岛市民健身休闲后花园。

(3)激发区域间竞争活力，打造运动休闲战略支撑节点

第一，错位打造运动休闲产业集聚区。统筹全市差异化资源，打造以崂山区、城阳区为核心的山地户外运动集聚区，以即墨区为核心的体育用品制造业集聚区，加快落地国

家级体育产业园,以黄岛区为核心,打造西海岸时尚运动产业集聚区,以莱西、平度为核心打造休闲体育集聚区。第二,提高特色小镇发展质量。支持即墨区温泉田横运动休闲特色小镇、胶州足球小镇、平度航空小镇等的建设,着力打造一批运动休闲特色突出、产业基础良好、融合发展潜力大的特色小镇。

2.完善设施网络,统筹利用运动休闲空间

近年来,国家制定出台了一系列相关政策,其中"有效扩大增量资源,进一步盘活存量资源""科学规划健身休闲项目的空间布局""打造健身休闲服务综合体""盘活用好现有体育场馆资源"等具体举措,基本与国外发达国家的发展路径相一致,如英国对体育设施的评价主要体现在体育设施建设数量、质量、分布公平性及满足大众需求的程度上;美国主要评估体育设施数量、体育项目设施布局合理性、质量状况、到达便利性、利用情况、安全性、设计合理性、环保性、设施附属结构合理性等。借鉴发达国家的发展经验,参考学界关于公共体育设施的评价指标体系,青岛城市运动休闲设施主要应围绕规划布局、落地建设和利用管理三个方面寻求突破。

(1)优化运动休闲设施的空间布局

第一,实现较高的便利、公平指数。如同类场馆之间的平均距离、相邻同类场馆之间的最大距离、场馆距离最近主干道的距离、与其他公共设施建在一起的场馆数量、小区公共体育设施建设数量、设置有残疾人专用设施的体育场馆数量等,应保持合理的距离与数量阈值。第二,实现较高的环境和谐指数。运动休闲设施周边环境的安全程度、与周边居民区是否和谐、对周边生态环境的影响、社区体育设施与学校设施毗邻状况等,均应满足城市发展与人口增减的即时需求。

(2)提升运动休闲设施的建设质量

第一,合理分配设施位置与服务半径。根据青岛城市用地规划和用地实际,科学设定分布在居民区、学校、机关单位、军队、企业和其他用地片区的设施数量,设定人均体育场地面积、每万人体育场馆数量、人均室内场地面积、学校生均体育场地面积及每万人水上运动休闲面积、步行道与自行车道公里数、体育公园公共绿地面积等指标。第二,高标准设定设施建设的质量指标,如标准体育场地占比、非标准体育场地占比、达到国家级和省级标准的体育场地占比等。明确规定设施建设资金的投入指标,如人均公共体育设施资金、投入资金与建设产出效益指标、人均体育投入资金与人均体育设施面积比等。

（3）提高运动休闲设施的利用与管理效率

第一，加大运维人员及经费投入，确保每万人体育设施管理人员数量、每平方米体育设施管理人员数量、体育设施管理人员学历结构、每万人体育指导人员数量、体育指导员学历结构及每平方米体育场地、运动开放空间、水上设施年均维护经费等实现较大提高。第二，高标准实现设施利用指标。确保体育场馆每天平均开放时间、共用场地面积占总面积的比重、有组织的体育活动人员占总人数的比重、收费场地面积占总面积的比重、付费使用体育场馆人员及使用时间的比重，公园、广场、绿地等运动休闲面积占比等处于合理区间。

综合以上，青岛应根据国家相关政策意见，科学统筹全市运动休闲新建设施、闲置设施、共用设施。第一，编制市、区（市）公共体育设施建设规划和公共体育设施布局规划，盘活、用好青岛市民健身中心体育场、山东大学青岛校区体育中心、胶州体育中心、青岛天泰体育场、青岛国信体育场等现有体育场馆，丰富体验项目与活动形态；推动老舍公园、鲁迅公园、观海山公园、小青岛公园、青岛山公园、榉林公园、浮山森林公园、烟墩山公园、灵珠山滑草场、黄岛唐岛湾公园景区全部免费开放，定期组织体育休闲活动。第二，建立多元化资金筹集机制，优化投融资引导政策，充实一批户外营地、徒步骑行服务站、自驾车/房车营地、公益性帆船培训码头、笼式多功能足球场地等健身休闲设施。第三，支持社会力量参与现有场地设施的管理运营，鼓励符合开放条件的企事业单位体育场地设施向社会开放，着力改善目前运动休闲设施布局不合理、设备陈旧、运营成本居高不下、部分场地产权关系复杂、白天利用率低等突出问题。

到 2017 年，青岛市拥有的（含在建）重点体育场馆、运动中心、运动休闲基地、运动公园如表 2-1-7 所示。

表 2-1-7　2017 年青岛重点体育场馆、运动中心、运动休闲基地、运动公园统计（含在建）

体育场馆	青岛市第二体育场、国信体育场、天泰体育场、弘诚体育场、新兴体育馆、黄岛体育场、黄岛区体育馆、沧口体育场、平度市体育场、即墨市体育场等
健身（运动）中心	青岛市奥帆中心、青岛市射击运动中心、青岛国家青少年足球训练中心、青岛市全民健身中心、虎山体育中心、平度市奥体中心、莱西市体育中心、即墨市新体育中心、胶州市新体育中心等

续表

运动休闲基地	户外运动休闲基地、沿海一线水上运动休闲基地、西海岸体育健身休闲示范园、大沽河特色休闲体育运动基地、莱西市休闲体育运动基地等
运动公园	中联运动公园、北山体育文化公园、四方奥林匹克公园、华梅足球公园、深圳路体育公园、流亭运动公园等
景区公园	信号山公园、小鱼山公园、老舍公园、鲁迅公园、观海山公园、小青岛公园、青岛山公园、榉林公园、浮山森林公园、烟墩山公园、灵珠山滑草场等

3. 加强服务供给，规范发展公共体育服务

2016年，国务院印发《全民健身计划(2016～2020年)》，提出在全民健身公共服务体系基本形成的基础上，进一步提升全民健身现代治理能力，提供更加完备的公共体育服务，明确将“强化全民健身发展重点，着力推动基本公共体育服务均等化和重点人群、项目发展”作为新时期公共体育服务体系建设的着力点。

当前，青岛群众日益增长的体育需求与社会所能提供的体育资源不足的矛盾仍然比较突出，体育场地设施人均占有量偏低，城乡、区域体育事业发展不均衡，布局结构不合理，全民健身服务质量仍需提升，公共体育服务均等化、标准化已成为创建国家运动休闲城市所亟待落实的重要任务。

(1)以保障服务供给为核心，补齐重点地区和人群的服务短板

持续加大政府公共体育服务投入力度，加强对体育彩票公益金及各项专项资金的统筹利用，着力改善地区和人群的公共体育服务不平衡问题。第一，努力实现体育设施全域化覆盖。在镇(街道)和新型农村(社区)全面建成基层综合性文化服务中心，在镇(街道)层面探索建设健康促进服务中心，在村(社区)实现农民体育健身工程、健身组织、健身活动、健身指导全覆盖。第二，努力实现全龄段体育指导，完善国民体质监测体系。重点围绕青少年、老年人、残疾人等人群，依托“体教结合”，大力开展青少年体育活动，建立与老龄社会相适应的老年人体育工作体制和运行机制，加强对残疾人体育活动的指导服务。第三，努力实现全天候开放体育场馆，加大对农村、山区、海岛等欠发达地区的扶持力度，缩小城乡差距、南北差距，推进全民健身公共服务均衡发展。

(2)以完善政策和标准为支撑，不断完善公共体育服务标准

近年来，我国体育服务领域颁布的强制性国家标准已有30多项，各地政府也不断推

动地方体育服务标准化工作，如江苏省大力推广实施体育场馆标准化服务，北京市通过健全服务体系、加大修订力度、建立信息共享平台、推行体育示范工程等措施提高体育标准化水平，为当前青岛市建设现代公共体育服务体系的工作提供了实践依据。

如图 2-1-5 所示，体育学界认为，公共体育服务标准体系一般由三部分组成，即基础标准体系、服务保障标准体系、服务提供标准体系。青岛公共体育服务体系可围绕以上三个方面，做好相关完善工作：第一，围绕基本公共体育服务指南、术语标准、标志符号标准及信息数码代码等标准，完善基础标准体系。第二，围绕人才队伍、资金投入、政策法规、战略管理、后勤保障等标准，健全服务保障标准体系。第三，围绕公共体育项目、活动组织、服务流程、组织机构、指导监测等标准，完善服务提供标准。综合以上措施，青岛市可以着力改善政府公共体育服务履职能力、部门协调联动机制、基层体育社会组织、全民健身服务质量等方面存在的问题。

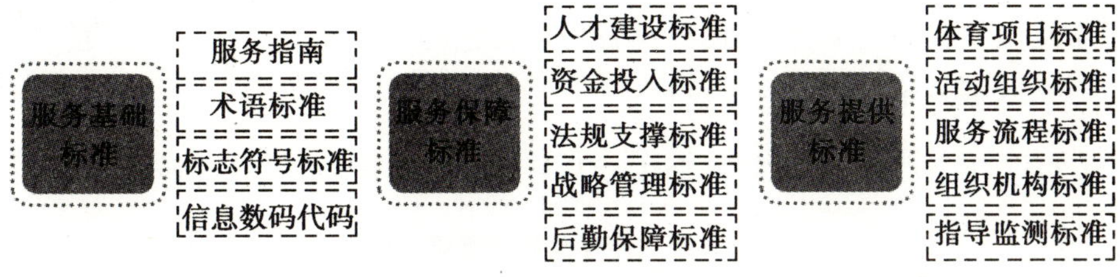

图 2-1-5　青岛公共体育服务标准体系建设框架及内容

4. 鼓励全民健身，打造高端体育赛事体系

《全民健身计划(2016～2020 年)》提出，要丰富和完善全民健身活动体系，促进竞技体育与群众体育全面协调发展，并从国家战略的高度明确了相关要求。

(1)以需求为导向，构建多层次、常态化的群众体育活动体系

研究表明，对我国群众体育赛事发展影响较大的前四种因素分别是竞赛项目、赛事赞助、政府意向和场地设施。当前，青岛市群众体育面临竞赛项目较为单一、缺乏商业赞助等问题，群众体育活动体系亟待完善。

对此，青岛市可采取以下措施：第一，适时适度扩大现有赛事规模，完善赛事项目设置。重点办好第七届全民健身运动会、社区健身节、沙滩体育节、全国太极拳公开赛总决赛暨青岛第二届全国太极拳电视大奖赛、全国登山大会青岛站暨青岛市全民健身登山节、全国全民健身操舞大赛总决赛、青岛球王系列赛等大型全民健身活动，根据不同人

群、不同地域和不同行业特点，提高赛事活动的合理性、趣味性。第二，创新群众体育活动的内容与组织模式。依托山海优势，大力发展帆船、游艇、海钓等海洋体育竞技、休闲和观赏类项目，普及冰雪运动、击剑、赛车、马术、极限运动等具有消费引领特征的时尚休闲运动项目，大力培育专业化体育赛事推广和运营机构，丰富竞赛组织主体。

(2)统筹时间、空间资源，打造国际海洋休闲运动品牌赛事集群

《青岛市国民经济和社会发展第十三个五年规划纲要》提出，要培育一批国际知名赛事，建设国际体育休闲和海上运动知名城市，为青岛做大做强赛事经济提供了方向指引。

青岛市应做好以下工作:第一，发挥赛事基础，打造全国海洋体育赛事中心城市。重点办好中国国际网球挑战赛、全国花样滑冰冠军赛、全国游泳冠军赛、全国 10 公里路跑联赛、崂山 100 公里国际山地越野挑战赛、全国动力伞锦标赛等赛事。第二，融入国家战略，打造海上丝绸之路品牌赛事城市。以建设“国际帆船休闲运动之都”为目标，打造 2～3 个国内外知名的高端帆船赛事自主品牌，筹办青岛莱西国际马拉松赛、亚洲大众体操节、世界柔道大奖赛等高端赛事，创办具备地域特色的高水平青岛国际马拉松赛，推动青岛形成全域、全季有序分布的赛事格局。

截至 2017 年，青岛市拥有的群众体育及品牌赛事资源如表 2-1-8 所示。

表 2-1-8　　青岛群众体育及品牌赛事资源

群众体育系列赛事	青岛市体育大会、青岛市智力运动会、沙滩体育节、毅行(徒步)健身大会、自行车公开赛、拳击赛、社区体育节、畅游汇泉湾、全民健身操舞、企业运动会、“青岛球王”系列公开赛等
全国性体育赛事	全国花样滑冰冠军赛、全国游泳冠军赛、全国太极拳公开赛总决赛、全国橄榄球锦标赛、全国健身操舞总决赛、全国群众登山健身大会青岛站暨青岛市全民健身登山节活动等
国际性体育赛事	世界休闲体育大会、崂山 100 公里国际山地越野挑战赛、中国国际网球挑战赛、青岛西海岸夜间国际马拉松、青少年冰球国际邀请赛、海上马拉松、国际武术节、国际马拉松赛等
“帆船之都”品牌赛事	克利伯环球帆船赛、世界杯帆船赛、国际极限帆船系列赛、城市俱乐部国际帆船赛(CCOR)、全国青少年帆船俱乐部联赛、“远东杯”国际帆船拉力赛、2019 国际 OP 级世界帆船锦标赛(计划申办)等

5.提升产业能级,加快相关产业融合发展

运动休闲产业是体育产业的重要组成部分,是以体育运动为载体、以参与体验为主要形式、以促进身心健康为目的,向大众提供相关产品和服务的一系列经济活动,涵盖运动休闲服务业、器材装备制造业及相关产业。目前,青岛运动休闲服务业所占的比重虽逐步提高,但仍存在产业链条延伸度短,与其他产业缺乏深度融合等问题,有待通过创建国家运动休闲城市得到改善和优化。

(1)优化产业结构,完善运动休闲服务体系

第一,着力提升运动休闲服务业比重。重点围绕体育场馆服务、体育竞赛表演、健身培训及其他配套服务领域,引入体育场馆市场化经营管理机制,培育体育竞赛表演市场,落实国家健身服务精品工程,规范发展健身培训业,引导行业有序竞争。运用现代信息技术手段开展“体育场馆＋互联网”建设,提升各类体育场馆、体育设施的运营管理水平。以体育劳务、体育场馆建设和服务、技术培训等为重点,扩大青岛体育服务贸易规模。第二,完善运动休闲服务体系。引导海洋特色运动休闲项目发展,以市场化路径开发冰雪运动、山地运动、水上运动、汽摩运动、航空运动和时尚运动项目,培育专业培训市场。加强对相关体育创意活动的扶持,鼓励举办以时尚运动为主题的群众性活动。

(2)加强资源联动开发,提高运动休闲及相关产业耦合度

第一,推动运动项目与文化旅游资源的联动开发,依托城市名人、老街巷、建筑群等资源,开发定向穿越、城市穿越、文化徒步等运动休闲活动。如围绕康有为、沈从文、洪深、闻一多、老舍、王统照、蔡元培、梁实秋、舒群等名人故居,开展名人故居运动休闲游。依托德国总督府、天主教堂、基督教堂、欧人监狱、花石楼等古建筑及鲍岛历史街区黄岛路、四方路、海泊路、潍县路、博山路、易州路百年老街,开展历史建筑休闲运动游。第二,依托海洋资源,大力发展海洋运动休闲。整合市南区、崂山区、黄岛区等的海滩、滩涂、海岛及海上资源,积极开发海上帆船帆板、游艇、水上滑翔、潜水、沙滩运动、海岛探险、海钓等项目。依托山海自然资源优势,探索发展热气球、动力伞、滑翔伞等空中休闲运动游。将体育旅游市场开发与市民休闲相结合,依托青岛滨海步道、环湾绿道、大沽河生态景观带、滨海公路等设施,发展海景骑游、徒步休闲活动。第三,推动“体医结合”和“体养结合”,发展运动康复市场。鼓励健身机构加强科学健身指导,积极推广覆盖全生命周期的

运动健康服务。依托山、河、海资源,挖掘道教养生文化、传统武术文化,围绕崂山、西海岸、红岛等重点区域打造健康养生、养老精品项目。

6.挖掘市场潜力,优化运动休闲消费环境

研究表明,我国当前体育消费需求升级主要表现为:"主动性消费+常态化消费"和"必须性消费+享受性消费",体育服务消费、信息消费、体验消费、参与消费等成为了消费需求升级的重点领域和发展方向。消费水平是地区运动休闲产业层次和社会氛围的重要参照。

数据显示,2015 年,青岛全体居民人均可支配收入 32885 元,比上年增长 8.6%。其中,城镇居民人均可支配收入 40370 元,农村居民人均可支配收入 16730 元。随着居民收入水平的不断增加和消费意愿的日趋增强,青岛运动休闲消费水平与居民可支配收入总体呈正相关关系,全市居民在该方面的支出逐渐增多,但同时也存在消费渠道较窄、消费层次不高等问题。因此,青岛应在扩大运动休闲消费总量的基础上,着力提高服务型、体验型运动休闲消费的比重,具体可采取以下措施:

(1)扩大体育市场有效供给,进一步深挖消费潜力

第一,主动适应日益增长的大众健身需求,统筹市、区两级体育设施布局,提高运动场馆运维水平。完善帆船、足球等特色运动的社会服务供给体系,提高专业培训、赛事组织、直播、票务服务能力。第二,加大相关体育赛事 IP 开发力度,围绕智能化体育产品、在线化体育服务市场,开发智能穿戴产品、智能体育器械、运动健康咨询等新消费内容。鼓励运动休闲综合体引进和开发趣味性、体验性强的时尚健身消费项目,创新场景化营销模式。

(2)引导运动健身消费理念,完善多元化消费政策

第一,加大宣传力度,加强运动科普和综合保障。鼓励制作和播出国产健身休闲类公益节目,支持形式多样的健身培训和健康科普宣传。引导保险公司根据健身休闲运动特点和不同年龄段人群身体状况,开发场地责任保险、运动人身意外伤害保险。第二,加快启动青岛市医保卡资金用于健身消费试点工作,探索与银行机构合作发行健身休闲联名银行卡,实施特惠商户折扣。鼓励运动休闲综合体推广区域内消费一卡通,实现商户联合营销,提高整体运营水平。

7.鼓励社会共建，分类发展体育社会组织

创建国家运动休闲城市需要形成政府部门、社会组织、市场主体和社会公众共同参与的社会合力。其中，体育社会组织已成为我国社会体育治理的主动参与者、社区体育健身活动的重要组织者、全民健身计划的积极实施者，将在国家运动休闲城市创建中发挥重要作用。党的十八大以来，《关于支持和规范社会组织承接政府购买服务的通知》《社区服务体系建设规划》等文件的出台，推动了公共体育服务承担角色从政府部门向社会组织的过渡。根据《关于改革社会组织管理制度促进社会组织健康有序发展的意见》，《全民健身计划（2016～2020年）》进一步明确了推进体育社会组织改革的具体任务和要求。

当前，青岛基层公共体育服务任务复杂、繁重，亟待发挥社会力量的重要作用，推进各级各类体育社会组织改革，更充分地发挥其公共体育服务参与者、组织者、实施者的重要职能。

(1)引导社会力量广泛参与，形成强大的创建合力

第一、研究制定社会力量参与公共体育服务的实施方案，围绕全民健身指导、体育竞赛组织承办、场地设施管护运维、技能培训鉴定、体育文化宣传推广等领域，制定引导性政策和具体举措。第二，加大公共体育服务购买力度，围绕重点创建任务和发展短板，依法依规选择具备条件的社会组织、企事业单位、专业机构，并根据服务数量和质量向其支付费用。第三，建立系统的激励机制。鼓励并支持大学生、退役运动员等从事全民健身、体育产业和体育教学工作，并将其纳入地方政府创业扶持范围。鼓励开展对体育组织、体育场馆、全民健身品牌赛事和活动名称、标志等无形资产的开发和运用。

(2)加快体育社会组织改革，壮大基层体育组织规模

第一，稳步推进体育社会组织改革试点工作，制定实施青岛市体育总会管理的社会组织的改革方案、行业管理规范标准，建立现代体育社会组织管理体制和内部治理机制。全面推进社会体育组织实体化，建立体育社会组织办公中心，设立发展基金，完善简政放权、政府购买、税收优惠、人才激励等一系列扶持措施。建立健全体育社会组织退出机制、诚信承诺制度、行业性诚信激励和惩戒机制。第二，探索建立社区—体育社会组织—社会体育指导员联动运行机制。发挥市体育总会的纽带作用，扩大基层体育组织分布密

度，推行社会体育指导员挂靠站点制度，落实在岗实名制，确保完成镇(街道)、村(居)的体育总会、民间社团、社会体育指导员队伍组建目标。

8. 弘扬体育文化，深化对外体育交流合作

新时期，以体育文化为代表的软实力建设已成为衡量国家和地区综合实力、社会文明程度以及未来发展潜力的重要标志。2017 年，习近平总书记在会见全国体育先进单位和先进个人代表时强调，加快建设体育强国，就要弘扬中华体育精神，弘扬体育道德风尚，让体育为社会提供强大正能量。由此可知，体育文化建设是推动国家和地方休闲运动产业发展的重要根基，也是创建国家运动休闲城市的重要任务。

当前，青岛运动休闲城市文化建设成果较为丰硕，市民通过参与全民健身、群众体育、专业赛事，收获了更多的归属感、健康感和幸福感，但在传统体育传承创新、体育文化传播、城市品牌一体包装等方面仍存在较大的提升空间。对此，青岛市可从以下几个方面着手进行改进：

(1)加快推进运动休闲文化的可视化、载体化、数字化

第一，挖掘提炼帆船、足球等特色运动休闲项目的内涵精神，传承和推广武术、健身气功、秧歌等优秀的民族传统体育项目，形成一批群众喜爱、形式多样、富有乐趣、充满正能量的体育文化产品，以倡导全民健身新时尚。第二，弘扬青岛体育休闲运动文化传统，通过创作体育影视剧、运动休闲文学作品、运动休闲绘画作品、体育书法、体育休闲音乐、体育摄影等，结合广播、电视、报刊、网络新媒体等各类渠道，发挥教育功能和引领作用，以倡导科学、健康、文明、幸福的生活方式。第三，加快优质体育文化内容的数字化传播，将大数据思维和数字化技术运用到各类体育实践中，依托“三微一端”网络平台，扩大体育文化传播的广度和深度。

(2)统筹推进城市休闲运动品牌建设与山海运动发展

以“帆船之都”“足球名城”“田径之乡”城市体育品牌为先导，系统打造具有海洋文化特色的青岛休闲运动文化。第一，进一步深化“帆船之都”城市品牌内涵，在积极引进和培育高端帆船赛事的基础上，坚持国际帆船交流与城市推介相结合，全面提升“帆船之都”的国际知名度和影响力。第二，落实《关于加快青岛“足球名城”建设的意见》，加强与国内外高端足球专业培训机构的交流与合作，积极承办国内外高端足球赛事，创办和培

育青岛“国际友好城市杯足球赛”“全国足球试点城市邀请赛”等品牌赛事，着力提升“足球名城”城市品牌价值。第三，加大资金投入和政策扶持，深入普及田径运动，保持青岛田径竞技优势水平。

(3)全方位深化体育及相关领域的对外交流合作

第一，促进运动休闲资源的联动开发，加强与半岛周边城市、环渤海城市、环黄海区域的合作，重点打造仙境海岸运动休闲产业带，共同打造海洋体育运动知名品牌。促进区域体育人文交流，积极宣传和推介青岛体育对外合作的综合优势。与温州等城市共同探讨、交流创建经验。第二，将体育融入青岛的国际交流合作大格局中，重点深化与“一带一路”沿线国家在体育投资、服务贸易和竞技赛事等领域的交流。继续做好“中国·青岛号”帆船 21 世纪海上丝绸之路航行活动，开发建设国际体育休闲运动精品线路。加强与国际知名赛事运营集团、产业运作公司的合作，培育具有国际影响力的体育文化活动、赛事品牌。

(二)统筹创建计划

青岛创建国家运动休闲城市工作由 2018 年 1 月开始，可分为启动实施、深入推进、发展巩固三个阶段，具体时间节点将根据国家体育总局相关工作部署进行相应调整。

1.启动实施期(2018 年 1 月～2018 年 6 月)

以本研究报告成果为参考和前置研究成果，编制《青岛市创建国家运动休闲城市总体规划》，结合即将出台的《国家运动休闲城市的标准》(国家体育总局正牵头编制)，依托青岛实际，提出更高的创建标准，重点明确总体定位、创建指标、重点任务、实施计划、责任分工等内容，经相关部门论证修改完善，报请国家体育总局及青岛市委、市政府研究审定后实施。

建立国家运动休闲城市建设指挥部，出台专项创建行动计划，在全市范围内动员部署创建工作。各区(市)体育局及有关单位层层分解创建任务，对照《青岛市创建国家运动休闲城市总体规划》制订本区(市)的运动休闲城市创建工作方案，确定任务牵头单位和责任人。

2.深入推进期(2018 年 7 月～2020 年 7 月)

落实国家体育总局“三个创建”指示精神，以创建具有海洋休闲特色的运动休闲城市为中心,统筹推进体育强县、运动休闲特色小镇创建工作。以“六以战略”为指导,大力实施“六个身边”工程,以群众身边的体育健身设施、体育健身活动、体育健身赛事、体育健身组织、体育健身指导、体育健身文化为核心,搭建运动休闲城市基本框架,统筹推进运动休闲空间布局和对重点业态及消费市场的引导工作。

积极关注国家体育总局关于创建工作的最新指示,按照国家对运动休闲城市的相关考评及管理办法,明确创建周期及考评时间,合理调整工作计划,严格按照创建标准查缺补漏、补强短板。建立季度、年度考核制度,建设指挥部办公室,会同市委、市政府督查室,采取“双随机、一公开”的方式,对运动休闲城市建设中的重大工程、重大项目的推进情况跟踪督查,定期进行情况通报。

3.发展巩固期(2020年8月~2022年12月)

立足国际视野,以建设国际休闲运动知名城市和海上运动知名城市的目标为引领,打造国家运动休闲城市先行区和示范区。持续推进基层体育设施建设,健全全民健身组织体系,引导运动休闲产业提质升级,开拓国际休闲运动交流合作新局面,推动青岛国家运动休闲城市建设迈上新台阶。

健全创建工作的长效机制,以创建考评中暴露出的问题为导向,实施专项整改督查工作。共同做好迎检准备工作,各部门要认真履行职责,实行“一把手”负总责,确保每一项责任,每一个项目都有人主抓、有人经办,逐项对照落实的办法。正式迎检前,由青岛市体育局向市政府报送创建工作总结、自评结果及对创建工作的意见和建议,自评结果在政府门户网站及主流媒体进行公示,接受群众监督。

(三)加强综合保障

1.加强组织领导,落实督导考核制度

第一,加强组织领导,成立国家运动休闲城市建设指挥部,组建领导小组,市委、市政府主要领导担任组长,市直有关部门和区(市)主要负责同志为成员。切实加强联动创建力度,由市体育局牵头,协调财政、发改、旅游、文化、环保、民政、交通、国土、住建、城管、规划等相关部门,建立联动推进机制。各区(市)应设立相应办事机构,全面负责本辖区内的运动休闲城市建设任务。第二,将国家运动休闲城市创建工作纳入政府重要议事日程,保障创建工作顺利实施。尽快落实《青岛市创建国家运动休闲城市总体规划》,制定出台《青岛市国家运动休闲城市建设三年行动计划》，将其修编进《青岛市国民经济和社会发展第十三个五年规划纲要》，并列入中期评估和考核绩效。加强创建工作督导，制定并严格执行考核标准。颁布引导性政策，鼓励社会力量积极参与创建工作，切实形成创建合力。

2. 加大财政投入，健全资本引导机制

第一，市财政和各区(市)财政应努力将运动休闲城市建设所需的资金列入财政预算，并随区域经济的发展逐步增加该项投入。全面落实国家、省出台的相关优惠政策，积极争取上级资金支持，保证建设资金投入到位。加大政府购买公共服务的力度，制定政府购买运动休闲相关领域服务的目录、办法及实施细则，加大对基层健身组织和健身赛事活动的购买比重。适度提高体彩公益金支出比例，支持并补贴群众的运动休闲消费。第二，建立多元化的资金引导机制。充分发挥财政资金的杠杆作用，设立青岛国家运动休闲城市发展引导基金，支持重点领域的投资建设。结合 PPP、政府购买服务等模式，鼓励社会力量投资建设体育场馆设施。依托青岛市体育产业投融资平台，提高对市级公共体育设施建设、运动休闲重大项目的投融资力度。支持条件成熟的体育企业进入资本市场，通过股票上市、发行企业债券、股权置换等方式融资。鼓励民营资本和外资以独资、合资、合作、联营、参股、特许经营等方式投资体育产业。落实好公益性捐赠的税前扣除政策。

3. 完善政策体系，发挥引导和激励作用

第一，加强运动休闲与精神文明、社区服务、公共文化、健康、卫生、旅游、科技、养老、助残等相关制度的统筹协调建设。加强对体育产业、文化产业、旅游产业等专项政策的协同引导，完善规划与土地政策，将体育场地设施用地纳入城乡规划、土地利用总体规划和年度用地计划。制定相关政策和奖励办法，鼓励社会力量参与体育设施的建设经营，确保公益体育场所依法享受减免城镇土地使用税和房产税等优惠政策。完善运动消费政策，启动青岛市医保卡资金用于健身消费试点工作。第二，依托运动休闲城市创建的相关规范和评价标准，建立由政府、社会、专家等多方力量共同组成的工作平台，对各区(市)运动休闲城市发展水平进行立体评估。具体可参照沧州《关于建设运动休闲城市的实施意见》、益阳《关于推进“运动益阳”建设创建国家运动休闲城市的实施意见》。树立创建典型,对支持和参与创建工作、在创建工作中作出突出贡献的组织机构和个人进行表彰。建立多渠道、市场化的全民参与激励机制,设立专用奖励资金,重点奖励优秀的体育组织、体育风尚人物及在体育无形资产开发、产品服务创新、后备人才培养等领域取得优异成绩的团队和个人。

4.加强人才培养,强化人才队伍建设

第一,构建运动休闲人才培养新体系。对接全市高层次人才培养计划,发挥高校学科齐全和人才集聚的优势,鼓励在青岛的高校开设相关专业,培养运动休闲研发、服务、管理人才。鼓励高校、企业合作,落地一批运动休闲人才教育培训基地。重点加强帆船、足球运动人才梯队建设,拓宽竞技体育人才培养输送渠道。加强社会体育指导员和全民健身志愿者队伍建设。加大人才培养的国际合作力度,支持山东大学和美国春田学院在青岛共建国际运动健康学院,努力培养出一批熟悉国际化运作、懂专业、会经营的复合型人才。第二,有计划、有重点地引进各类专业人才。落实青岛英才"211计划"、人才来青创新创业等人才引进政策,重点引进体育健身休闲、体育赛事表演、体育用品制造和销售、体育场馆服务、体育培训、体育中介服务、体育传媒等领域的专业人才,将急需的特殊专业人才列入年度紧缺急需人才引进指导目录。通过企业招聘、产业项目带动等方式,多渠道引进综合管理型、高端技能型运动休闲产业人才。建立人才绿色通道,为来青岛创业的海内外优秀体育人才提供优质服务,创造良好的发展环境。打破地域分割、分类管理的传统模式,发挥市场在人才资源配置中的决定性作用,逐步建立和完善休闲运动人才市场体系。

5.加大宣传力度,营造全民创建氛围

第一,加大创建工作宣传力度,营造"人人关心创建、全民参与运动"的良好社会氛围。发挥新媒体的传播优势,利用好"两微一端"平台,完善传统媒体与新媒体融合的立体宣传体系。普及运动休闲城市创建的相关任务,积极宣介创建工作的重大意义。全程跟踪报道国家运动休闲城市创建工作的进程,大力宣传创建工作成果和经验,共同营造良好的创建氛围。建立全时空、多维度的运动休闲城市品牌宣传推介渠道。第二,将体育文化融入创建工作的全周期和全过程,发挥体育文化在践行社会主义核心价值观、弘扬中华民族传统美德等方面的独特价值和作用。以举办体育赛事活动为抓手,大力宣传运动项目文化，弘扬奥林匹克精神和中华体育精神。挖掘传承孙膑拳、螳螂拳等传统体育类“非遗”资源，发挥相关文化遗产的宣传教化作用。与半岛周边城市、环渤海城市、环黄海区域合作，加强城市联动，打造海洋体育运动知名品牌，促进体育休闲旅游深度开发，构建区域海洋体育运动休闲营销体系。

第二章

东营市体育产业"十三五"发展规划

"十三五"时期是东营市体育产业发展的重要战略机遇期。体育产业作为推动经济转型升级和加快体育强国建设的重要力量，对挖掘和释放消费潜力、培育经济发展新动能、加快建设美丽幸福新东营具有重要意义。2017 年，东营市体育局联合山东大学，委托山东大学体育学院院长孙晋海教授，共同编制了《东营市体育产业"十三五"发展规划》。《东营市体育产业"十三五"发展规划》是根据国家体育总局要求、山东省总体部署以及东营市"十三五"规划相关要求，为全力实施黄蓝国家战略，自觉践行创新、协调、绿色、开放、共享的发展理念，深入贯彻国家和山东省关于促进体育产业发展的一系列意见、精神，努力发挥体育产业在引领经济发展新常态、培育经济发展新动能、拓展经济发展新空间等方面的重要作用，以加快美丽幸福新东营的建设，助力东营将自身打造成环渤海地区重要节点城市和黄河三角洲区域中心城市的目标，结合东营市体育产业发展的新形势、新任务而制定。

山东大学体育产业研究中心结合多年在体育产业方面的研究经验，在规划的制定中创新谋划，精心布局。现摘录本规划调研报告部分的前期研究成果，以飨读者。

第一节　基础分析

一、发展基础

（一）发展现状

1.产业体系初步建立

东营市体育产业虽然还处于起步阶段，但已初步建立了以体育休闲健身服务业、体育竞赛表演业、体育用品制造与销售业、体育场馆服务业、体育培训与教育业、体育彩票业等6个门类为主的体育产业体系，体育产业各门类初步融合发展，产业组织形态逐渐丰富，产业结构逐步合理，体育产品和服务层次多样。

2.产业基础逐步坚实

近年来，东营市体育产业在转方式、调结构中稳步发展，城市社区健身配套设施、乡镇街道全民健身广场、农村社区健身路径和农民健身工程逐步普及，基本实现了基层体育设施全覆盖。到2015年，东营市的体育场地面积已达到2.19平方千米以上，人均体育场地面积达到2.19平方米，人均体育用地面积达到0.85平方米，公共体育设施普及率和人均占有率居全省前列。青少年阳光体育活动广泛开展，市、县两级国民体质检测体系完善，定期为学生、职工、城乡居民等人群提供体质检测服务。

3.品牌赛事效应凸显

东营市已举办10届黄河口（东营）国际马拉松赛，该项赛事被国际田联评为“金标赛事”，成为山东省知名的品牌赛事；中国全地形车锦标赛已在东营市举办多届，产生了较大影响；黄河口（东营）公路自行车赛、东营市全民健身运动会、市级青少年运动会等赛事不断成熟。赛事为东营市带来的服务业增加值逐年攀升，赛事运营市场化比例逐步提高，赛事的市场开发程度和品牌价值在省内屈指可数。

（二）优势和机遇

1.全民健身国家战略成为经济社会持续发展动力，体育产业的战略地位进一步提升

《国务院关于加快发展体育产业促进体育消费的若干意见》和《"健康中国2030"规划纲要》两项国家政策的出台，把全民健身上升为国家战略，为体育产业发展提供了政策保障，进一步提升了体育产业在国民经济发展中的地位。体育产业作为绿色产业、朝阳产业被培育扶持，成为推动经济社会持续发展的重要力量，体现出党和国家对体育产业的高度重视。国家层面的重视和支持，将推动东营市体育改革的制度红利加快释放，使东营市成为带动黄河三角洲地区体育产业发展的重要增长极。

2. 区位经济一体化和黄河三角洲中心城市建设，为体育产业发展创造了条件

黄河三角洲高效生态经济区和山东半岛蓝色经济区两大战略的落地生根推动了东营市区域经济一体化的发展。同时，作为京津冀协同发展城市，东营市积极融入"一带一路"发展战略，扩大了东营体育产业的对外贸易发展空间，有利于体育相关企业"走出去"，吸引"一带一路"沿线国家投资，促进东营市体育产业的多元化发展。此外，2016年，国务院批准《东营市城市总体规划(2011～2020年)》，为东营实现建设资源节约型与环境友好型城市的目标，推动黄河三角洲地区优势互补，推进体育产业和其他产业相互融合创造了条件。

3. "大空间、大绿地、大水面、大湿地"的城市名片，为体育产业创新延伸了平台

东营市坚持生态文明发展方向，坚定不移地走生态文明发展道路，已投入沿海防护林建设资金28亿元，构筑了多层次、宽纵深的生态防护体系。以自然保护区为重点，截至2017年，东营市已修复约275.33平方千米的湿地，建成国家级水产种质资源保护区3处、国家级海洋特别保护区5处，总面积达1691平方千米，占东营市海域面积的30%。依托"大空间、大绿地、大水面、大湿地"的城市名片，东营充分利用城市公园、广场、绿地、河流、湖泊、湿地等资源，发展特色运动项目，如路跑、骑行及艇、帆、板等水上运动，组织黄河口湿地露营、徒步等运动，开发"体育+"发展模式，为打造特色体育项目集群构建了发展平台。

4. 新旧动能转换持续深入，激发了体育产业发展活力

东营市以项目建设为抓手，以创新为引领，深入推进"三去一降一补"，深入实施供给侧结构性改革，为推进体育产业新旧动能转换，加快产业转型升级，推动体育产品制造业向高品质和精细化转变，促进体育服务业向专业化和价值链高端延伸，引领体育产业链

条升级增效释放生产活力，增强供给结构对市民体育需求变化的适应性和灵活性，促进体育产业人才、体育资金、体育成果有序流动，使其能够更好地与体育产业发展的市场导向相协调提供了改革契机，有效促进了东营市体育产业的快速、良性发展，激发了体育产业发展的活力。

（三）劣势和挑战

虽然东营市体育产业发展有着较为显著的优势，但在总体上，体育产业仍然是东营市经济中相对薄弱的产业，占比偏低，许多问题依然突出。

1.体育产业发展基础相对薄弱

一方面，东营是国家级的石油装备加工制造业基地，由于石油装备的机械、材料特性，对普通加工制造业的拉动巨大。另一方面，东营缺少体育制造龙头企业、缺乏有影响的体育名牌产品，体育制造业接近空白与加工制造业蓬勃发展的情况形成了巨大的反差。

2.体育产业消费潜力尚待挖掘

东营市对大众体育的消费动力激发不够，主要体现在以下几个方面：受传统消费习惯和消费意识的影响，居民健身意识不强；体育运动生活化、市场化和产业化程度还不够深入；居民对赛事的参与程度不高，对体育文化产业的消费需求有待挖掘；体育服务业定位低，对于外来消费者的吸引力有限，跨域体育消费市场还未形成。

3.体育产业核心竞争力有待增强

东营市原创IP的体育运动赛事单一，专业、职业、业余三大赛事体系尚未形成，体育资源配置效率不高，民间资本进入体育产业的积极性不强，体育产业人才数量不足、质量不高，缺少懂体育、善经营、会管理的复合型人才。

二、总体要求

（一）指导思想

全面落实党的十九大精神，深入贯彻习近平新时代中国特色社会主义思想，牢固树立和贯彻落实创新、协调、绿色、开放、共享的发展理念，坚持市场化、社会化发展方向，深化体育体制机制改革，以“满足人民过上美好生活的新期待，提供丰富的精神食粮”为发展目标,完善体育基础设施建设,实施"体育+"战略,进一步培育壮大产业规模和体育赛事品牌,推动体育产业成为东营市经济转型升级的新支点、新旧动能转换的新动力。

(二)基本原则

1.坚持改革引领,增强创新活力

加快政府职能转变,推动体育系统管办分离、放管结合。强化体育产业政策扶持、规划布局,充分激发体育市场主体的创新活力,营造良好的体育投资与消费环境。

2.坚持市场主导,加快产业融合

充分发挥市场在体育资源配置中的决定性作用,鼓励社会力量广泛参与。以"满足人民过上美好生活的新期待,提供丰富的精神食粮"为引领,加快体育产业与文化、旅游、健康、养老、教育培训等领域的融合发展。

3.坚持统筹兼顾,突出发展重点

统筹体育事业和体育产业,优化体育产业空间布局,推动区域协同错位发展。聚焦重点产业领域,推动以健身休闲、竞赛表演、体育培训为核心的体育服务业发展。

4.坚持生态文明,践行绿色发展

坚持体育资源开发与保护并重,确保体育产业生态发展与生计发展相兼顾。凸显体育产业绿色、低碳、循环效能,提高产业资源利用效率,践行绿色发展道路。

(三)发展目标

到2020年,基本建立政府引领、部门协同、市场主导、社会参与的发展机制,初步形成以品牌赛事为引领,以健身服务为主导的特色鲜明、布局合理、充满活力的体育产业发展格局,将东营市建设成为山东省户外运动示范城市、国家运动健康城市。

1.产业规模持续壮大

体育产业总规模达到100亿元,年均增长率保持在30%以上,体育产业对经济贡献率显著提高,从业人员明显增加。

2.产业结构趋于合理

新兴业态占比大幅增加,运动与健康产业叠加效应增强,初步形成以竞赛表演、健身休闲、体育旅游和体育用品制造为核心的体育产业结构链条。"一体两翼"产业空间布局基本形成。

3.产业主体日益壮大

培育一批具有市场竞争力的体育特色骨干企业和由社会投资兴建的产业载体，打造3～5个具有品牌影响力的国家级、省级体育产业示范基地、体育产业示范单位、体育产业示范项目。

4.产业基础进一步巩固

全市公共体育设施覆盖率达到100％，人均体育场地面积超过2.2平方米，经常参加体育锻炼的人数占全市总人口的40％以上，人均体育消费支出显著增长。

第二节　空间布局

全面对接黄蓝战略，深度融入环渤海区域合作、京津冀协同发展、“一带一路”国家发展战略，按照统筹兼顾、突出特色、优化功能、协调发展原则，构建“一体两翼”的体育产业空间布局，开创河海文化相融、生态高效优先、产业结构合理、主体功能优化的体育产业发展格局，助力东营“体育之城、健康之城、活力之城”建设。

一、一体

推动中心城区、垦利区和城郊作为主体区域一体化发展。突出“大空间、大绿地、大湿地、大水面”特色，大力发展竞赛表演、健身休闲、场馆服务及户外运动、康体养生、智慧体育等特色业态，打造若干产业集聚板块，建设引领全市体育产业发展的“中央体育核心区”。

（一）竞赛表演产业板块

聚焦奥体中心等核心节点，积极承接国内综合赛事和国际单项赛事，持续培育黄河口（东营）国际马拉松赛事品牌，完善配套设施及服务体系，构建竞技马拉松、大众马拉松、狂欢马拉松、徒步马拉松等赛事体系。以高起点、高标准规划建设全国公路自行车赛永久赛道、国家级水上运动集训基地。

（二）场馆服务产业板块

依托东营市体育中心、全民健身中心、中心城区体育场（东营市体育公园）、东营区文体活动中心、开发区全民健身中心及胜利油田系统的体育设施，重点发展竞赛表演、健身休闲、体育培训等业态，引导具有消费引领性的健身休闲项目健康发展。盘活各类体育场馆资源，采用多种方式促进与体育相关的无形、有形资产的有机融合，适时打造体育服务综合体。围绕足球、篮球、乒乓球等体育项目和“8分钟健身圈”“15分钟足球圈”等全民健身全覆盖工程，开展健身休闲、体育培训、竞赛表演、运动指导、健康管理等体育经营服务。

(三)户外运动产业板块

加快森林湿地公园工程建设，提高公园、广场等公共空间的利用率。以耿井湖为核心，以龙居桃花岛、揽翠湖度假区、天鹅湖、清风湖公园、万象游乐园等为支撑，重点开发水上运动(皮艇、划艇运动)、自行车骑行、休闲度假、康复颐养、滑雪滑草、温泉养生、露营、马术、垂钓等项目。加强城郊休闲渔业和休闲海钓基地建设，重点开发休闲垂钓、海钓等现代休闲渔业项目。

(四)智慧体育产业板块

依托开发区人才、技术集聚的优势，大力发展体育传媒、体育软件、体育动漫等体育文化创意产业。扶持培育一批有优势、有潜力、有特色的体育用品制造企业，构建集研发、制造、销售、集散、商展、赛事、体验、休闲为一体的体育装备“智造”链条，实施“互联网+体育”行动计划，构建智慧体育体验平台。

二、两翼

(一)南翼

依托广饶县孙武文化、民俗文化及滨湖温泉、林地田园等资源，发挥东营市经济基础良好、技术创新集聚、特色商贸突出的优势，弘扬传统体育文化，大力发展体育竞赛表演、体育休闲、体育装备制造等产业，打造体育文化产业融合集聚区、南部历史人文运动体验区。

1.兵家体育文化板块

深入挖掘齐文化、孙子文化等五个优质文化资源，依托孙子文化旅游度假区，联动旅游体验、体育休闲、温泉度假、科研教育、佛教文化、民俗风情等六大片区，持续丰富体育主题、军事主题的体验项目，丰富汽车露营、滨水游乐等运动休闲项目的文化内涵，着力塑造“诸子之祖，百家之源”的独特体育文化品牌。

2. 红色体育旅游板块

依托广饶红色文化资源，挖掘整理红色历史素材，开发反映革命精神的竞技型、竞速型、野战型军事体验项目。结合中共刘集支部旧址纪念馆等红色文化展示教育载体，将革命历史、革命传统和革命精神通过体育运动加以弘扬。

3. 传统体育节庆板块

保护并传承陈官短穗花鼓、东赵大鼓、大码头老汉摔跤、孙斗跑驴、枣木杠子乱弹等省级“非遗”传统体育资源，创新打造民俗体育文化创意、民俗体育体验、民俗体育观赏、民俗体育修学项目。借助吕剧及古乐编钟、编磬、筝等传统乐器，结合现代科技手段，打造“一地一品”传统体育展演剧目。

4. 运动休闲产业板块

依托特色乡村旅游景点，开发自行车骑行、自驾、徒步、露营、垂钓、休闲度假等乡村体育旅游项目。以孙武湖景区为核心，整合周边林场资源，实现区域运动休闲资源的互联互通。

（二）北翼

依托河口区、利津县的滨海长廊、黄河故道、滩涂湿地、滨湖温泉、渔港、田园、林地等特色资源，大力发展滨海休闲渔业、拓展训练、康体颐养项目，加速体渔融合、体医融合、体养融合、体旅融合，打造黄河口湿地生态运动产业集聚区。

1. 沿黄河生态体育板块

联动黄河沿岸市县，发展黄河流域探险游、科普游和极限挑战系列赛等项目，打造“醉美黄河”生态体育旅游品牌。依托利津境内黄河沿线链状资源，重点围绕铁门关等景观节点，打造以渡口文化探寻、民俗体育体验、体育休闲度假为主题的黄河古渡体育休闲核心区。围绕滨河休闲旅游节点，丰富水上运动、拓展培训、康体颐养、垂钓休闲等功能，培育“黄河休闲驿站”品牌。利用黄河生态自然资源特色，打造沿黄生态休闲体验长廊。持续推进黄河故道旅游线路的开发，依托军马场农博园、孤岛植物园等项目，打造“黄河大观，逍遥自驾”“生态黄河，颐养康体”“渔夫人家”“槐林露营”等沿黄河生态体育休闲度假旅游产品。

2.滨海运动休闲板块

发挥北部滨海长廊和沿海滩涂湿地的资源优势，依托河口高效生态渔业示范区、山东通和海洋牧场，开拓泥滩资源，建设风情泥滩体育运动体验区，开展泥滩竞技体验、泥滩马拉松、滑泥浆、泥滩足球、泥滩排球、泥滩拔河、泥浆拓展、泥滩狩猎、泥滩赶海等活动。依托黄河口生态旅游区的稀缺景观资源，开发黄河文化体验、邮轮游艇观赏、黄河漂流运动、湿地养生度假体验、徒步旅游、露营、自驾旅游等生态体育旅游产品。

3.颐养康复板块

依托河口区的温泉、湿地、湖泊、泥滩、滨海资源，将医疗、饮食、传统针灸、按摩与运动处方、运动诊断、运动干预、运动康复有机融合，打造特色体育颐养集聚区。加快温泉资源开发，高质量推进综合体育馆、滑雪场的设施建设，着力提升休闲度假、温泉保健、康体养生、运动休闲功能。持续组织、举办黄河三角洲湿地槐花节等品牌节庆活动。依托垦利黄河口生态资源，大力发展颐养服务产业。加快建设国际健康庭院颐养小镇项目，促进体育与休闲旅游、健康养老产业融合发展，提高“宜居东营·安养黄河口”养生服务的品牌影响力。

4.田园休闲产业板块

依托全市的特色村落，重点发展田园休闲度假、田园露营自驾、民俗体验、田园颐养等体育休闲产业，打造渔樵耕读体育民俗休闲旅游区。支持黄河故道发展运动休闲度假项目，完善户外拓展、露营基地建设。挖掘黄河地域特色和渔河祭祀民俗项目，传承并创新虎斗牛、威风锣鼓等传统“非遗”项目，策划推出大型体育节会活动，增强乡村运动休闲项目的体验性和参与性。

第三节　发展路径

一、重点行业

根据东营市体育产业发展基础及目标定位，基于上位规划、产业比较优势、产业关联系数、产业成长潜力等四项遴选标准，重点发展竞赛表演业、健身休闲业、场馆服务业、体育培训与中介服务业、体育会展与文化创意业、体育旅游业、体育用品与装备制造业、体育彩票业等八大行业。

（一）竞赛表演业

1. 培育一批特色品牌赛事

将黄河口（东营）国际马拉松赛作为体育产业1号工程，持续打造国内田联"金标赛事"。统筹区域体育赛事资源，积极承办足球、篮球、乒乓球、武术等职业联赛及中华龙舟赛、中外国际篮球对抗赛、山东省武术套路锦标赛、国际铁人三项赛等专业体育赛事，优化职业联赛组织环境。积极争取国家体育总局水上运动管理中心的支持，打造多样化中小型水上运动赛事。鼓励机关团体、企事业单位、学校等单位广泛举办各类体育比赛活动，加强民间体育赛事组织运作，积极打造草根体育联赛，搭建群众体育活动展示平台。鼓励各区、县结合区域传统体育项目，形成"一地一品"传统体育赛事节庆活动格局。

2. 探索赛事市场化运作模式

支持赛事运营市场主体发展，做大做强本地赛事运营机构。加强与国内赛事运营机构的合作，建立长期合作伙伴关系。大力发展足球、篮球、乒乓球类职业体育俱乐部，优化体育俱乐部的发展环境。拓宽大型赛事的市场化运作渠道，吸引各大企业（集团）以冠名、赞助等方式支持赛事活动开展。开拓赛事广告资源，实现办赛机构和赞助单位互利共赢。积极探索体育中介服务模式，拓展体育中介服务内容，提高中介服务水平和质量。发挥民间体育组织、志愿者团队的作用，推动其成为体育赛事组织的重要力量。

3. 培育电子竞技赛事市场

加强电子竞技赛事的组织和宣传，推广电子竞技活动。借鉴国外成功的电子竞技产业发展模式，以打造大众化的电子竞技比赛为切入点，鼓励建立电子竞技俱乐部，培养电子竞技相关人才，形成可持续的电子竞技产业发展模式。推动成立电子竞技协会，联动构建跨区域电子竞技生态圈，加强与国内外电子竞技赛事活动的沟通与联系，承办本地的竞赛选拔活动，并组织竞技队伍参加国内外电子竞技赛事。

(二)健身休闲业

1.提高健身场馆设施的服务效能

统筹规划城镇社区体育健身场馆设施,在提高市、县两级场馆设施的利用效能的基础上,持续推进对镇(街)、城市居住区、农村新型社区、中心村公共体育设施的建设,建成惠及大众的全民健身休闲设施体系。着力提升场馆服务效能,以建设城乡一体化健身圈为目标,通过市、县(区)、乡镇(街道)、社区四级公共体育健身设施和场所的免费开放,普及全民健身项目,培育居民体育休闲消费理念。鼓励社会力量新建健身场所或利用废旧厂房、闲置场地等兴办健身场所。

2.完善健身休闲产品标准体系

丰富健身休闲项目,大力支持健步(跑)走、篮球、足球、乒乓球、羽毛球、游泳、气排球等普及性广的运动项目,积极培育帆船、赛艇、潜水、滑水、漂流等水(海)上健身休闲项目以及汽车摩托车运动、航空运动,探索发展极限运动、电子竞技、击剑、马术等时尚运动项目,大力推广武术等传统体育项目。积极发挥健身俱乐部的联盟、协会作用,引导本地中小微健身休闲企业、运动俱乐部向"专、精、特、新"方向发展,完善产品标准体系,培育一批信誉好、竞争力强的体育健身休闲品牌。

3.提高智慧化、精细化服务水平

以东营市作为"宽带中国"示范城市所拥有的基础为平台,以物联网终端及可穿戴设备为载体,提供国民体质监测与康体的智慧化服务。鼓励体育消费与高科技融合,加快健身休闲消费、体育赛事票务及参赛报名、人体健康预防检测类的软件及设备的建设。鼓励金融机构积极开发体育消费信贷产品,活跃体育消费市场。引导保险公司开发场地责任险、运动人身意外伤害险等,鼓励并引导企事业单位、学校购买运动伤害类保险。

(三)场馆服务业

1.统筹利用体育场馆设施资源

鼓励社会力量投资建设、改造中小型体育场馆,继续鼓励有条件的学校、企事业单位的体育场地向社会开放。盘活场馆资源,推动胜利油田所属的体育场馆资源实现对外开放。培育规模以上体育产业类经营主体,按照市场投资和管理的模式,改造社区型全民健身体育场馆。探索场馆经营置换专业教练资源的模式,将教育系统体育场馆对社会开放和体育教学结合起来，提高中小学校园体育场馆的利用率。

2.创新体育场馆运营服务模式

采取特许经营、委托经营等方式，探索公共体育场馆交由第三方机构运营的体制机制，鼓励有条件的企业和社会组织等参与体育场馆运营。鼓励体育场馆运营管理实体通过品牌输出、管理输出、资本输出等形式实现集约化、专业化运营。支持大型体育场馆发展体育商贸、体育会展、文化演艺等多元业态，打造体育场馆服务综合体。推进体育场馆服务智能化进程。

(四)体育培训与中介服务业

1.拓展体育教育培训多元化渠道

鼓励社会力量兴办体育教育组织和专业培训机构，吸引国内外知名体育联盟、俱乐部、教练员和运动员合作创办训练营或体育培训学校，不断提高马拉松、水上运动、足球、篮球等项目的培训水平。加强对科学健身方法的研究和普及，开展运动健身技能培训和体育职业资格等级认证。鼓励并支持特色项目团队参加全省、全国乃至国际规模的竞赛、交流，在提升队伍水平的同时增进城市的对外影响力。在国际交流与培训的过程中，政府部门与社会体育组织、相关企业通力合作，争取国际体育赛事、体育培训等项目落地东营。

2.推动体育中介市场规范化发展

提高中介服务水平和质量。支持相关中介机构逐步拓展服务内容，从以推广体育赛事为主扩大到整体赛事包装、推广与管理，提高体育赛事策划组织、群众体育活动策划组织及体育赛事票务服务、体育广告服务的水平。积极引导广告公司、公关公司、咨询公司等非体育中介机构以兼营的方式从事体育中介活动，助力各类体育赞助、招商、活动的推广，提升以黄河口(东营)国际马拉松赛、自行车赛为代表的体育赛事的影响力。

(五)体育会展与文化创意业

1.健全体育会展产业链

通过嵌入型合作方式，围绕体育服装、体育装备、健身器材等探索开展体育休闲专题博览会。依托东营奥体中心、黄河国际会展中心等打造体育会展基地。围绕体彩、冰雪运动、体育收藏品及体育综合体等热点、细分领域，培育体育会展品牌。鼓励体育类企业及相关企业积极参与中国国际体育用品博览会等国内高级别展会,支持依托实体展会举办网上虚拟展会。

2.加快体育与文化创意的融合发展

推进体育文化与创意设计嫁接,支持原创性传统体育创意产品的研发与生产。结合重大体育赛事、节庆等品牌活动,宣传推广具有地域文化特色的体育文化创意衍生品。依托出版、传媒、广告、影视等行业平台,推动马拉松、公路自行车、极限挑战赛等品牌赛事与互联网传播手段相结合,打造东营“黄河口”优质体育IP。依托广场舞、健身操等载体形式,推动以虎斗牛、老汉摔跤、短穗花鼓、孙斗跑驴为代表的传统舞蹈、传统武术创新发展,促进传统体育文化走进现代生活。

(六)体育旅游业

1.构建全域体育旅游发展格局

发挥黄河口生态、文化等特色资源优势,树立“全景、全业、全时、全民”的发展思路,推动体育与生态、文化、休闲、节庆相结合,打造全国知名的体育旅游目的地。加强地热资源和孙武湖水域等重点区域的体育旅游开发,围绕黄河入海口,打造生态公园、温泉度假、休闲、养生等多元旅游产品体系,实现从观光旅游向休闲旅游升级。以“体育+旅游”为核心,加速产业融合,落地一批体育旅游小镇、体育旅游综合体,形成“时时是体育旅游季节、处处是体育旅游项目”的全域旅游格局。

2.创新体育节庆活动形式

依托黄河口(东营)国际马拉松赛、公路自行车赛等体育赛事,实施“区域联动、部门联合、企业联手”的体育旅游营销战略,创新赛事参与、赛事观赏、全民体验形式,释放体育赛事旅游的乘数效应。依托东营市文化底蕴,打造与特色文化相结合的体育节庆旅游产品,挖掘孙子兵法的体育文化内涵,在孙子文化节活动中拓展体育文化内容,发展孙子文化节体育旅游。加强元宵节等传统节庆与民间体育项目的深度融合,引导各地持续举办体育旅游节庆活动,通过徒步、骑行、穿越等丰富多彩的户外运动项目,提高体育旅游市场的人气。

3.实施体育旅游精品示范工程

鼓励和引导旅游景区、旅游度假区、乡村旅游区等根据自身特点,以山地户外营地、自驾车房车营地、运动船艇码头、航空飞行营地为重点,培育一批以体育运动为特色的国家级旅游度假区和精品旅游景区，积极创建国家体育旅游示范基地。鼓励各地将体育旅游与市民休闲结合起来，建设休闲绿道、自行车道、登山步道等体育旅游公共设施，积极推动各类体育场馆设施、运动训练基地提供体育旅游服务。制定市级体育旅游重点项目名录，支持和引导有条件的旅游景区拓展体育旅游项目，鼓励驻东营的旅行社结合健身休闲项目和体育赛事活动设计开发旅游路线。

（七）体育用品与装备制造业

1. 树立细分行业竞争优势

鼓励体育用品制造企业加强研发中心建设，采用新工艺、新材料和新技术，提高产品附加值和核心竞争力。积极开展新型运动配方食品的研发、生产。聚焦运动轮胎生产龙头企业，完善行业创新公共服务平台，推进兼并重组和产能整合，提高产业集中度，打造具有全国影响力的赛车轮胎制造基地。积极引进和培育竞技体育器材装备制造、大众健身器械制造、海上运动器材装备制造、体育休闲娱乐用具及配套装备制造等企业，在体育装备细分领域，努力培育名优企业和名牌产品，逐步建成各具特色的体育产业集群。

2. 创新产品开发与商业模式

支持企业设立研发、设计机构，提升产品研发创新能力。鼓励和引导龙头企业实施差异化、高端化发展战略，提升相关产业大数据资源的采集、获取和分析利用能力，紧盯个性化消费群体和户外运动流行趋势，深度开发功能型、时尚型、专业型、智能型产品。积极引进以高科技运动服装材料为主的新型体育用品制造产业，寻求与行业龙头企业进行合作开发，建立研发、生产、销售户外运动服装、水上运动服装、航空运动服装、新型科技面料的产业链。引导体育用品与装备制造企业延伸服务领域，通过赞助重大赛事、提供公共体育服务等方式，创新商业经营模式。

（八）体育彩票业

1. 构建完善的体育彩票产业链条

持续优化产品结构，拓展体育彩票新玩法，重视体育彩票衍生产品的开发与利用，合理把握常规化、创新性产品的比例。强化彩票营销管理，加大与商场、超市、加油站、专卖店、通信网点、车站等的合作力度，拓展兼营店规模。推进非实体和自助销售渠道的建设，形成多业态、多领域、多元化的销售网点体系。

2.加大体育彩票的宣传推广力度

广泛依托传统媒体、新媒体及销售网点、节会活动，全方位、多渠道推进体育彩票的宣传工作，加强公益金的使用管理绩效评价，提高体育彩票公益金使用、管理的透明度，实行年度公示制度。

二、重点项目

(一)品牌赛事项目群

1.黄河口(东营)国际马拉松赛

持续提升赛事的组织水平和国际影响力，打造马拉松金标赛事和体育赛事旅游精品。创新马拉松比赛形式，构建竞技马拉松、大众马拉松、狂欢马拉松、徒步马拉松等互动性、大众化的系列赛事。围绕马拉松主体赛事，在赛前、赛后举办徒步大会、露营大会、逍遥游、嘉年华等一系列活动，拉长赛事周期，丰富参与内容。完善马拉松文化展示、马拉松特许产品制造与销售、马拉松嘉年华、智慧马拉松、马拉松餐饮等配套服务。挖掘梳理东营独特的生态优势和文化脉络，整合黄河文化、古齐文化、革命文化、石油文化等元素，创新赛事文化主题，丰富赛事文化内容。打造国家级体育旅游精品赛事，强化赛事对城市形象、地域文化、品牌效益的外延作用。

2.黄河口(东营)公路自行车赛

按照全国公路自行车赛永久赛道的标准，对赛道设施进行改造升级，增加自行车运动专属设施和装备，打造公路自行车比赛、展演、体验、培训基地。整合东营的特色餐饮、土特产、“非遗”、创意产品、文化演艺等业态，丰富自行车运动精神及文化内涵，构建特色鲜明的黄河口休闲运动体验带。丰富赛事运营形式，推动东营自行车运动和全民健身事业快速发展，加速体育及相关产业的融合发展。

3.黄河口(东营)水上运动系列赛

以建设国家级水上运动训练基地为契机，利用东营市的大水面及区域优势，扶持发展皮艇、划艇等特色资源项目，积极承办全国水上运动重点赛事、一项一品赛事和潜力拓展赛事，开展健康水上运动。推动公共船艇码头建设和水上运动俱乐部发展，发展反季节水上运动，配套发展大众休闲水上运动项目。完善力量房、模拟房、康复房、艇库、车库、食堂等设施，加强专业设施配套及服务能力建设，逐步构建功能齐全、业务互补的水上运动产业链。

4.黄河口(东营)极限运动挑战赛

依托东营市的水域系统、湿地、生态绿地等资源优势，发展铁人三项、跑酷、滑翔伞等极限运动项目，按照国际赛事规格，打造黄河口极限运动挑战赛品牌。深入挖掘东营市的体育文化内涵，结合沿途生态环境、自然风光、民俗文化，着力打造融合自然、人文的全景沉浸式赛事。组建户外极限运动专业指导团队，联动高校社团、专项运动爱好者俱乐部、极限运动培训机构等，加强专业培训。加强配套设施建设，完善配套服务体系和应急救援体系。

(二)争创国家级平台项目群

1.国家水上运动训练基地

贯彻落实《水上运动产业发展规划》，积极建设国家级水上运动训练基地，打造全国水上国民休闲运动中心。不断完善比赛水域、水上设施和陆上竞赛设施，满足奥运会、中国水上运动会等水上比赛项目的需求，积极承办艇、帆、板等专业水上比赛、训练项目。结合居民和游客的水上健身、娱乐、休闲等需求，打造集水上运动训练、专业比赛、旅游休闲、群众健身等功能于一体的水上运动综合体。加强码头、环路、船库、综合楼、游泳馆、群众性水上运动广场等配套设施的建设。建设一批水上运动俱乐部，完善组织架构和运营体系，打造功能齐全、服务高效的水上运动服务平台。

2.国家运动休闲特色小镇

加快东营黄河口体育文化小镇、海洋休闲小镇、温泉生态康复小镇、体育田园小镇、体育旅游小镇、智慧体育小镇等特色小镇项目的建设。聚焦竞赛表演、运动休闲、健康颐养等主题，融合发展场馆服务、培训教育、体育传媒与信息服务、体育用品制造等业态，推动运动休闲小镇与旅游、文化、养老、教育、健康项目协同发展。因地制宜，将东营独特的油田、生态、民俗等元素融入体育小镇建设。指导推动各县区规划建设好体育特色小镇，积极做好国家运动休闲特色小镇的创建工作。

3.国家体育旅游示范基地

贯彻落实《关于大力发展体育旅游的指导意见》，积极建设国家体育旅游示范基地，打造具有国际影响力的体育旅游目的地。体育和旅游等部门加强信息交流和资源共享，创新品牌赛事和知名景区的合作方式，构建体育旅游融合发展协同机制。不断完善体育旅游基础设施和配套服务，逐步构建结构合理、功能完善的体育旅游产品体系和产业生态。加快培育和引导体育旅游消费，进一步优化体育旅游消费环境。

（三）东营地区的特色体育项目

1. 黄河沿岸运动体验项目

依托东营的气候、环境、资源优势，开展适应四季不同节气的运动体验项目。夏季发展滑水、激流皮划艇、摩托艇、冲浪、水上摩托等专业运动项目和亲子活动、音乐会、攀岩、溜滑板等全民休闲项目。冬季以冰雪休闲运动为核心，开发竞技类冰雪运动、大众参与型冰雪运动、区域性冰雪联谊活动、传统特色类冰雪活动等项目，构建集冰雪健身、冰雪休闲、冰雪旅游等于一体的冰雪运动产业链。不断培育体育消费新产品，大力推进黄河沿岸的运动体验基础设施的建设。

2. 孙武军事体验拓展项目

依托孙武湖、孙武祠、孙子学院总院、孙武园、孙武湖野战基地、温泉度假村、广饶游乐园、湖滨郊野公园等重点旅游项目，以“探究军事奥秘”“演练实战风云”为主题定位，建设军事对抗实战演练基地、军事主题公园、专业射击训练场、军事影视基地、军事技能培训中心。深入挖掘“孙武文化”“红色基地”“将军之乡”品牌内涵及文化资源，策划组织军事夏令营、红色体育运动会，开展射击、横渡、野外生存、救护等军事技能培训及其他军事趣味活动。倡导文体融合、身心健康，打造聚焦青少年、服务企事业单位的教育体验基地。

3. 东营河海露营基地项目

依托黄河口的生态资源优势，建设黄河口露营基地，打造国内一流、国际知名的河海交汇露营基地。完善房车营地、帐篷酒店、集装箱、营地小木屋、移动别墅等露营设备及服务设施，规划建设房车生活体验区、大型帐篷活动区、休闲木平台、游戏娱乐区、公共接待区等主体板块。联合车友会、房车群、驴友团等社群组织，积极开展业务经营与宣传推广，为游客提供户外运动、康体健身、休闲娱乐、探险拓展等服务。

4. 东营海洋休闲风情项目

依托东营的水产养殖业基础，聚焦竞赛型和娱乐型海洋体育运动，打造集科普教育、文化展示、农事体验、娱乐休闲等功能于一体的综合性休闲渔业项目。规划建设海上运动区、海滩休闲区、综合服务区、滨海度假区等四大功能区域，大力发展休闲垂钓、水上休闲餐饮、水上休闲捕鱼等业态，开发游泳、摩托艇、潜水、跳水、冲浪、水上跳伞、水上单车、沙滩排球、沙滩足球、沙滩健美等项目，完善林中驿站、水上乐园、民俗馆、渔文化展览馆、渔人码头等配套设施。

(四)新旧动能转换项目

1. 黄河口马拉松训练营

顺应全国户外运动发展热潮下的消费需求，发挥东营森林公园的区位优势，借助黄河口(东营)国际马拉松赛带来的户外装备消费需求和运动爱好者集聚效应，推动新旧动能转换，不断完善训练、竞赛、康复医疗、后勤保障等设施，重点开展马拉松科学训练、科学分组、装备选择、损伤急救及康复等方面的赛前训练、赛中指导和赛后服务。联合大型商超企业、国内外知名体育品牌和黄河口(东营)系列赛事赞助企业及合作单位，设计开发高档次的户外用品，举办马拉松暨户外用品博览会。

2. 户外体育拓展训练营

依托森林公园及其他公园的空间与设施，在现有的娱乐休闲设施的基础上，以体能训练和运动游艺为主线，建设以青少年为参与主体，集休闲旅游、拓展培训和体育训练为一体的素质教育基地和科普观光胜地。开发射击、射箭、飞碟、滑翔等娱乐性的军事训练设施，开展攀岩、轮滑、铁人三项、马术、蹦极等体能挑战项目。不断完善帐篷露营区、露天舞场、野炊区、篝火区、生存挑战训练等野营休闲项目及小轮车赛道、热气球运动、真人CS、大闯关、拓展训练基地等体验性健身设施。

3. 足球运动生态训练营

完善笼式球场等足球训练场地及体能检测中心等硬件设施的建设。利用节假日和课外活动时间组织青少年足球运动队、业余体校运动员进行足球训练和比赛。承办东营市青少年的各级足球联赛和社会业余赛事活动，适时举办全国性青少年足球邀请赛。丰富对外足球交流活动，定期邀请职业足球教练、球星指导训练和比赛。积极组织队伍参加全国、全省规模的足球夏令营活动，打造东营足球产业孵化器。

4. 体育文化服务综合体

统筹利用奥体中心等体育设施及市、区(县)的场馆资源，以承办大型体育赛事为契机,不断完善体育场馆的综合服务能力,推动篮球、足球、排球、乒乓球、羽毛球、网球、手球、竞技体操、拳击、武术等各级各类比赛的市场化、专业化运营水平,完善室外足球训练场和场地自行车训练赛道(室外)等专业设施。支持大型体育场馆发展体育商贸、体育会展、康体休闲、文化演艺、体育旅游等复合业态,打造体育文化服务综合体。引入体育场馆专业运营机构,提升专业化、市场化运营水平。

三、保障措施

(一)转变政府职能,激发体育活力

1.完善体制机制建设

推出激发市场活力的改革措施,扶持并鼓励社会力量办好体育事业。培育各类体育市场主体,激发市场主体活力。进一步提高政府的公共服务能力,实现放、管、服有机结合,更好地发挥政府作用。

2.健全体育行业标准

鼓励、引导体育企业参与体育产品标准的制定,提高东营体育企业的规模化、集约化、专业化水平,完善市场准入和退出机制,推动东营市体育产品质量提升和体育产业规范化发展。

3.壮大体育社会组织

加大政府扶持力度,进一步完善东营市政府购买公共体育服务的机制。鼓励发展各类体育社会组织,扩大体育社会组织的影响力,支持体育社会组织承接公共体育服务。

(二)塑造特色品牌,打造体育名片

1.优化城市品牌形象

营造东营“生态之城、体育之城”的形象。构建“黄河口”“原生态”“马拉松”等东营市的体育文化标识。加大政府支持和宣传力度,不断优化市场环境。

2.塑造城市体育名片

弘扬独具东营特色、历史记忆的城市体育精神,着力打造东营体育运动健康示范城市品牌。在继续办好马拉松、公路自行车赛的基础上,积极承办其他高规格赛事。

3. 打造体育产业品牌

充分挖掘并积极发挥东营市体育产业的独特优势，重点打造一批具有全国竞争力的体育企业、体育装备器材品牌和赛事品牌。

（三）强化人才培养，组建体育智库

1. 完善体育人才评聘机制

建立健全体育产业扶持政策和奖励制度，形成有利于体育产业发展的选人和用人机制。盘活既有的体育产业人才资源，鼓励成立体育产业发展研究机构，组建市体育产业智库。

2. 夯实体育人才支撑基础

加大体育产业从业人员专业培训力度，提高其职业素质和工作能力。支持企业与高校签订联合培养协议，培养复合型体育产业人才。

3. 加强区域人才交流合作

支持体育企业选派管理人员、一线服务人员参加进修、培训。加强体育产业人才培养的国际交流与合作，积极引进、培育体育产业人才和创新团队，以高水平人才队伍支撑体育产业的发展。

（四）培育市场主体，鼓励以体育产业为方向进行创业

1. 支持中小微企业快速发展

通过政府采购、信贷支持等多种形式，为中小微体育企业提供政策和资金扶持。引导中小微体育企业走专业化、精细化、特色化发展道路，鼓励体育企业创新业务模式。

2. 提升企业的自主创新能力

改善东营体育企业的创新环境，完善鼓励体育企业自主创新的相关政策和激励机制，加大知识产权保护力度，筹划建设体育创业学院。

3. 培育多元的体育市场主体

鼓励体育优势企业、优势品牌和优势项目协同发展，重点在体育会展、体育旅游、智慧健身、“互联网＋”体育、高端体育装备、体育新材料领域，培育具有国际竞争力的体育企业。

(五)加强组织保障,推进规划实施

1.完善组织协调机制

进一步建立健全体育产业工作多部门联动协调和督查落实工作机制。将体育事业、体育产业、文体融合等领域纳入东营市国民经济和社会发展规划。

2.健全政策保障体系

健全促进体育产业发展的相关配套政策措施,完善促进体育产业发展的政策保障体系,协调推动与土地、税费、水电气价格等相关的体育产业优惠政策落到实处。

3.确保规划高效实施

进一步明确"十三五"期间东营市体育产业发展的基本任务、工作目标和保障措施,明确职责分工和绩效考核规定,做好各项政策措施的贯彻落实和各项工作的组织实施。

第三章

泰山皮影产业发展调研报告

2017 年 7 月 28 日，济南泺尚有道文化创意产业规划设计院常务副院长周朋飞、首席特聘专家昝胜锋博士、规划部李翠萍、院长助理卢霞受邀赶赴泰安就泰山皮影发展现状、发展趋势、发展策略等方面的问题进行深入调研。中共泰山区委宣传部文化产业办公室主任王君虎、泰山皮影第七代传承人范维国陪同调研。课题组先后调研了泰山皮影“非遗”剧场、泰山皮影艺术研究中心、泰山皮影衍生品展销中心等，并与泰山皮影第七代传承人范维国进行了深入交流。

随着时代的发展，改革开放后，泰山皮影戏受到了现代影像视觉艺术的冲击。值得庆幸的是，泰安的范正安大师一家人一直在默默地坚守和传承泰山皮影技艺，并不断改良发展。如今，泰山皮影已经取得了骄人的发展成绩，名声享誉国内外，这与泰山区委宣传部主要领导的引导和支持密切相关。

我院首席专家昝胜锋博士提出，要从三方面推动泰山皮影融入经济活动：第一，深度融入泰山区域的活动项目。依托泰安市的特色节庆、会展、赛事等活动载体，策划相关展示、推介、展演活动，将泰山皮影引入活动载体，丰富泰山传统文化品牌的分支结构、体验属性、内涵层次。第二，打造泰山皮影活动平台。利用泰山皮影自身的文化影响力，举办立足中国、辐射世界的皮影主题展演会、论坛及研讨会，使其成为市场化宣传推广泰山皮影的重要载体。第三，整合媒体宣传平台。依托新媒体的宣传优势，策划若干以泰山皮影为核心，以泰山地域“非遗”文化为内容的网络活动、热点事件，以激活线上交互、聚合社群圈子为中心任务，以皮影创意短视频、文创产品为媒介，提高泰山皮影的艺术影响力和市场知晓率。

最终，泺尚有道文化创意产业规划团队编制了《泰山皮影产业发展调研报告》，现摘取报告的部分研究成果，以飨读者。

第一节　基础分析

一、产业发展基础分析

(一)产业要素条件

泰山皮影产业的生产要素主要在文化(知识)资源要素和人力资源要素两方面体现出比较优势。

1. 文化(知识)资源要素

图 2-3-1　泰山皮影北京前门传习馆

泰山皮影在传承与弘扬方面的社会效应十分突出，其艺术形式不仅保留了传统的表演技艺、雕刻方法和口传剧本，同时还在许多方面进行了创新，在近些年获得了越来越多的荣誉。泰山皮影是泰山民俗文化的“活化石”，得到了地方、国家、联合国教科文组织的肯定和褒扬，传承人也获得了多项荣誉称号。2007 年，泰山皮影被评为第一批国家级非物质文化遗产，并获得文化部最高奖“文化遗产日奖”、中国非物质文化遗产保护中心演示奖。2011 年，泰山皮影被联合国教科文组织评定为世界人类非物质文化遗产。2014 年，泰山皮影荣获首届中国南充国际木偶艺术节最高奖“最佳节目奖”。经过近几年的创新发展，泰山皮影已从最初的以一两出传统剧目演绎为主，到现在拥有各类型成熟剧目 20 余出。

2. 人力资源要素

人力资源推动泰山皮影创意创新持续发力。范正安是泰山皮影第六代传承人，他在传统泰山皮影艺术形式的基础上广泛吸收了西河大鼓、四板书等其他表演技艺，改进了皮影的表演方法。2012 年，范正安获得“中国非遗优秀传承人薪传奖”“山东省十大优秀非遗传承人”称号。2013 年，范正安被山东省文化厅授予“山东省传统技艺大师”称号，荣获全国十艺节“最佳表演奖”。2015 年 9 月，范正安参加了习近平主席访美系列活动，荣获“中国文联第十二届民间文艺山花奖 · 民间艺术表演奖”。范维国是泰山皮影第七代传承人，已经完整地传承了泰山皮影的全部技艺；范方一是泰山皮影第八代传承人，已经能够熟练地独自完成“十不闲”经典剧目。同时，泰山皮影传承人通过市场招聘等方式组织起了泰山皮影演出团队。由范正安亲自指导、范维国督导，泰山皮影演出团队苦练泰山皮影技能。

（二）市场需求

市场需求是产业发展的根本动力。泰山皮影产业的成功离不开其先天的发展优势，更与其所处的文化创意氛围、对接市场需要的创新能力、高水平的技术研发能力密切相关。泰山皮影传承人基于消费者需求，不断进行客户市场细分，完善演出市场，策划出了多个受人喜爱的特色项目，如针对学生群体设定了“亲子活动”“皮影深度体验”“文化拓展课堂”等品牌活动；与学校、艺术培训学校、国学学堂等平台长期合作，采用活动体验和开班教学的方式，播撒泰山皮影普及和传承的种子。

（三）相关支持性产业

泰山皮影的演出模式由最初的散演模式逐渐向院线模式转变，每月在不同时间段翻新上线不同的剧目，具有灵活、时尚、多样的特征。除自营剧场外，景区入驻、商业综合体加盟等形式也逐渐为泰山皮影打开了市场。

（四）政府的政策

泰山皮影艺术的成功离不开政府的推动作用。政府的扶持和关怀让泰山皮影拥有了两处较大规模的传承发展场地。在文化部和中共泰山区委宣传部的支持下，泰山皮影北京前门大街传习馆、泰安泰山皮影传习所得以顺利落地。泰安市委、市政府高度重视泰山皮影的发展，编制并颁布实施了泰山皮影保护十年规划和五年计划草案，并成立了专门的泰山皮影艺术工作领导小组，设立了泰山皮影学术研讨中心。泰山区先后支持申报“泰山皮影民俗基地”“惠民文化消费季演艺活动”等10余个项目，不断拓展泰山皮影的宣传渠道与平台。

图2-3-2　群众广泛参与泰山皮影演出

（五）发展机会

得益于国家对传统文化的大力支持以及国内外文博旅游热潮的不断兴起，泰山皮影得到了更多的发展机会。在泰安市旅游局的推荐下，泰山皮影传承人参加了省市内外各大旅游商品博览会及旅游商品大赛。伴随着国内外市场需求的不断扩大，在国家文化部、中国文联、省文化厅和泰安市文广新局的推荐下，泰山皮影传承人先后在河南开封、北京、新疆喀什乃至美国、埃及、南非等地进行了表演，使泰山皮影获得了更多的发展机会，国内外影响力逐步扩大。

二、问题剖析

（一）基础设施标准有待提升

泰山皮影产业现有的经营场所集演艺、工艺品销售、体验等多种功能于一体，场地难以满足发展需求，且市场需求大于供给，国内布点有待增加。如泰山皮影东岳大街传习所的经营条件较为简陋，空间拥挤，无法支撑其世界级非物质文化遗产的地位及市场消费需求,经营场所面积及装修、装饰层次亟待提高,以突显泰山皮影文化的特质,营造浓厚的文化氛围。另外,泰山皮影在剧目编排及演出效果、舞台设计上亟须与高新科技相结合,以营造现实空间与虚拟空间融于一体的剧场氛围,丰富消费者的观赏体验,为泰山皮影进一步做大做强提供支撑。

(二)人才资源要素制约发展

人才已经成为制约泰山皮影发展的瓶颈,演艺、创意设计、营销等人才的不足已经严重影响了泰山皮影的发展。泰山皮影由范正安传承下来,除了范维国、范方一等家族成员外,其他从业人员均通过社会招聘而来。泰山皮影从艺者队伍中目前尚无专业的设计人才,这导致泰山皮影工艺衍生品缺乏创新,难以紧跟时代步伐。另外,工艺衍生品的销售需要专业销售人员讲解、推广,而泰山皮影入驻商业综合体、景区等场所,也需要专业营销人才队伍。

(三)商业模式相对单一

只有持续在高级生产要素方面进行投资,泰山皮影产业才能不断巩固,产业链条才能不断延伸并得以完善。但目前,泰山皮影主要以演艺为主,赢利模式单一,演艺形式较为传统,未能与流行的网络视频、网络直播等传播方式紧密结合,这导致泰山皮影的影响依然还局限在小剧场这一较为狭小的空间内。泰山皮影艺术衍生品的开发及销售也尚未深入开拓,没有出现具有泰山皮影鲜明文化特征的系列产品。另外,针对项目落地地区的营销工作力度也有待增强,小剧场、博物馆、体验中心和主题餐厅四位一体的格局尚未形成。

第二节　经验借鉴

近年来,台湾的文化产业已逐渐成长为国际文创领域的一颗明星。如霹雳布袋戏[①]是台湾具有地方特色的文化形式之一,它凭借特有的艺术魅力、文化内涵和商业价值,在

① 霹雳布袋戏,因每出剧的剧名皆有“霹雳”二字得名,表演手法与传统布袋戏有所不同,其特色是在金光布袋戏的基础上加强了声光爆破效果,使用电脑特效,戏偶更大、变精致,等等。

台湾地区极负盛名。霹雳布袋戏目前由黄氏家族和霹雳国际多媒体公司联合进行市场推广,它之所以能够成功地传承、创新,主要有两方面因素:一是本身艺术形式的发展,二是企业的科学管理。

一、霹雳布袋戏的发展经验

(一)构建知识型生产要素体系,保持创新动力

根据美国战略管理学家迈克尔·波特的分类方式,生产要素可分为初级生产要素和高级生产要素。知识资源和创新能力作为高级生产要素,对企业竞争力的提升具有重要价值。霹雳国际多媒体公司在霹雳布袋戏的发展过程中构建了创新型、知识型要素体系,扮演了经纪公司的重要角色。该公司通过学习迪士尼等高级文化娱乐公司的创新管理理念,将戏偶打造成公司旗下的艺人。如同迪士尼旗下的白雪公主、冰雪皇后一样,霹雳国际多媒体公司成功塑造了素还真、一页书,叶小钗等经久不衰的角色形象。

(二)创新文化资源要素包装方式,实现产业价值转化

在国内大部分文化资源的艺术及产业价值挖掘开发相对薄弱的背景下,依据波特菱形理论,霹雳国际多媒体公司对霹雳布袋戏文化资源这一产业要素进行全面评估,通过时尚包装的独特创意、具有冲击力的二次开发,得到了更多的市场认可。目前,霹雳布袋戏不但引入了西方好莱坞的高端拍摄手法,还综合应用了超现代的表演方式,无论是在木偶还是拍摄技艺方面,霹雳布袋戏都在随时代步伐而不断创新。

(三)深挖市场需求,打造爆款"偶像"产品

在艺术形象的塑造方面,霹雳布袋戏颠覆了人们传统的价值观念,打破了"非黑即白"的人物形象,塑造了诸多让人印象深刻的正中带邪、邪中有正的艺术形象,打造出了造型各异、性格各异的布袋戏人物形象,迎合了现代人的价值观念,其剧情的"机里藏机、变外生变"也强烈刺激了消费者,每个戏迷都能找到自己喜欢的"英雄"。

(四)创新现代传播方式,稳定受众接受视野

霹雳布袋戏产业的形成和发展离不开相关辅助产业集群的支撑。霹雳国际多媒体公司将文化产业与信息传媒相结合,借助传媒网络化、信息多媒体化、传输移动化、出版多样化等优势,宣传推广霹雳布袋戏,提升其影响力。霹雳国际多媒体公司除了通过影

音出租和电视播映等方式实现盈利之外，还运用先进的网络营销技术建立公司网站，并通过关系营销等手段发行《霹雳月刊》，成立木偶后援会等周边团体，稳固受众数量。

二、霹雳布袋戏的发展战略

（一）把握核心优势，开拓大陆市场

从外部环境来看，台湾地区的市场资源相对贫乏，市场饱和程度较高，企业要想更加长远地发展，必须考虑开拓大陆市场。从企业发展的内部因素来看，霹雳布袋戏这种艺术形式制造投入较大，企业迫于压缩成本和提高利润的动力，也要不断开拓市场。因此，霹雳国际多媒体公司借助企业核心优势及其在台湾地区的成功经验，制定了开拓大陆市场的宏观发展战略。

（二）聚焦当下时代需求，进行影视产品推广

以闽南语进行配音虽然尽显台湾特色，但终究只能风靡台湾及闽南语地区，在向大陆推广方面有一定的语言障碍。霹雳布袋戏在推广过程中运用普通话进行配音，大力推动市场开拓的进程。从观众的心理需求来看，过于冗长的剧情已经不能适应快节奏时代的要求，于是霹雳布袋戏选择最为精彩的艺术情节拍摄成电视剧、电影，在台湾及大陆地区宣传推广，有效提升了知名度，戏迷数量也进一步增多。

（三）聚焦多元群体需求，实现多样化产品开发

霹雳布袋戏针对不同的人群实行不同的营销策略，对于儿童来说，霹雳布袋戏以各种成语、历史故事为主要素材，起到了寓教于乐的作用；针对成年人群体，则延续原有的成功经验，推崇雅俗共赏的超现实主义风格，不断开发新市场。霹雳布袋戏还打破了原有的营销战略手段，制作了与环保主题结合的布袋戏等。

（四）激活差异化消费需求，实施时尚营销策略

霹雳国际多媒体公司为了更好地进行宣传推广，刺激潜在的消费需求，会让各种霹雳布袋戏中的角色形象出现在商业广告或者公益广告中，以加深观众对人物的印象，并定期开展戏迷集会及 COSPLAY 活动，在各种活动中尽显时尚炫酷风情，还积极参加各地的动漫展会活动，用华丽的实体木偶吸引观众，以实现良好的宣传效果。

(五)注重产权保护,创立民族特色品牌

文化因素、知识产权保护对霹雳国际多媒体公司实施跨国、跨区域经济战略或从事多元领域经营活动的影响是全方位、全系统、全过程的。霹雳布袋戏最具价值的不是其有形资产,而是宝贵的无形资产。霹雳国际多媒体公司在霹雳布袋戏进入大陆市场时,采取了积极注册专利,大力保护商业秘密,加强防范盗版侵权行为等一系列防止无形资产流失的措施,并将产权保护工作纳入核心规划议程。

第三节 对策建议

一、结合基础设施生产要素,打造文化标识体系

中国社会科学院研究员、中国民俗学会副会长巴莫曲布嫫表示,“非遗”不仅是世代传承,而且是不断被创造的,是各时代的传承人群在与历史、自然和周围环境的互动中进行的再创造。要把我们的文化传统和今天的现实生活很好地结合起来,让“非遗”不仅成为对昨天的美好回忆,更成为建设我们今天生活的宝贵资源。传承泰山皮影艺术,应根据泰山地区的实际情况,建设展示类、演艺类资源要素展演地标,打造文化标识体系。

(一)构建展示类资源要素展演地标

要构建展示类资源要素展演地标,应结合基础设施生产要素,探索形成以泰山皮影博物馆、泰山皮影体验馆、泰山皮影剧场、泰山皮影主题餐厅、泰山皮影主题公园为基础的“五位一体”型多样化基础设施展示展演空间体系。其中,泰山皮影博物馆应充分挖掘、阐发、展示泰山皮影的历史文化,注重展品与观众之间的交流互动,增加展示的趣味性、体验性和互动性。泰山皮影体验馆应利用现代展示技术,为消费者提供视觉、听觉、嗅觉和触觉等多个维度的体验,丰富体验项目和体验内容,将泰山皮影文化的精髓融入体验活动中。泰山皮影剧场应加强标准化功能配套体系建设,实现全方位、专业化的运营,提升剧场的科技水平,承载文化演艺、观光游览、参与体验、科普娱乐等功能。泰山皮影主题餐厅应增强其体验性,融入文化内涵深厚、个性鲜明、生动有趣的皮影文化元素。

泰山皮影主题公园应涵盖皮影艺术剧场、皮影茶馆、皮影车间、皮影文化研究中心、皮影文化主题酒店等场所，并具备民俗工艺品展销、杂技表演等功能。

（二）创新演艺类资源要素展演地标

泰山皮影剧场应不断探索现代化运营方式，形成涵盖皮影剧场、皮影文化产品商店、皮影主题餐饮、青年社群平台的多层次、多领域的平台体系，并增强专业化运营及提供现代化体验的能力，构建剧目更新体系，创新体验剧目，具体可采取以下措施：挖掘泰山文化内涵，打造传统泰山文化系列产品；打造符合青少年审美趣味，兼具艺术性与教育性，弘扬传统文化的创新剧目；融入动漫、卡通、漫画形象；打造萌趣系列皮影文化剧目。另外，依托泰山独特的山水旅游资源，还可以适时打造集声光电技术、皮影艺术、歌舞艺术、背景特效于一体的大型泰山皮影实景演出剧目。

二、基于高级要素，构建资源活化生态系统

应从政府、企业组织、高校、社会等各个层面对泰山皮影的发展加以引导，助力泰山优秀传统文化的创造性转化和创新性发展，使产业要素创造能力与竞争力相互作用，真正实现在传承中保护、在保护中传承。

（一）构建高级要素创新体系

泰山皮影的传承与创新，需要人才知识等资源的支撑，因此，应鼓励泰山皮影产业加强与科研院所的合作，形成人才资源优势，推动泰山皮影艺术研究中心与省内外高校及专业院所建立合作关系，组织相关专家学者对泰山皮影开展研究工作，探索“非遗”文化传承的科学规律及模式；及时与学术界沟通，尝试开展行业动态、运营战略方面的研究，推动泰山皮影研究提档升级；推进与先进地区的合作交流，形成知识资源优势；积极组织泰山皮影传承人参加各种层次的交流活动，帮助他们了解不同区域内“非遗”文化保护和传承的发展热点与动态，深入学习、借鉴先进经验，以提升泰山皮影形象，扩大社会影响力。另外，还应推动核心领域的校地合作，借助高校的科研力量弥补泰山皮影产业的不足。

（二）建立有效的传承激励保障

在泰山皮影文化生态的整体保护格局中，应同步推进皮影艺术传承的综合激励机制

建设，具体措施有以下几条：

1. 完善效益激励机制

构建传承人职衔制，建立与专业等级相适应的绩效考核体系与补贴标准。完善皮影传承人聘用制度和管理办法，依托各类宣传推介渠道，提高皮影传承人的社会地位。加大对皮影演艺剧目的公共文化服务购买力度。

2. 拓展技艺传授路径

引导校企合作，共建“非遗”传承基地，开展泰山皮影现代学徒制试点工作。在高职院校的艺术类专业设立泰山皮影实训实验室，对初级传承人进行工艺美术、乐理知识、戏曲理论、表演技巧、文学素养、文化内涵等方面的系统教育。将泰山皮影艺术纳入“非遗”进校园的文化惠民活动中，让学生充分了解和感受皮影艺术的魅力。

3. 持续推动泰山皮影走进社会基层

以“非遗”进校园、进社区、进企业等活动为契机，定期邀请皮影戏表演艺术家进入社区、学校、企业进行表演，让社会各界人士近距离感受皮影的传统民俗韵味，体验传统手工艺的精妙，培养皮影艺术爱好者。

三、对接现代需求，完善纵向产业链条

在新形势下，为使泰山皮影更快、更好地发展，应改善需求环境，拓展线上线下渠道，加强对优秀皮影IP资源的整合、包装与推介，探索适合皮影文化属性与特定场景的商业化创新，具体可采取以下措施：

1. 引入多样化的营销手段和商业合作方式

推动落地一批以泰山皮影为载体的培训教育及艺术体验项目，打造若干以皮影为主体，结合舞台剧的当代艺术展览项目，推动皮影表演艺术与旅游、商贸、地产等领域跨界合作，使其通过商业合作进入大众视野。

2. 推动皮影产品进行商业化包装

鼓励皮影产业与国内外文创产品研发、商业策划包装机构建立合作关系，研发涵盖印刷品、日用品、工艺品、装饰品等的泰山皮影主题文创产品，积极利用节庆活动、体育赛事、热点事件开展话题营销、事件营销。

3. 创新线上宣传营销模式

鼓励皮影产业利用各种传媒技术把皮影艺术推向社会大众，搭建覆盖新媒体、场馆、电视、网络、报纸、杂志等渠道的多元传播渠道，鼓励对泰山皮影进行数字动画再创作，服务公益宣传、品牌传播领域。

四、完善支撑产业体系，加强横向合作协同

产业的竞争动力可能来自区域市场需求、国际需求的拉力，也可能来自本地竞争者的压力或市场的推力。面临目前愈演愈烈的区域竞争和我国文旅融合、文商融合及产城一体发展趋势的不断深入，“非遗”项目亟待提升商业开发竞争力，以实现良好的效益回报。主题式、公园式、小镇式文化旅游开发模式逐步成熟，均对泰山皮影融入相关的物理空间和组织空间提供了明确的路径指向。

(一)推进泰山皮影与不同资源要素深入合作

以目前的情况来看，泰山皮影对基本要素的依赖程度逐渐减轻，高级要素的重要性与日俱增。文化旅游景区是旅游的基础要素，泰山皮影可以成为景区的重要支撑内容，二者相辅相成，互利共赢，具体实施措施如下：

1. 嵌入旅游景区

结合旅游景区的专项规划和招商项目的落地内容，将皮影展演、体验、定制、营销环节嵌入其中，在景区内部一体化的经营管理中创新服务和产品营销模式。

2. 深度开发工艺衍生品

依托第三方专业设计机构，融入造型、绘画、剪纸、石刻等艺术形式，策划推出一批以泰山皮影为核心元素的组合型文创产品，在景区、游客中心、商贸综合体、车站及电商平台有序投放。

3. 建立全景式泰山皮影博物馆

在合作景区建设泰山皮影博物馆，以实物为主，配以文字、图片、模型、影像、动漫等展示方式，全面展示和介绍泰山皮影的发展历程、现状等，使游客体验到泰山皮影艺术的独特魅力。

4. 建立联合开发协调机制

根据旅游市场消费趋势及泰山旅游目的地建设时序，打造以泰山皮影演艺为主题的文化旅游吸引物，策划串联泰山民俗、泰山工艺等若干主题的游览线路。

（二）推动泰山皮影走进商业综合体

商业综合体作为现代都市重要的消费人群聚集地，是泰山皮影潜在消费人群的重要聚集场所。政府应强化公司的市场化职能，加大项目落地的政策扶持力度。具体措施包括充分发挥泰安市文化传媒有限公司的作用；鼓励和引导皮影生产企业、演出组织与社会资本合作成立商业化运营公司；走市场化发展道路，孵化皮影商业运营项目；明确项目目标人群、主力产品、盈利模式。另外，应鼓励泰山皮影产业以跨界经营模式融入城市居民的休闲消费空间，面向泰安及周边城市的文化、商业综合体，落地运营皮影创意项目，打造涵盖皮影剧场、皮影创意体验馆及皮影主题餐饮、青年文创社群平台的多层次、多领域的商业体系。

（三）推动泰山皮影融入活动经济

政府应结合泰安市文化资源现状，整合媒体力量，开拓新的市场空间。具体措施如下：

1. 深度融入泰山区域的活动项目

依托泰安市特色节庆、会展、赛事等活动载体，策划相关展示、推介、展示泰山皮影的演出活动，将活态泰山皮影引入活动载体，丰富泰山传统文化品牌的分支结构、体验属性、内涵层次。

2. 打造泰山皮影活动平台

利用泰山皮影自身的文化影响力，举办立足中国、辐射世界的皮影主题展演会、论坛及研讨会，使其成为市场化宣传推广泰山皮影的重要载体。

3. 整合媒体宣传平台

依托新媒体宣传优势，策划若干以泰山皮影为核心，以泰山地区“非遗”文化为展示内容的网络活动、热点事件，以激活线上交互、聚合社群圈子为中心任务，以皮影创意短视频、文创产品为媒介，提高泰山皮影的艺术影响力和市场知晓率。

（四）完善中介服务等相关支持产业

整合行业协会、工艺美术协会、演艺协会等中介资源，借助行业协会及中介机构的力量，为泰山皮影发展提供帮助和平台，推动泰山皮影的发展。具体可采取以下措施：

1. 切实发挥中介机构的服务职能

推动各种非物质文化遗产行业协会、文化产业协会等组织开展相关活动，常态化推动泰山皮影在内的“非遗”项目的宣讲、推广活动，为协会成员建立高效的信息服务平台，健全多元化、全覆盖的信息收集和传递网络，为协会成员提供前沿市场信息、政策法规和技术信息等。

2. 切实发挥中介机构的监督规范职能

积极开展泰山皮影传承现状的调查研究，合理反映演艺团体及其他从业者的诉求，提出行业发展和规范等方面的意见、建议，制定完善的行业标准和发展规划。

3. 切实发挥中介机构的桥梁作用

通过各种文化节、展览会、听证会、座谈会等活动方式，传递泰山皮影等“非遗”的历史文化价值，并通过政策建议、调研报告、论文等形式表达诉求，间接为政府决策提供依据。

五、加强政府支持力度，引导产业健康发展

多措并举，切实发挥政府在泰山皮影保护及开发中的作用，具体可采取以下措施：

1. 实施科学规划引领

对出台的泰山皮影专项规划进行修正，及时接轨当下经济发展特点和市场消费需求，革新皮影传承发展思路，集聚金融、科技等优质要素，引导企业合理布局业务链条，鼓励跨界经营、集成开发，以皮影为龙头项目，带动其他泰山传统工艺文创产品的开发。

2. 加大政策倾斜力度

设立专项资金，对泰山皮影的保护和传承进行资金扶持，对传承人及学员进行专项补贴。推进泰山皮影无形资产评估，为其进行知识产权抵押贷款提供条件。

3. 加大保护扶持力度

对泰山皮影的经典历史性剧目进行抢救性挖掘、收集和整理，推进皮影技艺的数字化记录、存储及利用。全面梳理泰山皮影剧目、皮影制作流程，全方位拍摄视频资料。

六、把握科技发展机会,获得新一轮竞争的优势

泰山皮影产业如能顺应局势变化,把握并利用新机会,即可获得新一轮竞争优势。伴随社会生产、生活方式的变革,泰山皮影产业亟须注入创新理念、创意力量,打通研发端、人才端、营销端产业环节,提高面对现代文化、旅游消费市场的有效供给能力,在科学引导与适度扶持的基础上撬动市场消费需求,合力推动泰山皮影的创新保护与传承发展。中国"非遗"保护协会副会长马文辉认为,"非遗"传承人要在继承传统技艺的基础上,结合现代生活,进行创意提升研发。因此,应基于泰山皮影资源文化与各地民俗文化间的共生性特征,通过文化创意提升与专业技艺创新,推动泰山皮影更有机、有序地融入现代生产生活中。具体可采取以下几项措施:

1. 推动本体艺术、剧目体系的迭代升级

引导皮影绘饰及操纵技术的创新,如深度融入传统舞蹈、杂技、武术及现代舞元素,设计诙谐幽默、观众喜闻乐见的皮影形象和表演,创作、改编一批与泰山文化有关的典故、传说,推出一批新颖时尚、内涵丰富的现代皮影剧目。推动传统皮影艺术与京剧、山东梆子等其他艺术形式相结合,如在皮影舞台氛围中实现中华国粹艺术的跨界对话,或在虚拟性的戏剧舞台中融入皮影元素。

2. 打造高体验度的皮影艺术展演空间

为适应泰山皮影融戏曲、影人造型、音乐、配音、伴奏、雕刻技法等手法于一体的表演特色,可在剧场的空间设计上加强对灯光、音响、音乐、舞台等要素的创新改造,突显影窗展演立体化特色,依托独特的光影艺术和舞美效果,营造梦幻般的视觉感受。

3. 优化艺术体验与交互场景

落地皮影雕刻工作室、泰山皮影艺术 9D 体验馆等多种形式的体验载体,探索虚拟现实和增强现实技术的嵌入应用,对皮影艺术的历史发展脉络、演出道具、皮影制作过程进行现代化解读和创意再现,激发游客参与皮影制作、演艺互动活动的积极性。

第四章

粤港澳大湾区幸福产业调研报告

推进粤港澳大湾区建设，是中央交给粤港澳三地的重要任务，也是三地提升合作发展水平的重大机遇。2017 年 7 月 1 日，习近平总书记出席了《深化粤港澳合作 推进大湾区建设框架协议》的签署仪式。党的十九大报告中也明确提出要推进粤港澳大湾区建设。

粤港澳大湾区的建设上升为国家战略之后，三地之间跨境、跨体制的合作变得更加迫切，三地之间的文化旅游协作迎来了突破发展之机，国家意志的加持和城市群之间的合作使文化旅游等产业在顶层设计、改革创新、开放突破等方面都有了可能性。同时，大湾区凭借其自身的区位、产业、制度等优势，也占据着健康产业的发展高地。大湾区健康产业发展的基础是千百年来岭南人民尤其岭南医药人经过长期实践而沉淀、积累下来的，其中蕴含着浓厚的岭南文化因素。建设现代文化与健康产业融合的幸福产业，推动区内健康产业、医疗服务、医学研发、人才培养的发展，才能更好地对接“十三五”规划中推动粤港澳大湾区建设的要求。

2017 年 4 月 20～24 日，农工党中央联络委、农工党广东省委会组成调研组，联合开展粤港澳大湾区文化旅游、休闲度假、健康养生等产业协同发展调研工作，深入考察了粤港澳大湾区产业发展特色，了解了大湾区是如何从过去“前店后厂”的经贸格局升级为先进制造业和现代服务业有机融合最重要的示范区，同时从区域经济合作上升到全方位对外开放的。本次调研采取实地观摩考察、与主管部门交流、走访群众、座谈会、会议总结等方式，对粤港澳大湾区的文化、体育及大健康产业发展情况进行了全面摸底调研和分析总结。

调研工作结束后，由农工党中央联络委黄泰康主任阐述思路观点，昝胜锋博士执笔完成了《粤港澳大湾区幸福产业调研报告》，现摘取报告部分研究成果，以飨读者。

第一节 发展背景

2016 年 11 月，国务院办公厅印发了《关于进一步扩大旅游文化体育健康养老教育培训等领域消费的意见》，提出要着力推进幸福产业服务消费提质扩容，围绕旅游、文化、体育、健康、养老、教育培训等重点领域，通过提升服务品质、增加服务供给，不断释放潜在消费需求。“湾区”一般是指围绕沿海口岸分布的众多海港和城镇所构成的港口群和城镇群，由此衍生的经济效应被称为“湾区经济”。湾区具有重要的政治经济价值，已成为带动全球经济发展的重要增长极和引领技术变革的领头羊。世界银行的一项数据显示，全球经济总量的 60％来自港口海湾地带及其直接腹地。全球较为典型的湾区包括纽约湾区、旧金山湾区和东京湾区。湾区经济已成为全球经济发展的重要增长极，规模效应逐渐显现。改革开放以来，由于历史及区位原因，粤港澳大湾区得到了较快的发展，成为支撑中国经济的核心区域之一。围绕粤港澳大湾区，形成了以港澳为国际窗口，以广深为区域中心，广佛肇、深莞惠、珠中江多城市联动的城市经济圈。2014 年，粤港澳大湾区的人均 GDP 接近 2 万美元，接近发达国家水平。天时、地利、人和都已具备，当前，粤港澳大湾区的发展瞄准了国际湾区建设经验和水平，并将不断对标世界顶级湾区，努力打造具有中国特色的大湾区。

一、发展机遇

粤港澳大湾区涵盖广东的广州、深圳、珠海、佛山、惠州、东莞、中山、江门、肇庆 9 个城市和香港、澳门两个特别行政区，面积约 5600 平方千米，人口约 6672 万，具备建成国际一流湾区和世界级城市群的基础条件。《2017 年国务院政府工作报告》中明确提出要研究、制定粤港澳大湾区城市发展规划，标志着粤港澳大湾区的建设正式上升为国家战略，粤港澳三地协同发展，将形成对外开放新高地，亦将成为中国经济转型发展的重要引擎。

未来一段时间，我国将在国家层面着力推动粤港澳大湾区建设，将其打造成全球区域创新中心，打造成“中国硅谷”的摇篮；政策层面，将在滨海养生、休闲度假、文化旅游等领域给予粤港澳大湾区更大的改革权限和政策支持。具体措施包括建立国家层面的协调机制、赋予重大合作平台更多先行先试政策、支持打造全球重要科技产业创新中心、支持设立粤港澳大湾区合作发展基金等。

二、发展的必要性

文化旅游、休闲度假、健康养生产业究竟在世界产业的发展当中处于一个什么样的地位？参照 2016 年的相关数据，从纽约湾区、旧金山湾区、东京湾区、新加坡湾区、釜山湾区这几大湾区本身的海洋产业发展情况来看，旅游休闲产业在这些湾区的海洋产业发展过程中居主体地位。像纽约湾区的海洋产业，旅游休闲业在其中占 95%以上；旧金山湾区的海洋产业中，旅游休闲业占 80%以上。韩国、新加坡等国的政府都把旅游休闲产业作为战略产业。旅游休闲产业已是促进湾区海洋经济发展的一个重要产业。

我国的文化旅游、休闲度假、健康养生产业也正在将发展重心由陆地向海洋、滨海转变，但重视程度仍不足。调研组认为，应加强统筹规划，让陆地文化旅游成为滨海休闲游的基础，让滨海的健康养生体验旅游成为陆地旅游的延伸。同时，在粤港澳大湾区的文化旅游、休闲养生等产业的发展中，应着力运用新技术，创新环境保护方式，同时运用高科技为消费者提供多种具有创意的体验方式。

三、发展的战略意义

当前港澳两地的经济体系基本上是以服务业为主。澳门的博彩旅游业和会展业非常发达，香港则以金融物流贸易等现代服务产业为主。同时，港澳两地还是世界旅游休闲中心，在加强文化旅游、休闲度假、健康养生等产业的开发方面具备较好的基础。面对新的服务业发展趋势,港澳两地的服务产业需及时转型升级,以持续保持世界旅游休闲产业发展前沿的优势。这有利于进一步密切内地与港澳的交流合作,继续为其发展注入新动能,也有利于推动港澳繁荣稳定、推动内地和港澳互补互利、巩固和提升港澳的国际地位。

与世界平均水平及经济发展水平相近的现代发展中国家的地区相比,目前广东的第三产业比重水平偏低,而第一产业、第二产业的比重偏高。尤其是在2008年金融危机到来时,广东传统的加工出口类企业纷纷倒闭,大量工人失业,竟然出现了萧条的景象。可见,简单的来料加工的生产方式已经不适应广东经济发展的需求,产业布局优化直接关系到广东竞争力的提升和经济社会与生态的协调发展,加快产业升级才是应对的良策。加快文化旅游、休闲度假、大健康产业发展,并加强与港澳的深度合作,已成为广东产业转型升级的重要抓手。

第二节　基础分析

一、发展现状

(一)经济实力雄厚

粤港澳大湾区涉及广东的珠三角主要城市及香港、澳门。广东是我国大陆经济发展的龙头地区,2016年,广东地区生产总值达79512.05亿元,按可比价格计算,同比增长7.5%,比全国高0.8个百分点。广东的经济总量连续28年稳居全国第一位,它是全国地方财政一般公共预算收入首个突破1万亿元的省份。香港是国际和亚太地区重要的航运枢纽,也是最具竞争力的城市之一,以优良的治安、自由经济和健全的法律制度等闻名于世,也是全球最富裕、经济最发达、生活水平最高的地区之一。澳门是一个国际自由港,是世界人口密度最高的地区之一,也是世界四大赌城之一。澳门回归中国之后,经济迅速增长,比往日更繁荣,是一国两制的成功典范。

(二)文化资源丰富

香港素有“东方之珠”“美食天堂”和“购物天堂”等美誉,香港在时间的冲刷之下,留给了人们多样的文化。不论是现代化的繁华街市，还是具有理想主义气息的文学市场，抑或豪华奢侈的购物街道，都让来过香港的人流连忘返、惊叹不已。澳门曾经历过400多年欧洲文化的洗礼，东西方文化的融合共存使澳门成为一个风貌独特的城市，留下了大量的历史文化遗迹。广东省是中国人口最多，社会、文化最开放的省份，居住的外国籍人士达百万。粤港澳之间形成了一个文化内涵丰富、复杂多样、相互依存的空间体系，成为具有特殊意义的区域性合作空间。粤港澳大湾区的文化旅游、生态休闲、健康养生等资源非常丰富，外向型经济特征明显，构成了一个完整、独立的统一体，生成了独特的地域文化，形成了丰富多彩、互补性强的文化旅游、休闲度假、健康养生产品体系。

（三）相关业态不断繁荣

2017年，香港旅游业随着经济的复苏和经营环境的改善，正逐渐走出过去几年的低迷，在经历一轮深入调整之后，呈现出一些迥异于以往的新常态和新趋势。越来越多的游客开始选择能深入了解香港的文化游和深度游，香港的休闲度假、健康健身产业逐步发展起来。澳门每年接待游客人次达到澳门本地人口的近20倍，发展如火如荼，文化旅游、休闲度假已成为澳门最重要的行业，并且在慢慢淡化娱乐业元素。截至2017年，广东省共有A级景区309家（其中5A级景区12家、4A级景区162家）、星级饭店885家。2016年，广东旅游业发展的最大亮点是海上旅游迅速崛起，邮轮旅游蓬勃发展。广州、深圳均明确提出建设国际邮轮母港的目标，并出台了加快邮轮产业发展的政策措施。

二、存在的问题

（一）生态环境亟待保护

粤港澳大湾区的生态休闲、健康养生环境亟须人们的重视和保护。湾区滨海休闲旅游、健康养生产业发展的重要条件是优良的生态环境。从粤港澳的实际情况来看，澳门的土地面积较小，且在填海造地的过程中严重破坏了海洋生态环境。香港拥有丰富的海岸资源，海洋生物多样性高，但海洋环境却长期受到海洋垃圾的困扰。大湾区的珠海、江门等城市，由于有很多重工业产业布置在沿海地区，也造成了海洋生态环境的污染。

（二）协同能力亟待提升

粤港澳大湾区的城市分属不同关税区，拥有不同的法律制度和行政体系。处于一个国家两种制度下的区域经济的发展，亟须“一国两制”的区域治理新模式，以推进区域一体化发展。就经济、人口、地域规模而言，广东居大；但从法治、市场化程度看，香港又处于领先位置，三地之间在发展过程中的关系亟须协调统一。粤港澳大湾区各城市间在产业和城市定位上存在模糊或同质化问题。此外，粤港澳大湾区各城市间在交通一体化、新兴产业错位发展、土地和资源集约利用、生态环境共治、公共服务同城化等方面还面临着协调难题。

(三)营商环境亟待创新

粤港澳大湾区的区域对外通道、湾区东西岸之间的连接依然薄弱，跨界交通基础设施衔接不够通畅，资源约束趋紧，生态环境压力严峻，在营商环境、国际影响力方面还有很大的上升空间。香港经济长期以来依赖贸易、金融、航运、文化旅游、地产和专业服务，全球经济发展因素对香港经济、金融的影响较大。世界经济若不稳定，能直接影响到香港经济的发展。澳门的经济成就来自于博彩业，澳门的所有问题也与博彩业有关。取得了经济奇迹的澳门，也面临着诸多挑战。由于博彩业一家独大，制造业早已转移到内地，经济结构单一的局面导致澳门其他产业基础差，政策及人才等环境不容乐观。

第三节　发展建议

一、加强政府引导，推动政策落地实施

政府引导，搭建合作平台；市场主导，达成合作共赢。转变、创新粤港澳的合作方式，推动各项工作落到实处。粤港澳大湾区三地政府应通过双边协议、多边协议等，推出更有效的合作发展落地方案，积极主动地改善文化旅游、休闲度假、大健康产业的发展环境。

(一)同城化发展

着力推进粤港澳大湾区文化、体育、大健康产业同城化发展，具体措施包括大湾区政策协同、文化公共设施服务联票优惠、文化旅游景点一体化、交通联程优惠等。持续引进高端人才，将粤港澳大湾区建设成为全球创新人才的“栖息地”。

(二)协同化发展

推进粤港澳大湾区文化、体育、大健康产业管理的协同化,具体措施包括共同推进文化产业、大健康产业市场联合共建市场体系、优化市场发展环境。建议鼓励文化旅游、休闲体育类服务争取72小时面签政策以及港澳便利通关政策。以珠海横琴、广州南沙国际旅游特别合作区等重点项目为突破点,加快推动粤港澳大湾区国际都会圈旅游一体化建设,推动粤港澳三地共同培育打造粤港澳大湾区国际都会圈世界文化休闲目的地。

(三)项目化发展

出台有利政策,引导粤港澳大湾区文化旅游、休闲度假、休闲健身等产业集群的投资建设,鼓励港澳有条件的企业到广东投资,推动大陆的文化旅游、休闲度假、大健康及相关企业加快发展,合力打造世界知名湾区。以重点项目为引领,粤港澳三地可在体育赛事、健康养生及主题乐园旅游、文化娱乐旅游、高端海洋旅游、海上丝绸之路文化旅游等方面强强联合。

二、实施错位发展,丰富产品体系

整合文化旅游、体育休闲、健康养生等资源,错位打造创意精品。粤港澳大湾区资源的整合应以不同主题的文化资源为着眼点,整合并调整现有的文化旅游、体育休闲、健康养生资源格局,研究文化旅游、体育休闲、健康养生资源之间的内部联系,创新文化旅游产品,形成产业集聚,并根据三地各自的优势资源,采取错位发展战略,形成良性互补的竞争格局。

(一)打造全新的世界文化休闲购物中心

推动香港继续发挥世界文化休闲购物中心的优势,以文化脉络为主线,以交通干线为纽带,整合现有资源,吸引全球游客进行购物休闲旅游。澳门在转型中应以建设世界级文化旅游度假地为核心,打造集休闲娱乐、健康养生、博彩购物为一体的世界顶级度假胜地。

(二)打造大湾区特色休闲养生产品

广东应利用自身的山水自然生态优势和历史文化优势,积极发展生态休闲旅游、航空立体旅游、海洋海岛休闲养生度假、地方特色文化旅游以及温泉养生旅游等,与港澳错位发展,形成差异化互补,丰富粤港澳大湾区国际都会世界级文化旅游目的地的文旅产品体系。

(三)打造丝绸之路文旅产品

加强与福建、广西和海南的旅游合作,联动东盟海上丝绸之路沿线国家,开发特色产品。依托广东国际文化旅游节、广东国际旅游博览会等平台,共同打造政府主导、市场运作的广东—东盟"21世纪海上丝绸之路"国际文化旅游、休闲度假、健康养生、大健康产业合作圈。

三、强化各方优势,提升国际影响力

推进粤港澳大湾区建设,需要建立粤港澳常态化合作机制,协同制定粤港澳三地的文化旅游、休闲度假、健康养生产业创新政策。

首先,香港应担负起"超级联络人"角色,为文化旅游、休闲度假、健康养生产业的创新牵线搭桥。香港具有"一国两制"环境下背靠内地、面向全球的独特优势,是中国经济圈的重要成员。香港是东西方文化的交融地,拥有与国际接轨的人才、技术和管理水平,是亚太地区跨国公司和国际金融机构的重要聚集地,其金融市场与国际金融体系融为一体,拥有完善的司法体系、规范的市场制度、先进的基础设施、公正透明的监管环境以及较低的税率水平和交易成本。

其次,澳门应向多元化发展,迸发旅游业、文化产业、会展业、中医药产业、金融业的活力。澳门应加大自身在大湾区建设发展中的作用,当好中国和葡语国家联系交流的桥头堡、中介和纽带,强化区域商贸服务平台作用,深化与内地的合作,在粤港澳大湾区建设中开拓新商机。依托大健康产业的发展优势,澳门应在医院管理、人才培养、社区卫生、药品管理、老人医疗及医养结合等方面加强合作交流,并推动中医药产业发展,开拓中医药研发合作、中医药人才培训、中医药服务贸易和产业。

再次,广东要勇挑重任。在粤港澳大湾区的建设中,广东需要承担起更大的责任。就广东而言,应研究出台更加优惠的文化旅游、文化体育、医疗服务、休闲健身等方面的政策,在土地、金融、税收、营销、人才培养及资金支持上为产业融合发展量身打造一套扶持方案。同时,广东应进一步实行开放共享,尤其在涉企服务、营商环境、体制机制等社会软环境的打造上,要学习港澳经验。

第三篇

中国乡村振兴战略调研报告

第一章
邹鲁文化生态保护实验区建设调研报告

2017 年 10 月，在“邹鲁文化生态保护实验区规划编制服务项目”的招标中，济南泺尚有道文化创意产业规划设计院提交的方案获得甲方及评审专家的高度认可，从国内一流设计机构的竞争中脱颖而出，一举中标。2017 年 10 月 11～14 日，泺尚有道文化创意产业规划设计院院长周朋飞、首席特聘专家昝胜锋博士、特聘专家王凯教授、规划部李翠萍、院长助理卢霞调研了邹鲁文化生态保护实验区的发展情况。本次调研是“邹鲁文化生态保护实验区规划编制服务项目”全面开启的重要环节。按照既定计划，调研组一行在泗水县、曲阜市、邹城市依次展开调研。一行人在泗水县文广新局相关领导的陪同下，调研了泗水县圣源儒陶文化研究中心、非物质文化遗产鲁拓砚、山东鲁陶工艺品有限公司、仲子庙、卞国博物馆、王家庄民俗村；在曲阜市文广新局相关领导的陪同下，考察了曲阜市尼山砚产业园、鲁国故城、周公庙、颜庙、楷木雕刻艺术、曲阜儒源文化体验基地、大庄村非物质文化遗产—琉璃瓦、徐氏弓箭、绢花艺术；在邹城市文广新局副局长王妍领的陪同下，调研了邹城市文化馆、邾国故城、峄山乡村记忆博物馆、梦想小镇、石墙镇上九村山村旅游、伏羲庙。调研过程中，一行人对邹鲁文化生态保护实验区的发展现状、发展优势、发展问题进行了深入的了解。

图 3-1-1 山东邹鲁文化生态保护实验区发展情况调研

调研期间,课题组先后与泗水县、曲阜市、邹城市文化广电新闻出版局的主要领导、各县市“非遗”传承人、重点文化企业负责人进行了深入交流。同时,各县市分别召开了《邹鲁文化生态保护实验区规划》编制调研活动座谈会,各县市区领导、相关部门负责人以及文化产业负责人、“非遗”传承人参加了座谈会。各部门结合各自工作,对规划编制工作提出了良好建议,并提供了宝贵的资料。昝胜锋博士、周朋飞院长在座谈中表示,邹鲁文化生态保护实验区发展要坚持保护第一,在严格保护的基础上合理利用非物质文化遗产,做好生产性保护工作。要基于战略高度、国际视野、创新思维实施《邹鲁文化生态保护实验区规划》的编制。要利用国内外先进的规划理念、技术和方法,紧密结合区域特点和文化特色,制定具有时代特征和独特竞争优势的发展规划。要探索优秀传统文化创造性转化、创新性发展的新模式,为建设具有全国示范性、国际领先性的中国优秀传统文化创新发展高地做出新贡献。

2017 年 12 月 20 日,省级文化生态保护实验区《总体规划》或《规划纲要》论证会在颐正大厦第一会议室召开。山东省文化厅副厅长李国琳,山东省社科联主席、中国民俗学会副会长、省民俗学会会长、山东大学教授刘德龙,山东省旅游规划设计研究院院长陈国忠,山东工艺美院人文艺术学院院长赵屹,山东省城乡规划设计研究院工程技术应用研究员姚丽,山东建筑大学齐鲁建筑文化研究中心主任、教授姜波等相关领导或专家参加了本次论证会议。参加此次会议的还有济南、枣庄、济宁等市的文广新局负责同志以及龙山文化生态保护实验区、台儿庄运河文化生态保护实验区、泰山文化生态保护实验区、荣成海洋文化生态保护实验区、临清运河文化生态保护实验区等实验区所属的规划编制单位的负责同志。

泺尚有道文化创意产业规划设计院规划设计部的陈旭对《邹鲁文化生态保护实验区总体规划》进行了汇报说明，详细分解了邹鲁文化生态保护实验区的文化资源形成脉络及资源保护现状、保护区发展基本原则、建设目标及总体任务、文化遗产的保护对象、保护范围、保护方式、实施计划等七大部分。评审专家组仔细审阅了论证会上提交的规划文本和规划说明材料。经讨论，评审专家组认为：《邹鲁文化生态保护实验区总体规划》体现了以非物质文化遗产为核心的原则，指导思想明确，文本结构完整，措施内容具体，重点突出，集中展现了邹鲁文化产生、发展、传承的历史轨迹，展现出了邹鲁文化所特有的文化特征和文化内涵。文本经进一步丰富完善后，已报省文化厅并通过审批。

现摘录《邹鲁文化生态保护实验区总体规划》的建设调研报告部分，以飨读者。

第一节　基础分析

一、文化资源与生态环境分析

邹鲁文化生态保护的核心对象是非物质文化遗产，其与物质文化遗产存在相互依存的关系，应共同在邹鲁地区的人文环境与自然环境中实现传承和发展。

（一）文化界定

1. 概念缘起

“邹”“鲁”为地名。“邹”源于古国名，本作“邾”，亦称“邾娄”，传为颛顼后裔所建立；“鲁”为周公旦的封地。邹地、鲁地是东夷文化、殷商文化和周文化的融汇之地。总体来看，邹鲁文化是邹地、鲁地早期文化与周朝礼乐文化的融合，进而形成了以孔孟儒家文化为主体的区域文化，代表了中华文化产生期和成熟期的文化面貌。

2. 具体内涵

邹鲁文化内涵丰富，涵盖新石器时代文化（北辛文化、大汶口文化、龙山文化以及岳石文化），文史记载及流传的三皇五帝文化，夏、商、周文化，以孔孟为典型代表的儒家文化，以及在各种地域文化碰撞、融合中产生的思想、风俗、历史名人、教育、科技、建筑、音乐、雕刻、方言、菜系、手工技艺等。其中，邹鲁地区所传承的民间文学、传统音乐、传统美术、传统舞蹈、民俗等众多非物质文化遗产内涵丰富多彩，古遗址、古墓葬、古建筑、古村落等物质文化遗产是邹鲁文化的内涵佐证与载体支撑。历经数千年积淀，孔子与其弟子继承了邹鲁文化重视道德教化这一传统，并将其改造，形成了以“仁者，爱人”为核心的道德学说。孔孟一脉相承的儒家思想学说自此成为邹鲁文化的核心，以致后世将“邹”“鲁”连称时，多从明礼、好儒的角度阐释。

3. 文化传播

“邹鲁”一词，在先秦至两汉时期指代地域文化，至魏晋南北朝时期，“邹鲁”逐渐延伸成文化学术的代名词。宋元之后，“邹鲁”衍生为一种文化指代，成为文教兴盛之地的代称，各地出现了“海滨邹鲁”“江南邹鲁”的称谓，“行同邹鲁”“风近邹鲁”常常成为评价各地乡风民俗的价值尺度。邹鲁文化的传播及其途径在不同历史时期有所不同，就总体情况而言，传播的主要途径有游学、讲学、自然灾害或战争导致的人口流动和迁徙、官学与私学的发展、科举取士、官员异地任官等。

专栏　邹鲁文化城市

邹鲁文化城市包括福州市、福清市、长乐市、厦门市、泉州市、晋江市、南安市、惠安县、漳州市、龙海市、漳浦县、东山县、诏安县、莆田市、仙游县、南平市、建瓯市、邵武市、延平区、建阳区、政和县、松溪县、浦城县、武夷山市、宁德市、福安市、福鼎市、霞浦县、三明市、尤溪县、上杭县、龙岩市、永定区、汕头市、潮阳区、揭阳市、潮州市、饶平县、普宁市、新会区、黄山市、徽州区、歙县、黟县、休宁县、祁门县、族德县、绩溪县、郎溪县、宁波市、金华市、义乌市、金东区、温州市、永嘉县、平阳县、温岭市、黄岩区、长沙市、浏阳市、文昌市、儋州市、徐州市、呼兰区、红河州、建水县、上饶市、婺源县、弋阳县、蓬溪县、思南县、秦安县、黄冈市、新泰市、山李区、金门县、安东市（韩国）。

（二）形成脉络

邹鲁文化的形成过程大致可分为三个历史阶段。

1. 岳石文化与晚商文化的冲击

在距今 8000 年左右的北辛文化时期，今鲁中山区的远古人类来到邹鲁地区，成为这一带的原始居民。邹鲁地区的北辛、大汶口、龙山、岳石文化一脉相承，前后相继，形成一个具有明显自身特征的文化类型。至夏商时期，邾娄作为东夷族的分支在此建国。仲丁东征后，邹鲁地区较多地受到商文化的影响，尤其是到晚商时期，商文化对这一地区的影响更为显著。

2. 西周文化东渐与邹奄文化交融

西周建立后，周公东征，灭奄国建鲁国，鲁国成为能够与宗周、成周相比拟的东方政治文化中心。因此，鲁国文化不仅受到西周文化的影响，而且还较多地保留了殷商文化的传统。这一时期，邾国降周并受到西周统治者在政治、经济、文化上的种种制约，邾娄文化开始受到周文化的深刻影响。另一方面，邾娄作为夷人之国，长期以来形成的种种文化因素不可能在短期内改变，从这种意义上讲，邾娄又有其相对独立的一面。这使得邾娄文化在西周时期较多地保留了东夷文化的传统，两种文化由此开始了长期影响、渗透与融合。

3. 春秋战国时期的人文思想与邹鲁文化的形成

春秋战国时期，社会生产力的发展和生产效率的提高推动了社会关系、阶级关系的剧烈变动和文化教育的下移，进而促进了文化领域人文思潮的勃兴，关心治世、关心人生成为一种时代潮流。在这一时代背景下，邹鲁地区的商文化、周文化长期相互影响、相互渗透，最终形成了谱系完整的邹鲁文化。邹鲁文化形成的标志即孔子儒家思想的产生以及孟子对儒家思想的发扬光大，其文化特质主要表现为亲亲孝悌、礼义廉耻、节俭朴实、寡欲养心、尊孔好儒、宗法意识、重民保民、文教兴盛等。

（三）资源分析

邹鲁文化生态保护实验区内的非物质文化遗产和物质文化遗产留存数量可观，文化资源及其所依赖的人文自然环境保存良好。

1. “非遗”资源丰富多样，人文氛围浓厚

区内“非遗”类型多样，涵盖民间文学、传统音乐、传统美术、传统技艺、传统舞蹈、民俗、曲艺、传统医药、传统体育、游艺与杂技等众多类别（图 3-1-2）。如表 3-1-1 所示，截至

2017 年，区内共有国家级“非遗”名录项目 7 项，省级“非遗”名录项目 27 项；另有市级“非遗”名录项目 70 项，县级“非遗”名录项目 262 项，“非遗”线索 7000 多条。其中，祭孔大典作为国家级重大祭祀活动，于每年 9 月在孔庙举行。孟母教子传说、鲁班传说是当今家喻户晓的教育故事。邹城平派鼓吹乐作为民间婚丧嫁娶活动的重要内容之一完好地保留在民间。曲阜楷木雕刻、孔府菜烹饪技艺作为代代相传的技艺传承至今。众多已挖掘整理的“非遗”资源、“非遗”线索承载了邹鲁地区厚重的文化内涵，为文化生态保护营造了良好的氛围。

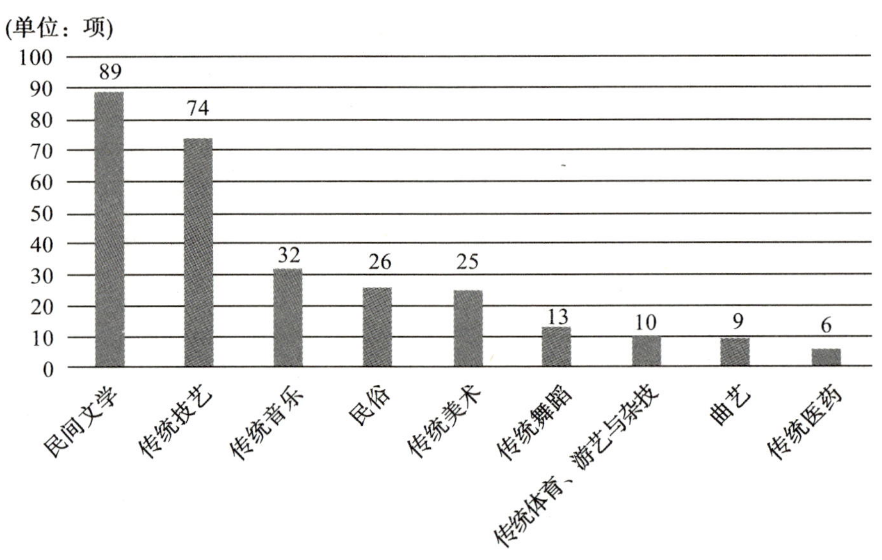

图 3-1-2 国家、省、市、县四级“非遗”项目的类型

表 3-1-1 邹鲁文化生态保护实验区内的国家级、省级“非遗”名录资源

类别	名称
国家级“非遗”项目	祭孔大典、曲阜楷木雕刻、鲁班传说、孔府菜烹饪技艺、琉璃烧制技艺、唢呐艺术(邹城平派鼓吹乐)、孟母教子传说
省级“非遗”项目	鲁班传说、曲阜楷木雕刻、孔府菜烹饪技艺、祭孔大典、孔子诞生传说、孟母教子传说(邹城、曲阜)、曲阜尼山砚、箫韶乐舞、琉璃烧制技艺、大庄绢花制作技艺、桑皮纸制作技艺、孔府家酒传统酿造技艺、颜子传说、徐弓坊弓箭制作技艺、曲阜扶兴和毛笔制作技艺、拓片制作技艺、平派鼓吹乐、阴阳板、火虎、尚寨竹马、山头花鼓、软弓京胡、峄山会、柘砚制作技艺、大辫子甩三甩、泗水民间剪纸

2. 物质文化遗产丰富，自然生态环境优良

区内物质文化遗产资源数量庞大、类型丰富、历史跨度长，涵盖古建筑、古遗址、古墓葬、古石刻和碑碣、石窟寺、近现代史迹及代表性建筑等。全区文物古迹达 1000 多处，全国重点文保单位 19 处，省级重点文保单位 105 处(表 3-1-2)，市级重点文保单位 47 处，县级重点文保单位 217 处，可移动文物 486542 件/套。在全国范围内，邹鲁文化生态保护实验区的物质文化遗产集中度、数量及等级均处于前列。其中，孔庙、孔林、孔府以丰厚的文化积淀、悠久的历史、宏大的规模、丰富的文物珍藏量及重要的科学艺术价值而著称，被联合国教科文组织列入《世界文化遗产名录》。由于近年来政府大力推进生态保护示范区建设，泗河流域、九龙山区等重点片区的自然生态得到了有效保护，这也为邹鲁文化生态保护提供了必要的物质基础及支撑载体。

表 3-1-2　　重点文化遗产与文物保护单位

类别	名称
世界文化遗产	孔庙、孔林、孔府
全国重点文保单位	曲阜鲁国故城，孔府、孔庙和孔林，颜庙，汉鲁王墓，尼山孔庙及书院，防山墓群，周公庙，孟母林墓群，西夏侯遗址，景灵公碑，孟庙、孟府和孟林，铁山、岗山摩崖石刻，[illegible]国故城，明鲁王墓，野店遗址，重兴塔，卞桥
省级重点文保单位	韦家墓群，朱总司令召开军事会议会址，少昊陵，安丘王墓群，姜村古墓，梁公林墓群，洙泗书院，石门寺建筑群，东颜林，曲阜明故城城楼，曲师礼堂及教学楼(含考棚)，四峪山观音庙(含古树名木)，仙源县故城，少昊陵遗址，九仙山建筑群，林放墓(含问礼故址)，九龙山摩崖造像石刻，董大城古城址，陵南遗址，杨辛庄遗址，宣村遗址，前瓦遗址，马家遗址，景灵宫遗址，白村遗址，宋家窑址，万柳庄遗址，小南庄遗址，西陬窑址，东野林，孔继涑墓群，吴文昌墓，北阁山玉皇阁，凫村古村落，慎修堂，保安古桥，迎坤桥，南夏宋古井，姓氏源流序碑，大峪西渡槽，小雪影剧院，尼山水库水利设施，梁公林提水站，曲阜师范学院旧址，红旗闸，孔家村泗河桥，姚村火车站，南雪遗址，坡里遗址，九龙山遗址，章枣遗址，马庄遗址，孔广森故居，四府故址，西五府故址，曲阜县衙，漆女城遗址，凫山羲皇庙遗址，孟母三迁祠，凤凰山石窟造像，白莲教起义旧址，斗鸡台遗址，后峪遗址，寿峰寺遗址，灰城子遗址，城子窝遗址，城前遗址，栖驾峪遗址，万章墓，刘宝墓群，东深井民居，尹沟古桥，高李李氏民居，龙山玉皇殿，庙东石拱桥，颜母祠，巷里清真寺，大园戏楼，孔子、孟子诞生圣地碑，朱山庄扬水站，双庆扬水站，水河渡槽，前楼曙光渠，茹岚石棚，尼山区抗日烈士纪念碑，乌林答将军墓，凰翥文昌阁，上九山建筑群，峄山建筑群，越峰建筑群，土旺防空洞，桑庄渡槽，尹家城遗址，天齐庙遗址，明代鲁惠王、鲁端王、鲁恭王墓，泗水仲庙，泉林，苗馆桥，换新天渡槽，卞城遗址，卞一遗址，愚公渡槽，中共曲泗工作委员会旧址暨钱杰东烈士故居，邓家庄主席台，回龙桥

(四)保护现状

1. 保护成绩

经过多年的"非遗"保护普查、申报工作,邹鲁文化生态保护实验区的"非遗"保护工作取得了阶段性成果。

(1)"非遗"保护传承体系趋于完善

区内"非遗"保护传承体系初步建立,四级保护名录及代表性传承人认定体系初步完善。如表 3-1-3 所示,截至 2017 年,全区共有国家级传承人 1 人、省级传承人 10 人、市级传承人 31 人,另有县级传承人 175 人;依托文化馆、民俗馆、文化活动中心、文化站、乡村博物馆,开展了一系列"非遗"阐发展示活动,"非遗"数字化保护工作稳步推进。已建设孟母三迁传习基地、阴阳板传习所、六艺城、尚寨竹马传习基地、鲁柘砚工艺研究所等传习基地,组织开展了祭孔大典、孔子文化节、祭孟大典、中华母亲节和百姓儒学节及舞龙舞狮、尚寨竹马、平派鼓吹乐、山头花鼓等节会展演活动,"非遗"活态传承机制逐步完善;大力实施非物质文化遗产"六进"工程,打造了孔子书院、尼山书院、孟子书院、圣源书院、儒学讲堂,推动邹鲁礼乐、阴阳板、平派鼓吹乐等走进对外交流、展演巡演互动中。

(2)"非遗"生产性保护取得显著成效

邹鲁文化生态保护实验区内持续推动传统舞台艺术、美术、技艺、民俗等"非遗"项目的传承创新,积极推动"非遗"融入现代生产生活。泗水柘沟鲁陶工艺品有限公司、儒陶工艺品有限公司、曲阜新民三宝艺术开发有限公司等持续创新生产技艺、产品形式,成为引领柘陶、尼山砚产业发展的龙头企业。西田泥塑文化产业有限公司、古郕核艺刘军核雕艺术工作室等在推进西田咕咕泥塑、核雕等传统手工技艺产业化、市场化发展的道路上作出了初步尝试。邹鲁文化生态保护实验区依托邹鲁美术馆、峄山梦幻水世界、皇家香草庄园、国贸美术馆等重点文化产业项目,引导文化企业设计、生产体现邹鲁特色的工艺礼品、特色文化产品;依托百年巨匠艺术公馆、蓼河商业街、孔子商贸城等,打造出艺术品交易集散基地,推动邹鲁文化艺术品发展;通过与孔子文化节、百姓儒学节、中华母亲节等节会活动结合,推动传统工艺、民俗文创产品融入文化旅游市场。

表 3-1-3　　国家级、省级、市级"非遗"传承人

级别	项目	传承人
国家级"非遗"传承人	曲阜楷木雕刻	颜景新
省级"非遗"传承人	曲阜楷木雕刻	孔繁彪
	孔府菜烹饪技艺	彭文瑜
	祭孔大典	李文广
	琉璃烧制技艺	朱玉海
	柘砚制作工艺	杨玉祯
	阴阳板	杨成举(已故)、王长军
	火虎	周长来
	平派鼓吹乐	孙化洋、丁庆华
市级"非遗"传承人	曲阜楷木雕刻	颜世伟、褚德胜
	尼山砚制作技艺	丁辉、李飞
	徐弓坊弓箭制作技艺	徐明坤
	山东梆子	许相云
	拓片制作技艺	高锐
	琉璃烧制技艺	王树宝
	桑皮纸制作技艺	郑友明
	鲁班传说	刘玉明
	孔府菜烹饪技艺	赵德河
	扶兴和毛笔制作技艺	龚桂芝
	柘沟民间制陶工艺	姜茂功、孙凡河
	泗水民间剪纸	周炳德
	卞庄子刺虎的传说	刘文华
	阴阳板	杨楠、王贻华
	峄山道乐	马锡干
	剪纸	潘素琴
	邹鲁礼乐	米怀志
	吹糖人	齐振义
	石门小鼓	聂佃力、顾天佑
	软弓京胡	张玉平
	尚寨竹马	李凤喜、罗成立
	山头花鼓	孟庆喜

注：传承人级别按照从高原则，不重复统计。

(3)文化生态整体性保护逐步深入

邹鲁文化生态保护实验区以规划促保护、以项目促保护、以开发促保护，不断加大对

整体人文生态环境的保护力度,使区内丰富的古建筑、古村落及自然景观资源得到了有效保护与合理利用,九龙山、泗河流域等多处与非物质文化遗产项目关系密切的物质文化遗产和自然景观得以被认定、建档、挂牌,并依托生态保护工程得到了修复与恢复。以孔府、孔庙、颜府、颜庙等古建筑为主体的曲阜明故城片区,以孟府、孟庙为主体的“两孟”片区,保护措施科学合理,古建筑及周边风貌保护完好,成为邹鲁地区“非遗”展示、传承的重要平台。葫芦套、周庄、王家口、王家庄、上九山、尚寨等古村落实施了整村落保护,旧民居、传统民俗等得到活态传承并实现了合理利用。邹鲁文化生态保护实验区将传统戏曲、曲艺、传统音乐、传统舞蹈等“非遗”项目传承融入文化事业发展大局中,并依托文艺创作、文化惠民政策及区内专业院团、庄户剧团等团体组织,使传承环境得到了持续改善。

(4)特色产业集聚与融合效应凸显

伴随着“非遗”保护力度的不断加大,邹鲁地区的文化资源优势正加速转化为产业集聚优势。依托孔子研究院、孔子国学院、政德教育基地、儒源儒家文化体验基地、本善文化传播(线上)等载体,邹鲁文化生态保护实验区大力发展邹鲁传统文化培训教育,开发了国学、礼仪、政德等培训服务项目,取得了良好的社会和经济效益,其中仅山东儒源文化集团2016年的培训人次就达到了42万,实现营业收入1.8亿元。实验区还将“非遗”资源与文创产业深度结合,运用影视动漫、创意设计等表现手段不断挖掘“非遗”文化内涵,依托孔府、孔庙、孟府、孟庙、六艺城、峄山风景区、上九山等文化旅游载体,推出了《孔子舞剧》《杏坛圣梦》《祭孔乐舞》等以邹鲁文化为主题的系列演艺剧目;常态化推动邹鲁礼乐、柳琴戏以及尼山砚、楷木雕、桑皮纸、孔府熏豆腐、拓片的制作技艺等“非遗”项目进景区,使“非遗”成为加速文化、旅游等产业融合的重要支撑内容。

2.存在的问题

(1)“非遗”保护及传承人才匮乏

邹鲁地区的“非遗”传承人队伍面临不同程度的流失、断档问题,适应文化生态保护工作的专业队伍构建亟待加强;“非遗”代表性传承人的年龄普遍较大,传承人队伍出现了严重的断层,个别“非遗”项目面临人亡技绝的危险;众多与现代生产生活方式相脱节的“非遗”项目,由于市场需求小、经济效益差、“非遗”项目从业者难以维持生计等问题,传承人弃业改行问题突出。由此可见,鼓励和引导年轻一代关注“非遗”、投身“非遗”的社会环境、舆论导向和专项政策亟待健全和完善。另外，各地文化主管部门普遍面临人员编制少、工作量大、人员流动性大的问题，行政管理人员缺乏教育培训，兼职人员责任意识和专业基础薄弱，文化志愿者队伍建设滞后，难以适应繁重复杂的文化生态保护工作。

(2)文化生态保护扶持力度不足

邹鲁文化生态保护实验区的文化遗产保护经费来源比较单一，严重依赖地方财政投入，无法满足“非遗”项目、遗址、遗迹、古民居等文化遗产保护传承工作的日常需要，使“非遗”普查、数字化保护及传承人补助、传承基地建设受到较大影响，间接造成了“非遗”项目后继乏人、“非遗”保护进展缓慢等深层次问题。文化生态保护缺乏系统的政策保障，亟待与构建现代公共文化服务体系、向社会力量购买公共文化服务、推动文化及文物单位开发文创产品等相关政策衔接，出台适应邹鲁文化生态保护工作的实施细则和具体办法。另外，涉足“非遗”生产性保护、产业化利用领域的企业实力普遍较弱，产品创新能力和宣传推广力度不足，针对这种情况，政府应加大对中小企业的扶持力度，引入实力雄厚的企业(集团)，切实发挥市场对文化生态保护的驱动作用。

(3)“非遗”生存环境受到巨大冲击

伴随着城镇化进程的不断加快，城乡差别逐渐缩小，城市的经济关系和生活理念持续向农村渗透，源于农耕文明、主要靠口传心授方式传承的邹鲁文化遗产的生存土壤及生态环境受到了严重冲击。一方面，城镇化建设对现有村落的拆迁与改造，对“非遗”赖以传承发展的社会文化环境造成了较为严重的破坏，依赖特定村落、特定人群存在的文化传承纽带的作用日渐式微，一些“非遗”项目处于濒危状态。另一方面，随着人们生活环境、生活方式和生活理念的变化，传统手工技艺、传统美术、传统戏曲、传统曲艺、传统音乐、传统舞蹈受到现代时尚文化的冲击，难以被年轻人接受和欣赏，导致消费市场不景气，难以产生良好的经济效益。

二、总体思路

(一)指导思想

全面贯彻党的十九大精神，以习近平新时代中国特色社会主义思想为指导，牢固树立新发展理念，坚定文化自信，坚持中国特色社会主义文化发展道路，以“保护为主，抢救第一，合理利用,传承发展”为指导方针,以“见人见物见生活”为目标导向,加强文物保护利用和文化遗产保护传承,构建邹鲁文化生态保护体系,健全政府主导、群众主体、社会参与的共同保护机制,努力创建遗产丰富、氛围浓厚、特色鲜明、民众受益的国家级文化生态保护区,为实现邹鲁优秀传统文化的创造性转化、创新性发展提供支撑载体和支持动力。

(二)基本原则

1.坚持政府主导、社会参与

切实发挥政府在文化生态保护中的主导作用,不断加强组织领导、加大资金投入、健全政策保障,为邹鲁文化生态保护实验区建设创造良好的体制机制和政策环境。充分调动社会公众参与文化生态保护的主动性和创造性,规范化引导社会力量进入文化遗产保护、传承、展示及相关产品研发领域。

2.坚持严格保护、合理利用

严格遵循国家文化遗产保护法规及相关规章制度,切实履行文化遗产保护义务,完善“非遗”保护的多层次制度体系,确保“非遗”保护的真实性和整体性。正确处理文化遗产保护和利用的关系,在有效保护的前提下实现合理利用。尊重各类文化遗产的形式和内涵,防止对其误解、歪曲或滥用。

3.坚持以人为本、活态传承

尊重人民群众的文化主体地位,完善以“非遗”传承人为核心的多层次传承体系,确保邹鲁文化生态保护实验区建设成果惠及群众。优化活态传承环境,大力弘扬工匠精神,在坚守“非遗”蕴含的文化精髓和价值理念的基础上,围绕教育、生活、市场等层面健全文化生态保护补偿机制。

4.坚持统筹推进、区域协同

统筹协调文化生态保护与经济社会发展的关系,不断完善与邹鲁文化环境、社会环境、自然环境协调发展的文化生态保护体系。根据邹鲁文化资源分布情况、区域文化关联性和地缘亲近性,探索建立跨地区的文化生态协同保护机制,扩大与邹鲁文化辐射地区的文化交流与合作。

(三)建设目标

至规划期末,区内“非遗”项目、代表性传承人及其依存环境实现全面、科学、系统的保护，文化环境、社会环境、自然环境协调发展的文化生态保护体系基本成熟，文化资源得到有效保护与利用，优秀传统文化得到有效传承，社会民众参与度明显提升，文化生态保护与经济发展互动效应初步显现，邹鲁文化生态保护实验区成为本地区传承优秀传统文化、经济转调发展、实施乡村振兴战略的重要着力点，并成功创建国家级文化生态保护区。

为确保规划目标的顺利实现，特根据实施计划制定分阶段目标及具体任务(表 3-1-4)。

表 3-1-4　　邹鲁文化生态保护实验区参考性发展指标(近中期)

序号	相关指标	参考目标
1	各县(市、区)“非遗”展示、传习场所	至少 2 处
2	国家级、省级“非遗”项目“六个一”保护实现情况	100%
3	省级代表性“非遗”传承人“五个一”扶持实现情况	100%
4	全国重点文保单位“四有”工作实现情况	100%
5	文物重大险情排除率	100%
6	国家“非遗”利用设施建设项目	3 个
7	齐鲁优秀传统文化传承创新工程重点项目	20 个
8	邹鲁传统技艺研修研习培训基地	5 个
9	省级传统工艺工作站	5 个
10	省级传统工艺重点实验室	3 个
11	邹鲁传统工艺品牌	8 个
12	邹鲁传统曲艺精品剧目	10 个
13	“非遗”宣传、传播特色活动	5～8 个
14	省级以上“非遗”生产性保护示范基地	5 个

(四)总体任务

聚焦邹鲁文化生态保护实验区保护范围与重点区域，围绕保护对象与保护内容，明确基本保护方式，实施分类保护措施，服务曲阜优秀传统文化传承发展示范区建设，发挥对全国文化生态保护区建设的引领示范作用。

1. 奠定曲阜优秀传统文化传承发展示范区文化根基

全面对接并深度服务曲阜优秀传统文化传承发展示范区建设，始终把保护邹鲁“非遗”作为推动区内优秀传统文化创造性转化、创新性发展的重要任务，着力提高文化遗产保护能力，创新文化传承发展模式，为实现全国道德礼仪首善之区、国家记忆工程先行区、全国文化经济融合发展示范区、世界文明交流互鉴高地等战略目标奠定文化根基。

2. 打造全国区域性文化生态保护示范样本

通过邹鲁文化生态保护实验区的建设，维护并保持邹鲁文化资源的丰富性、文化的多样性以及文化生态空间的完整性，走出一条使文化得到传承、生产得到发展、生活富裕、生态良好的绿色发展道路，实现区域内人与社会、人与自然的和谐相处，最终在文化生态整体性保护实践中，积累可供他人学习借鉴的成熟经验，使之成为全国区域性文化生态保护示范样本。

第二节　保护路径

一、保护对象与保护内容

(一)明确保护对象与保护内容

邹鲁文化生态保护实验区的保护对象涵盖各级“非遗”代表性项目、代表性传承人及相关物质文化遗产、人文生态环境。

1. 国家、省、市、县四级“非遗”代表性项目

严格保护祭孔大典、鲁班传说、楷木雕刻、邹城平派鼓吹乐、孟母教子的传说、孔府菜烹饪技艺、曲阜琉璃烧制技艺等 7 项国家级“非遗”项目和曲阜尼山砚、大庄绢花制作技艺、桑皮纸制作技艺、阴阳板、尚寨竹马、柘砚制作技艺、泗水民间剪纸等 27 项省级“非遗”项目，以及峄山传说、柳子戏、峄阳古琴等 70 项市级“非遗”项目及其他 262 项县级“非遗”项目。根据“非遗”项目的不同类别，针对性地制定保护措施，对传统表演艺术类项目，注重对其剧(节)目及其资料的挖掘和整理；对传统技艺类项目，注重对其技艺的传承及原材料、作品的保护，鼓励探索生产性保护方式；对民俗类项目，注重在社区及村镇的宣传、教育和活动组织，促进群体传承。建立濒危性项目档案和数据库，对濒危项目实施优先抢救性保护。

2. 国家、省、市、县四级“非遗”代表性传承人

严格保护楷木雕国家级“非遗”代表性传承人和阴阳板、平派鼓吹乐、曲阜琉璃烧制技艺、孔府菜烹饪技艺、祭孔大典等项目的 9 位省级“非遗”代表性传承人，以及曲阜尼山砚制作技艺等项目的 31 位市级“非遗”传承人和 175 位县级“非遗”传承人。根据传承人级别、现存数量及传承状况，制定场所、助学、补贴、奖励等方面的扶持标准，统筹资金、政策、场所等资源，支持传承人开展授徒传艺、教学、交流等活动，加大对高龄和无固定经济来源的代表性传承人的生活补贴力度，提高对有突出贡献的传承人的表彰奖励标准和对学艺群体的资助标准。持续推动对各级“非遗”名录项目的代表性传承人的认定。

3. 相关物质文化遗产及人文、自然生态环境

严格保护以鲁国故城、邾国故城、卞国故城、野店遗址、尹家城遗址、伏羲庙、九龙山汉墓群、铁山摩崖石刻为代表的历史遗址、遗迹，以“三孔”、“四孟”、周公庙、颜庙为代表的古建筑群，以尼山镇、泉林镇、上九山、葫芦套村、梨园村、周庄村、东岭村等历史文化名镇、传统村落为代表的人文聚落，以峄山、尼山、九龙山、九仙山、石门山为代表的自然生态节点和旅游景点。落实国家对文化遗产、自然生态的保护要求，结合乡村振兴战略和全省文化遗产片区保护战略，实施重大文化遗产保护工程，加大对历史文化名城、名镇、名村的保护力度，协同推进对重要物种、生态系统和自然景观、地质遗迹的保护工作，为邹鲁文化生态修复、文化基因传承提供良好的人文及自然生态环境。

（二）分类实施“非遗”保护与传承

1. 民间文学

以鲁班传说、孟母教子传说、孔子诞生传说等为代表的民间文学项目，记载了邹鲁许多地名的来历和风俗的起源。在现代传媒技术及娱乐文化的冲击下，针对这些民间文学项目，应着力加强保护和利用环节的科技应用及模式创新。

（1）打造邹鲁民间文学资源库

依托针对代表性传承人的抢救性记录工程，整理录音、录像、数字多媒体信息等记录成果，围绕代表性传承人的口述信息，梳理神话、传说、故事中的人物、时间、地点、事件及其内涵，将其作为进行专题研究和创意转化的基础资源，实时更新、补充。

(2)加强内涵阐释与创意转化

改变当前民间文学重作品搜集、轻文化阐释的保护现状,依托地方文化研究机构、学者,深度挖掘语言、文字背后的文化内涵与价值,依托影视、动漫等现代演绎形式,引导其实现产品化、产业化,实现民间文学资源向现代文创产业资本的创造性转化。

(3)实现技术再现及场景嵌入

采取二维、三维动画技术及虚拟现实技术,通过虚拟场景搭建、故事情节呈现、人物动作呈现,恢复、重现相关场景、事件或过程,将其合理嵌入公共文化场馆、旅游景区、城市综合体等场景中,加深社会大众对邹鲁历史文化的理解和认知。

2.传统音乐、传统舞蹈、传统戏剧、曲艺

针对以平派鼓吹乐、大辫子甩三甩为代表的传统音乐,以箫韶乐舞、阴阳板为代表的传统舞蹈,以柳子戏为代表的传统戏剧,以山头花鼓为代表的曲艺类“非遗”项目,应加大保护传承力度,优化艺术创作模式,推动曲目、剧目创新。

(1)加强理论研究和传承保护

持续开展地方戏音配像、濒危剧种依团传承工作,依托传承人、院团等专门力量,研究总结邹鲁传统音乐、舞蹈、戏剧、曲艺的历史内涵、呈现形态、文化价值、表演体系,对现存的地方戏、京剧文献资料及传承人的舞台艺术实践、艺术精粹进行全方位记录、抢救。

(2)实施订单式艺术创作扶持

积极探索针对创作项目的政府购买、补助引导、奖励补贴等支持方式,通过征集新创、整理改编、买断移植等方式,进一步加大对该类“非遗”项目创作的扶持力度,创新基层文化惠民资金的管理使用模式,将戏曲艺术表演团体服务基层工作纳入优先保障范围。

(3)优化演出环境及市场氛围

合理布局城乡演艺空间,以政府租赁、补贴等形式改善演出场所的条件,通过财政补贴、规范演出票价,引导市民走进剧场观看戏曲。鼓励文化企业参与戏曲演艺衍生品的创意设计、生产和营销,鼓励旅游景区、休闲场所与院团合作,打造专场、晚场商业演出项目。

3.传统美术、传统技艺

对于以剪纸、布屑画、剪布艺术画、丝绢烙画为代表的传统美术,以曲阜楷木雕刻、尼山砚、柘砚、大庄绢花为代表的传统技艺类“非遗”项目，应在坚持传统艺术格调的基础上，结合现代审美和生活场景，创新艺术形式及生产技术，更新开发理念。

(1)提高传统技艺水平和整体品质

坚守工匠精神，做好传统工艺内涵与精神的梳理及传承，坚持对经典艺术、工艺的审美追求与观念诠释。强化质量意识、精品意识，鼓励传统手工作坊、经营业户引入现代管理制度，开展质量提升行动，提高传统工艺产品的整体品质和市场竞争力。

(2)融入当代文化创意生态系统

在保持优秀传统的基础上，结合现代生活需求，探索手工技艺与现代科技、工艺装备的有机融合，改进设计、改善材料、改良制作，将传统美术艺术形式与现代题材、材质、包装相结合，依托创意思维、创新理念，赋予产品全新的视觉效果。

(3)加强现代商业运作与品牌开发

树立品牌意识和市场意识，引导具备一定市场基础的传统美术项目与现代商业品牌相接轨，依托成熟的商业运作模式将产品应用场景拓展至各类现代消费空间中，推动传统工艺品的生产、营销方式转型，使其融入休闲娱乐、文博体验、研学旅游市场。

(4)引入现代素质教育课程体系

持续推动“非遗”进校园工程，将传统美术、传统工艺项目引进中小学素质教育课堂，适时将其从课余兴趣教育发展为固定教学课程，开展多种形式的传统工艺大赛、技能大赛，发现、扶持传统工艺创意人才，在激发创意思维、提高审美情趣的过程中实现良好的传承效果。

4. 民俗

对于以祭孔大典、峄山会、邹鲁礼乐为代表的民俗项目，在传承弘扬传统文化大潮中，应维护传统民俗赖以生存的文化语境，主动适应时代变化和现代需求，挖掘民俗中的优秀文化内涵，构建有较高参与度的民俗文化生态。

(1)尊重传统民俗原生态仪式感

保障祭孔大典、邹鲁礼乐等传统民俗活动的原生态、真实性，科学论证活动的程序、礼仪、乐舞、礼器、乐器等制式要求，注重活动的互动性、体验性和本土化，充分体现时代性的内涵诉求，谨防仪式的表演化和外在性，增进民众的文化认同感和归属感。

(2)保护传统民俗传承环境

合理有序推动移风易俗等社会管理工作,在涵养和谐民风、文明乡风、社会清风的目标导向下,科学把握推动移风易俗与尊重传统礼俗的关系,推动民间习俗与时代精神相契合。依托春节、清明、端午等传统节日,组织开展经典诵读、剪纸及民俗表演活动,让传统节日更富人文情怀。

(3)深度开发民俗文创产品

围绕民俗节日的主题、仪式、用品、饮食等元素,鼓励民俗文化工作者、创意人群、生产厂商深度合作,开发有邹鲁文化特色的民俗文创产品,为各年龄层次与性别的消费人群提供节日产品服务,用创意让传统节日"活"起来,成为具有传统属性的现代节日。

5.传统体育、游艺与竞技

对于以鲁南民间游戏、打铁花、火龙灯、查拳等为代表的传统体育、游艺与竞技项目,应提高其在传统节庆及民俗活动中的认知度、普及率,在国家推动体育产业发展的机遇中,通过体育与文化、旅游等产业融合发展,实现保护传承和创新发展。

(1)深度融入社区、学校

贯彻《全民健身计划(2016～2020年)》,依托民间武术馆(校)及武术表演团队,推动查拳、落地梅花拳等传统武术项目走进社区、学校。依托公共文化体育设施,基于打铁花、火龙灯等传统体育资源,创排并推广体育健身操及体育展演项目。

(2)创新开发特色运动项目

结合农耕文化、旅游休闲等资源,扶持推广武术、太极拳、健身气功等民间传统和乡村农趣运动项目,并使其广泛与游览、餐饮、娱乐等业态相融合,鼓励开发适合不同人群、不同地域和不同行业特点的特色运动项目。

6.传统医药

对于以传统捋筋正骨术、眼部推拿按摩、一指禅推拿为代表的传统医药项目,应完善符合中医药特点的"非遗"管理体制和政策机制,拓展中医药服务领域,发展中医药健康旅游服务。

(1)加强医药文化保护与挖掘

开展医药古籍文献资源普查,开展对正骨术等民间特色诊疗技术的调查、挖掘及整理。加强对传统医药临床诊疗技术、养生保健技术、康复技术的筛选，完善中医医疗技术目录及技术操作规范。加强对艾条等传统医药的制作技术及老药工经验的继承应用。

(2)推动医养产业融合发展

将传统医药项目与邹鲁地区的山、河、泉、林等生态资源相结合，布局体验式、参与式旅游康养项目，在旅游观光、休闲度假中融入理疗、体疗、疗养等服务，发展以药物治疗、药物康复、养生保健、中医预防保健等为特色的医疗养生项目。

(三)促进重点“非遗”项目创新发展

围绕保护区内的国家级“非遗”项目及其他传承价值较为突出的“非遗”项目，发挥代表性传承人、生产性保护项目的主导作用，推动各项目在研究阐发、技艺传承、产品创新及宣传推广等环节实现创新发展。

1.祭孔大典

(1)内涵解读

祭孔大典主要包括乐、歌、舞、礼四种形式，乐、歌、舞都是紧紧围绕礼仪而进行的，所有礼仪要求“必丰、必洁、必诚、必敬”。大典用音乐、舞蹈等集中表现儒家思想文化，体现了艺术形式与政治内容的高度统一，形象地阐释了孔子学说中“礼”的涵义，表达了“仁者爱人”“以礼立人”的思想，具有较强的思想亲和力、精神凝聚力和艺术感染力，对于弘扬优秀传统文化、营造和乐氛围、构建和谐社会、凝聚民族精神具有不可替代的社会作用。

(2)发展建议

①深化基础研究阐发工作

深度梳理并研究祭孔大典的发轫、传承、创新的历史，对礼器、乐器、服饰、曲谱、舞谱等进行分类整理和存档，持续编撰出版《祭孔大典》等系列理论成果。

②保持规程、规制的原真性

坚持尊重历史，将现代化的展演手段与传统文化内涵充分衔接，通过音乐编曲与形体展现，系统再现祭孔仪式及其他传统礼仪的细节，进一步强化祭孔大典的仪式感。

③提高编排演出专业水平

完善祭孔大典的专业运作模式，加强与外部专业机构的合作，提高服装道具质量及乐舞编排水平，组建高水平的、稳定的专业表演、群演团队，持续提升展演水平。

④丰富对外传播互动方式

通过图文、视频、互动及多元的新媒体传播渠道，全景展现祭孔大典的精彩现场及知识背景，引导民众通过互联网直播、节目访谈、网络论坛、微博、微信等形式参与到祭孔大典活动中。

截至2017年，邹鲁文化生态保护实验区的祭孔大典传承载体及传承措施如表3-1-5所示。

表3-1-5　祭孔大典的传承载体及传承措施

传承载体	传承措施
“三孔”景区	提升祭孔大典的关注度与互动性，融入更多高科技、大众化、体验式、寓教于乐的互动项目
孔子博物馆	融入祭孔大典的相关展示内容，在教育与宣传、学术研究、信息交流和人才培训、旅游观光等诸多功能中体现儒家传统文化的价值
太平洋森活文创天地	在业态与体验活动中融入儒家传统礼仪，在现代文创餐饮、书局、咖啡等消费场景中加入国学培训、读书会、孔家宴等体验项目
吃亏是福孔子学苑	融入儒家文化传统礼仪及祭孔大典的系统知识，在文化体验、教育培训、休闲活动等业态设置中凸显儒家文化元素

2.曲阜楷木雕刻

(1)内涵解读

曲阜楷雕是曲阜楷雕艺人在长期的生产和生活实践中创造的，具有鲜明的民族特色和独特的艺术魅力，经过2400多年的发展和创造，楷雕艺术博采众家之长，融会贯通，逐渐形成了自己独特的艺术风格：古朴简约，浑厚精细，形神兼备。

(2)发展建议

①加强技艺阐发展示

整理、研究楷木雕刻技艺和手法，对楷雕的艺术特点加以研究、总结、整理和创新，编辑出版理论专著。建立楷木雕刻技艺声像档案，利用数字影像、网络视频、电子画册等手段展现楷雕艺术风格及特点。

②丰富作品表现题材

深度结合邹鲁地区丰富的传统文学、民俗等“非遗”资源，挖掘区内优秀的历史故事、文学作品、神话传说等创作素材，结合当前时代主题与热点，丰富产品题材和序列。

③提高创意研发能力

推动楷雕传统工艺和现代审美理念相结合，开发宫灯、镜框、笔架、笔筒、首饰盒、储蓄罐等集艺术性与实用性为一体的文创产品、生活用品、文博纪念品。

④创新商业培训模式

依托文化创意园区及相关孵化平台，与传统工艺培训类商业机构合作，创办楷雕艺术培训中心，开设免费入门课程和高端进修课程，通过作品委托及合作创作模式，提高技艺传承的实效。

截至2017年，邹鲁文化生态保护实验区的曲阜楷雕技艺传承载体及传承措施如表3-1-6所示。

表 3-1-6　　曲阜楷雕技艺的传承载体及传承措施

传承载体	传承措施
蓼河商业街	提升楷雕展览展销业态，在特色休闲商业、娱乐购物、文化体验过程中引导游客接触并了解楷雕技艺
曲阜文化国际慢城	逐步完善吃、住、行、游、购、娱等服务设施，在孔子文化节等节庆期间举办楷雕艺术展览，提升楷雕品牌知名度和影响力
孔圣文化产业园	联动区域内楷雕企业及作坊，研发、复制、生产更多的文化产品
百年巨匠艺术公馆	在文化艺术名人创作室、博物馆中收藏、展示楷雕艺术精品

3. 鲁班传说

(1)内涵解读

鲁班传说是匠人们在一代代传授技艺的过程中，把鲁班精湛的工艺、扶危济困的道德情操和他的生平事迹糅合在一起，编织成的一个个传说故事，内容包括：发明木工工具的传说，如“墨斗与班母”“锯的来历”“是(柿)木不开”等；生活用具的传说，如“杵臼成磨”的传说；建筑方面的传说，如“土堆亭和鱼抬梁”“鲁班兄妹比赛建赵州桥”等，此外还有其他方面的许多传说。

(2)发展建议

①整理编撰研究成果

深入挖掘、整理邹鲁地区的鲁班传说内容，通过对鲁班传说中涉及的鲁班故居、鲁班庙等文物古迹的深入考查、论证，梳理与滕州等周边县市的差异化内容与特色，并形成系列研究成果。

②创新在地展示方式

依托邹鲁地区现存的丰富古建筑资源，将鲁班传说中的技艺、发明结合到建筑主体及附属构件中，采用光影、模型等众多手段，进行展示和解读。

③开发主题文创产品

将鲁班文化与现代技术相结合，开发鲁班主题玩偶、建筑模型、影视动漫作品、网络微电影等文创产品，结合大型文化节庆活动，举办“精工”“巧匠”等主题展览，推广营销相关文创产品。

④融入城市文化景观

将鲁班文化纳入城市景观体系中，以“墨斗与班母”“锯的来历”“鲁班造飞鸟”等传说故事为题材，丰富城镇文化景观，提升城镇文化风貌。

截至2017年，邹鲁文化生态保护实验区的鲁班传说传承载体及传承措施如表3-1-7所示。

表3-1-7　　鲁班传说的传承载体及传承措施

传承载体	传承措施
鲁班文化产业园	深入挖掘鲁班文化内核，开展鲁班主题文化休闲活动，举行鲁班文化节，推动鲁班纪念品的研发、生产、销售，展示建筑科技的发展及建筑新材料等
石门山国家森林公园等景区	增加以鲁班传说为内容的互动演艺性项目和体验游乐式项目

4.孔府菜烹饪技艺

(1)内涵解读

孔府菜是鲁菜的重要组成部分，又称“天下第一菜”，是中国延续时间最长的典型官府菜。孔府菜吸收了宫廷菜、官府菜、民间菜的烹饪技艺，在继承传统技艺的基础上不断进行创新，从而逐渐形成了烹饪技法全面、制作精致的特色。

（2）发展建议

①常态化组织专题培训

依托本地烹饪协会、孔府菜"非遗"传承人、孔府菜大师，面向烹饪行业青年骨干从业者，传授传统孔府菜和新品孔府菜的烹饪技法，在实操实训中弘扬"食不厌精，脍不厌细"的饮食观和养生之道。

②打造旅游饮食新名片

发挥烹饪协会及孔府菜传承人的专业指导作用，联动质监、工商、食药、旅游等主管部门，制定孔府菜的旅游接待相关规范，从轻量化、特色化角度合理创新，满足旅游市场的饮食需求。

③构建孔府菜创新平台

持续举办孔府菜传承创新大赛和孔府家宴美食巡展活动，挖掘整理传统孔府菜、创新现代孔府菜，推广新派孔府菜技艺，主动适应现代膳食需求及食材结构的变化，创新菜品及制作技艺。

④创新品牌传播方式

与中央电视台、山东卫视、济宁电视台、优酷、爱奇艺、搜狐等媒体合作，举办全国性的孔府菜技能大赛，制作《舌尖上的孔府菜》等短片，通过现代化传播方式提升孔府菜的品牌影响力。

截至 2017 年，邹鲁文化生态保护实验区的孔府菜烹饪技艺传承载体及传承措施如表 3-1-8 所示。

表 3-1-8　　孔府菜烹饪技艺传承载体及传承措施

传承载体	传承措施
世界青少年新六艺体验中心	在园区开展的儒家文化教育、培训、体验等环节，增加孔府菜文化体验活动，将饮食文化与传统礼仪和儒家思想相融合
儒源儒家青少年文化学习体验基地	设置饮食文化礼仪实景体验，在课程设置及一日三餐中凸显孔府菜文化及技艺

续表

传承载体	传承措施
中华文化研究与体验基地(世界孔子学院曲阜总部)	设置东方美食体验和儒家饮食文化交流项目,融入孔府菜饮食及礼仪文化
孔府档案数字化工程项目	将《中国孔府菜谱》及其他孔府菜技艺的研究成果录入数据库

5.孟母教子传说

(1)内涵解读

孟母教子传说包括“杀豚”“三迁”“断机”“休妻”“忧齐”等故事,涵盖胎教、家庭教育、礼仪教育、道德教育等内容。孟母教子传说生动地体现了母爱与教化,具有民间文学的科学性、全面性和代表性三大特色,广泛流传于曲阜及周边地区,泛及全国和世界各地。

(2)发展建议

①强化挖掘整理工作

通过图书馆、文化馆、乡镇文化站及民间渠道,收集流传至今的《孟母教子》文学抄本、坊间印本、油印本,整理与之相关的民间文学作品和民间口头传承内容,并纳入“非遗”音像资料库。

②加强教育理论创新

将孟母教子传说与现代教育理念、学校课程设置、课堂活动、亲子活动相结合,定期推出不同的学术成果,并将理论成果融入学校教育、家庭教育。

③研发主题文创产品

深入研究孟母教子及相关传说故事,推出系列文创产品、轻食产品。融合现代化科技手段,创作排演《孟子》《孟母》系列舞台剧,开发不同主题、绘声绘色的电子图书、幼教设备。

④深度打造孟子研学游

联动孟子研究院、孟子书院,利用习儒馆、峄山等修学游基地,在优化提升基本研学旅游内容的基础上,持续开发儒家传统礼仪修学体验项目,打造寓教于乐、游学相长的新型修学游产品。

截至2017年，邹鲁文化生态保护实验区的孟母教子传说传承载体及传承措施如表3-1-9所示。

表3-1-9　　孟母教子传说的传承载体及传承措施

传承载体	传承措施
“两孟”及古城历史文化街区	深入挖掘孟子文化、母教文化内涵，着力打造新型体验式游学活动项目，研发销售主题文创产品
“583”文化创意产业园	开发孟母教子系列文创产品，利用“互联网＋”模式，构建儒家文创产品研发体系，打造传说型“非遗”开发平台
孟母文化影视基地	依托峄山深厚的旅游资源，建设春秋战国风格的影视拍摄基地、孟母文化园、拓展训练基地，拍摄孟母文化影视产品

6.琉璃烧制技艺

(1)内涵解读

琉璃烧制技艺是古老的传统手工技艺。大庄琉璃瓦采用朱氏传统工艺，用当地黏土塑型、挂釉并烧制而成，其品种主要有宝顶、大吻、屋兽人物、方脊、沟头滴水、连砖等。

(2)发展建议

①加强技艺研究阐发

系统梳理琉璃瓦烧制技艺及产品，进行分类整理、入档。在保护传承人技术秘密的基础上，对选料、配料、搅泥、制模、注浆、干燥、上釉、釉烧等一般制作工序，制定严格的技术标准。

②导入科技创意要素

加大对新材料、新配方的研发投入，加强对新产品、新技术、新外观的专利保护力度。引进、培养一批现代创意设计人才，提升琉璃瓦的产品外观、色彩的创新水平。

③推动产品创新研发

结合现代创意设计、生活美学，融合邹鲁文化元素，借鉴瓷器、雕塑等工艺品的形制及工艺，开发具有观赏、收藏价值的工艺品及实用型工艺生活用品。

④推动工匠精神进景区

引导琉璃瓦生产企业与景区合作，开发新型产品展销及工艺观摩项目，让游客亲身体验琉璃瓦选料、粉碎、炼泥、制坯、精雕、烘干、烧造、施釉等过程,展示传统匠心与技艺。

截至2017年,邹鲁文化生态保护实验区的琉璃烧制技艺传承载体及传承措施如表3-1-10所示。

表3-1-10 琉璃烧制技艺的传承载体及传承措施

传承载体	传承措施
琉璃瓦烧制技艺主题展馆	建设琉璃瓦烧制技艺展览馆,通过图片、视频、幻灯片、实物等形式展示琉璃瓦烧制技艺的发展历程及文化内涵
大庄村民俗博物馆	提升琉璃瓦展区项目产品的体验性、动态感和参与感

7.邹城平派鼓吹乐

(1)内涵解读

邹城平派鼓吹乐是在传统唢呐演奏的基础上发展演变而来的,于明朝洪武年间随山西移民迁徙带入邹城,在儒家文化和地方风俗的影响下,形成了平派鼓吹乐的基本特点,代表曲目有《集贤宾》《十样景》《朝天子》《庆贺令》《倒开门》等。平派鼓吹乐平和、轻柔、婉转细腻,因其平中见奇、稳中善变、刚柔相济、扣人心弦而深受人们的喜爱。

(2)发展建议

①创新曲目及演出形式

发挥民俗学者、鼓吹乐艺人的核心作用,创排鼓吹乐新曲目,将传统表现形式与现代歌舞相结合,在现代化展演空间中让消费者感受独特的鼓吹乐艺术。

②融入大众休闲生活

依托传统节庆,将鼓吹乐表演曲目融入丰富多彩的民俗、民间文化展演和比赛活动中,利用文化广场、人民广场、铁山公园、泰和广场、护驾山公园等演出场所,展现平派鼓吹乐的艺术魅力。

③改善传承环境

强化政府的扶持与引导作用,依托文化下乡等文化惠民活动的政府采购形式,加大财政补贴力度。成立鼓吹乐协会,制定协会章程,加强自组织建设,合理有序地推动移风易俗工作,改善综合传承环境。

④积极争取政策扶持

依照“非遗”保护法律、法规，申请濒危项目特殊保护和扶持。围绕鼓吹乐的曲目创作、交流演出、人才培养、场地设施等环节，积极争取国家级、省级扶持资金，遴选优秀人才参与全省的戏曲作曲等方面的培训活动。

截至2017年，邹鲁文化生态保护实验区的邹城平派鼓吹乐传承载体及传承措施如表3-1-11所示。

表3-1-11　　邹城平派鼓吹乐的传承载体及传承措施

传承载体	传承措施
文化广场、人民广场、铁山公园	与群众生活相融合，丰富邹城平派鼓吹乐展演形式
邹城市城市文化休闲综合体	通过巡演、驻场等方式，创排、展演新曲目
邹鲁民俗“非遗”项目研究传承基地	打造平派鼓吹乐排练厅、展演剧场和专业博物馆等，扶持“非遗”传承人收徒授艺

8.邹鲁礼乐

(1)内涵解读

邹鲁礼乐的核心内容是邹鲁地区自古传承的礼仪体系，目前已经挖掘整理出了祭祀礼、乡射礼、冠礼、开笔礼、婚礼等礼仪规程。其演出方式是在编钟、编磬、古筝、古琴等古典乐器的现场伴奏中展示邹鲁传统礼仪，让民众在传统礼乐场景中接受礼仪教化。

(2)发展建议

①持续复原传统礼乐

以实施邹鲁文化探源工程为抓手，持续推动邹鲁礼乐的挖掘整理工作，挖掘、考证古代邹鲁地区礼乐文化的传统形态，并进行现代化演绎，推动其他邹鲁文化礼仪实现活态传承。

②加强品牌传播推广

结合齐鲁文化走出去战略，依托系统的邹鲁礼乐精品剧作，借助世界儒学大会、尼山世界文明论坛、中韩儒学对话会议、中日韩儒学对话会议等高端平台，逐步提升“礼乐邹鲁”文化品牌的影响力。

③拓展外部合作渠道

通过专家访谈、学术论坛、创排演艺精品、研学旅游等形式,扩大邹鲁礼乐剧目及传统礼仪体验项目的影响力,拓展与区内外大型文化活动、知名景区的合作渠道,加强与邹鲁文化城市的联络交流。

④加大综合保障力度

加快推动省级、国家级"非遗"项目申报及传承人认定工作,加大对邹鲁礼乐文化的挖掘、研究工作的扶持力度。发挥邹鲁礼乐团的主导作用,创新推动邹鲁礼乐的包装策划、品牌管理和项目开发工作。

截至2017年,邹鲁文化生态保护实验区的邹鲁礼乐传承载体及传承措施如表3-1-12所示。

表3-1-12　　邹鲁礼乐的传承载体及传承措施

传承载体	传承措施
邹城市文化艺术中心	创新演绎邹鲁礼乐,持续创排精品剧目
邹鲁礼乐打造提升项目(东方礼乐文化中心)	系统挖掘、整理传统邹鲁礼仪,收集文献资料、礼器、祭器、各个朝代的乐舞图文以及本地出土的器乐实物,对其进行研究利用,并进行恢复展示、展演
礼乐文化馆项目	开展邹鲁礼乐文化展览、展示、培训以及全球礼乐文化交流、研究研讨等活动

二、保护范围与重点区域

(一)明确保护范围与重点区域

邹鲁文化生态保护实验区核心区的总面积为3630.89平方千米,以曲阜市、邹城市、泗水县为中心,辐射济宁全市。在核心保护区内,应选择文化资源集中、特色鲜明、形式内涵相对完整、自然人文生态良好的区域,进行重点保护。

1.曲阜市

曲阜市的重点保护区域包括孔庙、孔府、孔林、鲁国故城、颜庙、周公庙、少昊陵、梁公林、孟母林、尼山风景区、九龙山汉墓群、洙泗书院、石门山风景区、九仙山风景区、北部传统村落等遗址、遗迹、现代人文空间及自然生态片区。

2. 邹城市

邹城市的重点保护区域包括孟府、孟庙及古城历史文化街区、孟林、孟母三迁祠、邾国故城遗址、野店遗址、羲皇庙遗址、明鲁王陵、邹东山区、邹西古村落、铁山、岗山、峄山等遗址、遗迹、现代人文空间及自然生态片区。

3. 泗水县

泗水县的重点保护区域包括卞国故城、卞桥、尹家城遗址、汶阳城遗址、仲庙遗址、普玉口村、梅鹿村、王家庄、王家口、泉林泉群自然保护区、雷泽湖风景区、万紫千红旅游度假区、西侯幽谷风景区等遗址、遗迹、现代人文空间及自然生态片区。

(二)合理布局文化生态保护空间

为充分实现文化生态整体性保护效应，应根据邹鲁文化资源的分布现状，紧密衔接《曲阜优秀传统文化传承发展示范区建设规划》及各地文化发展、文物保护等方面的相关专项规划，开拓核心区、协作区有机协同的邹鲁文化生态保护格局。

1. 核心区

围绕邹鲁文化生态保护实验区核心区，开拓一轴统领、一带协同、三城联动、多片区支撑的空间发展格局。“一轴”即邹鲁文化谱系轴，“一带”即泗河文明传承带，“三城”即邹城市、曲阜市、泗水县，“多片区”即多个邹鲁文化资源集聚片区。

(1)一轴统领

邹鲁文化谱系轴南起邾国故城、峄山、邹县故城遗址，经九龙山文化遗址，北至鲁国故城遗址，辐射凫山羲皇庙、上九山、野店遗址、尼山等重要的文化遗存节点。

①构建孔孟“非遗”文化传承展示轴线

发挥孔孟文化的核心引领作用，以严格保护沿线人文遗迹与自然要素为前提，以论语碑苑、孔子研究院、杏坛剧场、孔子文化民俗园、孔子博物馆等文化遗产及祭孔大典、孔子文化节、孟子文化节、邹鲁文化座谈会等节会活动为载体，以沿线文化展示节点的创新营造与村镇文化风貌的美化提升为抓手，辐射带动民间文学、传统音乐、传统舞蹈、传统技艺及民俗等代表性“非遗”项目的传承展示及体验传播。

②加快沿线重大文化遗产的保护利用进程

以邹县古城、九龙山、鲁国故城三大文化遗址为核心节点，以保护利用重大文化遗址为契机，结合峄山、尼山等其他人文景观和历史遗存，大力实施文物保护修缮、配套设施完善等重点工程，贯通使曲阜、邹城这两座国家历史文化名城协同发展的历史文脉，强化区域内文化遗产之间的相互联系，带动沿线及周边自然地理环境、生产生活环境、民族民间文化的原生态保护。

(2)一带协同

泗河文明传承带东起泗水县泉林泉群景区，经卞桥、古卞国遗址等泗河两岸古遗址群，西至鲁国故城遗址，辐射安山寺、三王墓等重要的文化遗存节点。

①梳理泗水流域的历史文化脉络

以境内泗河流域为主体空间，依托古华渚、华胥山、伏羲庙遗址及相关民间神话传说，深入阐发泗水流域作为古代东夷族聚居之地、东夷文化摇篮的文化内涵，探究伏羲、舜、大禹等在泗水繁衍生息及儒家五圣、墨子、仲子等众多先贤在此活动的历史渊源，以民间文学、传统戏剧、曲艺及民俗为载体，展示泗河流域华夏文明、儒家文化传承发展的历史脉络。

②构建泗河滨水文化旅游廊道

结合济宁市泗河综合开发工程，在泗河流域综合治理和生态保护大局中，加大对两岸历史文化资源的挖掘、保护和整合力度，统筹布局泉林行宫、仲子庙宇遗址、孔子登临处、卞桥双月、安山寺、龙门山庄等人文景观和泉源胜地、凤仙叠翠、西侯幽谷等生态景观，打造生态游、休闲游、农业观光游等主题线路，联动曲阜、泗水两地，共同打造泗河滨水文化旅游品牌。

(3)三城联动

邹城、曲阜、泗水作为邹鲁文化生态保护核心区的重要节点城市，应遵循优势互补、联动协同的原则，共同开拓邹鲁文化生态保护新格局。

①邹城市

深入实施邹鲁文化探源工程，打造“东方礼乐文化中心”。研究宣传邾娄文化与邹鲁文化的历史渊源，全面阐发东夷文化“仁”精神对儒家思想的重要影响作用。从制度建设、宣传推广、产业利用、人才信息等多方面加强对孟母教子传说、平派鼓吹乐、阴阳板、尚寨竹马等民间文学、曲艺、传统技艺和民俗等“非遗”的保护开发，重点加大对邹鲁礼乐项目的扶持力度，持续挖掘邹鲁仪礼文化，加快研究成果转化方式。加快推进“三孟”文化遗产保护项目建设，实施邾国故城、明鲁王陵、野店遗址等遗址的保护工程，全面完成镇史、村史展陈工程。深入挖掘孟子思想和乡村儒学文化的内涵，持续打造孟子政德思想精品课程，提升“孟子研学游”品牌的知名度。加强与孔子研究院、孔子文化节办公室的对接，搭建一体化发展平台，举办孟子思想国际学术研讨会等活动，推进文化资源共享发展，持续扩大优秀传统文化的影响力，助力邹城文化建设示范区创建战略。

②曲阜市

引领优秀传统文化传承发展示范区建设，打造“东方圣城・首善之区”。强化曲阜作为中华文明代表性文化圣地的独特文化价值和城市发展导向，充分发挥祭孔大典、鲁班传说、楷木雕、孔府菜、尼山砚等各类“非遗”资源对优秀传统文化的承载作用，完善“非遗”活态传承机制，开展传统民俗文化活动，建设国家级“非遗”博物馆、国家级文化体验中心。合理利用以“三孔”为核心的历史文化资源，高水平建设曲阜鲁国故城国家考古遗址公园，打造世界文化遗产观光与儒家文化体验集群。充分发挥三大文物保护科研基地（中心）的作用，推动邹鲁地区的文化遗产保护修复、人才培养、科研项目开展和成果转化工作。依托孔子学院总部的体验基地，搭建集学术研究、学术交流、文献收藏、文物展览和人才培训于一体的高端平台，努力把曲阜打造成为东方圣城、中华民族共有的精神家园。

③泗水县

建设中华始祖文化寻根地和体验区，打响“中国泉乡・圣源泗水”品牌。加大“非遗”项目及传承人保护力度，复兴柘沟土陶技艺并申报其为省级“非遗”项目，发挥儒陶、鲁陶、鲁柘砚工艺研究所等一批企事业单位的龙头作用，提高创新生产土陶、柘砚的能力。重点依托泉林泉群自然保护区、卞国故城和泗河上游两岸周边区域，实施始祖文化遗迹保护工程，建设始祖文化寻根地和体验区，构筑始祖文化景观带。依托尼山圣源书院，建设国际儒学展示交流中心，全面展示儒家文化发展脉络和儒孝文明，提高儒学经典研修培训的规模。建设并提升陶文化产业园、始祖文化产业园、轩辕黄帝文化园等项目，联动仲子研究院、泉林行宫等重点项目，不断拓宽优秀传统文化传承传播平台。

(4)多片区支撑

为维护资源较为集中的文化生态的完整性，进一步链接散点分布的“非遗”资源，将布局以下重点保护片区。

①邹县古城片区

实施“两孟”文化遗产保护工程和子思祠、子思书院、孟母祠遗址等的恢复展示工程，加快推进孟子博物馆和石刻博物馆建设,加强历史文化街区的保护开发。深入挖掘孟子思想和孟母教子文化的底蕴,利用孟庙、孟府、习儒馆、山青世界、峄山等修学游基地,持续推出"教子有方·游学邹城"及"我的成人礼"旅游产品,策划包装成人礼、乡射礼、开笔礼、断机教子情景剧等一系列传统文化活态展示活动。

②峄山片区

依托邹鲁文明探源工程,系统梳理并阐发峄山、野店遗址、邾国古城的历史及文化价值,持续整理申报峄山道乐、峄山会、峄山传说、梁祝传说等诸多"非遗"项目。结合峄山景区综合提升工程,加大对摩崖刻石和碑碣的保护修复力度,挖掘峄山、五宝庵山、凤凰山和护驾山的历史文化资源以及神话传说和民间故事的文化线索,建设邾国故城遗址公园、峄山国家级地质公园、野店遗址博物馆等项目。依托唐村梦想小镇创意创新平台,传承创新西田泥塑技艺。

③邹西片区

加强郭里镇、石墙镇等邹城西部地区的历史文化资源的开发利用,加大对羲皇庙、东沟遗址、古高平县城遗址、凫山古墓群等文化遗址的保护力度,研究梳理伏羲文化、汉画像石文化、梁祝文化等区域代表性文化遗产的脉络。保护并合理开发郭里镇高李村、石墙镇上九山村等传统古村落,完善文化休闲配套设施,组织特色节会活动,依托原生态的生产、生活场景,传承民俗民风、历史传说、民间故事、民谣谚语等民俗文化资源。

④九龙山片区

实施明鲁王陵综合提升工程,加大对汉鲁王摩崖墓群、明鲁王陵的保护力度,建设鲁王陵出土文物博物馆、周易文化园,支持举办朱氏宗亲谒明鲁王陵寻根问祖祭拜大典活动。依托尚寨民俗文化村,持续打造尚寨竹马实景演艺项目,创新设计互动性和参与性高的体验环节,研发上寨竹马相关衍生产品。加快九龙山周边耕读书院群落、田园度假区、儒风社区和桃源古村的建设,传承邹鲁耕读文化、礼乐文化。

⑤曲阜古城片区

实施明故城和周公庙保护复兴工程、鲁国故城国家考古工程和洙泗书院开发工程,加大对"三孔""两颜"的保护修复力度,依托孔子博物馆、国粹坊、周公庙中华礼仪博览园等项目,常态化组织一批具有儒家文化特色的"非遗"展览、节庆活动。实施老城房屋仿古改造和历史街区街景提升工作,在开关城仪式中联动更多"非遗"展演项目,提升古城文化风貌。依托孔子学院总部体验基地，搭建集学术研究、学术交流、文献收藏、博物展览和人才培训于一体的高端平台。

⑥尼山片区

实施尼山孔庙、孔父故里鲁源村、孔母故里颜母村、宋家山头村、夫子洞村和安山小镇开发保护工程及尼山圣源书院改造提升工程，打造尼山世界文明论坛永久会址，构筑以尼山圣源书院、尼山书院为核心的山水书院群落和国际游学群落。依托尼山圣境项目，策划以乐明礼、以乐行礼、以乐演礼的大型礼乐表演《金声玉振》，创意设计七十二贤廊及相关文化休闲体验活动。依托在圣源村、颜母庄、宫楼村等进行的美丽乡村示范片区建设，大力开展乡村民俗文化旅游活动。

⑦曲阜新区

提升孔子文化园、六艺城和蓼河商业街建设水平，六艺城着力打造涵盖参观游览、课堂学习、场景体验、游戏参与、生活体悟的修学产品体系，鼓励蓼河商业街导入以“非遗”文化体验为主题的休闲商业项目。依托孔子博物馆吸纳有关孔子文化的最新研究成果和新发现，不断丰富展陈内容。建设并提升孔子文化国际交流中心、儒家文化主题公园和文化广场、国学小镇等项目，共同打造国学文化创新发展示范区。

⑧曲阜文化国际慢城

严格保护大云寺、东王坟、尧王墓及小朱家村等遗址遗迹，推动九仙山、石门山、龙门山、西候幽谷风景区和凤仙山森林公园联动开发。以吴村镇、石门山镇两个市级美丽乡村示范片区为载体，以山、水、田、村四要素为基本格局，打造集文化旅游、生态体验、慢活休闲、创意产业于一体的儒家文化体验基地。依托柘沟镇建设的土陶文化产业园，建设砭石主题小镇。持续建设葫芦套村等一批特色民俗文化村，保持村落传统旧貌，传承手工技艺与民风民俗。

⑨泗水始祖文化片区

严格保护卞桥、泉林、卞城遗址等国家级、省市级重点文保单位，溯源泉林泉群人文历史，宣传洙泗文化的历史渊源及其对儒家学说传播的重要影响。有序推动尹家城遗址、西洼遗址、仲庙遗址、汶阳城遗址等文化遗址的考古发掘工作。打造普玉口村、梅鹿村等一批周边传统文化村落，持续组织青龙山菊花会等特色民俗节庆活动。

专栏　邹鲁文化生态保护实验区核心区重点工程

◆邹鲁文化探源工程

系统梳理邹鲁文化的历史源流、发展脉络，对邹鲁文化的精华和当代价值进行提炼阐发，出版邹鲁文化丛书，做好邹鲁礼乐的挖掘整理与传播，加强邹鲁文化城市的联络交流，重塑邹鲁文化的品牌价值。

◆“非遗”保护重点工程

力争“孔庙祀典”“祭孟大典”成功申报世界“非遗”名录。建设一批“非遗”博物馆、展示馆、民俗馆、传习所，实施鲁柘澄泥砚制作工艺保护项目及邹鲁民俗“非遗”研究传承基地、砭石等工艺品开发交易中心项目，深化邹鲁礼乐产品研发，深化大庄琉璃瓦厂、陶文化产业园、孟母文化影视基地、尼山景区大型实景演艺等“非遗”产业化项目。

◆古建筑群保护工程

有序推进尼山孔庙、周公庙、洙泗书院、尼山书院、明鲁王陵、汉鲁王墓、鲁端王墓、鲁贡王墓、鲁惠王墓等古建筑、墓葬保护工程及“三孔”“四孟”“两颜”保护工程。

◆遗址组团式保护工程

工程涵盖寿丘(少昊陵)始祖文化区遗址、九龙山文化遗址、峄山野店及邾国故城遗址；郭里羲皇庙遗址、蓝陵古城遗址、尹家城遗址、古卞城遗址、天齐庙遗址以及曲阜明故城保护复兴工程、邹县古城历史文化街区保护工程。

◆馆藏展示体系建设工程

建设完善孔子博物馆、孟子博物馆、石刻博物馆、峄山地质博物馆、邾国故城遗址博物馆、明鲁王陵博物馆、颜子博物馆、仲子博物馆、曾子博物馆、故宫博物院曲阜分院等，改善文物藏品保存和展示环境，降低文物藏品腐蚀率。

◆名城名镇名街名村保护工程

工程涵盖曲阜市、邹城市、泗水县，以及小雪街道、尼山镇、石门山镇、中心店镇、泉林镇、华村镇、圣水峪镇。工程内容包括完成以“三孔”“两孟”为核心的历史文化街区环境整治和保护；依托孔父故里鲁源村、孔母故里颜母庄村、孔子出生地夫子洞村、孟子出生地凫村、孟母三迁地庙户营、越峰村、上九山村、上磨石村、三合寨村、王家庄村、梅鹿村等，推进“乡村记忆”工程，建成一批“乡村记忆”村落(街区)，保护一批“乡村记忆”民居，培育一批“乡村记忆”民俗文化和民俗工艺传承人。

2. 协作区

协作区涵盖济宁市其他县(区)，这一区域具有与核心区相同或相近的历史人文资源，是邹鲁文化生态保护实验区建设的重要支撑空间。

(1)联动构建运河文化保护带

研究京杭大运河对邹鲁文化的传播、发展、冲击作用，统筹推进邹鲁文化与运河文化的研究阐发、教育普及、保护传承、创新发展、传播交流等工作。深度挖掘运河沿线的地方戏曲、民间传说和民俗等非物质文化遗产，整合大运河沿线区县的物质文化资源，集中力量建设南阳古镇、南旺枢纽考古遗址公园、济宁河道总督衙门等一批项目，做好周边环境的综合整治等工作，打造纵贯鲁西的历史文化景观带和世界级历史文化遗产廊道。加强运河文化生态资源挖掘，结合沿线“乡村记忆”工程及传统村落保护、大运河历史文化长廊建设等工程，丰富运河文化的物质载体和“非遗”展示形式，创新并推广民俗风情剧、戏曲等演艺项目。

(2)协同传承区域的优秀传统文化

如梁山县可紧密结合忠义文化示范区建设，深度挖掘水浒文化资源，传承弘扬忠、诚、信、义的梁山精神，加大对梁山武术、山东梆子等“非遗”项目的保护力度，争创省级水浒文化生态保护区。微山县可挖掘运河民俗文化资源，加大对伏羲庙等文化遗址的保护力度，依托微山湖民俗博物馆打造运河文化、渔家文化集中展示区，整合微山铁道游击队等红色文化资源，开发红色文化展览展示、集训体验、影视演艺等项目。汶上县可梳理“孔子初仕之地”的文化渊源，加强对文庙、大运河南旺枢纽及山东渔鼓、文圣拳等各类“非遗”项目的保护利用。兖州区可实施对西吴寺遗址、金口坝等物质文化遗产的保护开发，依托兴隆文化园联动汶上县，发展禅修体验、实景演艺、文化旅游产业。

(3)合力推进重大品牌建设工程

积极推进“儒学原乡 · 文化圣地”品牌建设工程，将传承弘扬邹鲁文化在内的优秀传统文化融入到全市公共文化服务系列活动之中，着力建设“儒学原乡 · 文化圣地”特色公共文化服务品牌。全力打造东方圣地文化旅游目的地品牌，联动孔孟文化之旅、儒家文化研学之旅、乡村度假之旅、始祖文化之旅等主题精品游线，实施研学旅游十百千工程，重点打造习儒拜圣、中华成人礼、中华文化寻根、文武双全等特色研学旅游品牌。依托历史文化街区、历史名镇名村、“非遗”传承中心及生产线保护基地,打造东方圣地、崇文尚武、乡愁记忆等文化休闲精品工程,共同提升“文化济宁”的知名度和影响力。

第三节 保护对策

一、保护方式与保护措施

(一)明确基本保护方式

1.抢救及预防式保护

加快推进区域内文化遗产资源的普查调研和建档工作,基于数字化技术升级传统标本式保护手段,健全完善濒危“非遗”项目监测机制,实施重点“非遗”项目“六个一”保护行动等措施,加大文化遗产抢救性保护和预防性保护力度,及时抢救濒危“非遗”项目及线索,以规避物质文化遗产被破坏的风险,全面、真实、系统地记录“非遗”技艺流程、代表剧(节)目、仪式规程等信息,为传承、研究、利用“非遗”留下宝贵资料。

2.原汁原味真实性保护

通过真实记录、整理、分析区域内的重点“非遗”资源,研究阐发“非遗”技艺、内涵、章法、规制等核心要素,弘扬传承工匠精神,引导全社会及“非遗”从业者尊重邹鲁文化内涵、历史脉络和文化形态的本真性,科学处理文化遗产保护传承和开发利用的关系,在保护传统内涵的基础上,进行合理利用和开发,避免本末倒置、喧宾夺主,为引导和塑造当代良好的社会文化风气与精神面貌提供积极、正确的价值导向。

3.传统工艺生产性保护

积极开展传统工艺、传统美术项目的生产性保护,继续创建一批国家级、省级“非遗”生产性示范基地,结合全省传统工艺振兴工程,鼓励和支持实验区内优秀文创企业、设计企业和高校到传统工艺项目所在地设立工作站和实验室,帮助传统工艺企业和从业者改进设计、改善材料、改良制作、提高品质、策划品牌,开发一批特色传统工艺品及“非遗”衍生品,加快推动传统工艺走进现代生活、现代设计走进传统工艺。

4. 文化生态整体性保护

通过对区域内重要文物、历史文化名城（街区）、名镇（乡）、名村以及自然保护区、风景名胜区实施整体性保护，重点将传统表演艺术类、技艺类、民俗类、体育类、医药类项目纳入历史文化名镇名村、历史文化街区保护规划，与乡村振兴战略、文化艺术之乡创建、美丽乡村建设相结合，与自然保护区、风景名胜区保护开发相结合，进一步优化“非遗”赖以生存的外部环境，使重点区域成为传统文化与现代文明共生并存的充满活力的文化空间。

（二）制定具体保护措施

1. 持续开展资源普查和建档工作

建立、完善“非遗”常态化普查制度，按照全面普查、广泛采集、确立重点、建档立卡、分类制作、图文并茂的工作要求，对保护实验区内的“非遗”和物质文化遗产的种类、数量、现状及传承人展开全面调查和记录，对挖掘整理出的文字、影像、实物资料进行归档。联动地方档案馆，有计划地开展城市记忆、乡村记忆、口述历史工程及方言语音建档工作，常态化开展“非遗”档案征集进馆工作。

2. 健全“非遗”名录体系与管理制度

挖掘整理相关“非遗”线索，进一步完善四级“非遗”名录体系，围绕曲阜尼山砚、柘沟土陶、邹鲁礼乐等特色“非遗”项目，有序开展国家级、省级“非遗”项目申报工作，在现有项目名录基础上，壮大国家级、省级项目及其代表性传承人数量，争取使更多项目被列入国家“非遗”保护利用设施建设工程项目库。完善非物质文化遗产代表性项目及传承人的认定及管理实施细则，重点加强对国家级、省级“非遗”代表性项目、传承人保护的管理监督工作。

3. 完善传承体系与活态传承渠道

针对“非遗”项目类别，积极探索家族传承、团体传承、社会传承、学校传承等多种传承方式，改进和完善对代表性传承人的动态管理、绩效考核机制，积极鼓励“非遗”传承人收徒传艺，对未列入代表性传承人名录的优秀民间艺人给予必要的支持。实施对传承人群的研培计划，帮助广大传承人群提高传承实践能力。拓展“非遗”传承活动商业赞助渠道，探索以项目带人才的方式，对传承人开展传承活动给予资助、补贴和奖励。

4.优化人文与自然生态环境

系统保护具有历史、文化和科学价值的各类文化遗产，加快建设国家大遗址曲阜片区保护维修工程等一批基础性、先导性项目，实施传统工艺振兴计划和文化记忆工程，建立市、县、乡、村历史文化展示体系。结合乡村振兴战略，传承乡村地域文化特色，形成一批各具特色的美丽乡村建设示范带。以建设国家生态保护与建设示范区为引领，加强北部、中部、东部地区的生态保护与修复工作。

5.搭建“非遗”现代化展示平台

以“非遗”传习中心、传习所为核心，结合区域内各级博物馆、文化馆、艺术馆、图书馆、乡村记忆博物馆等公共文化展示空间，对文化遗产实物资料及数字化信息进行现代化阐释、展演和创新演绎。利用城市老旧建筑、商业综合体、文创园区及公园广场等各类空间，开设“非遗”原生态展示项目，复原工艺美术类、歌舞演艺类等“非遗”项目的生产制作或演出场景，以专业传承和社会普及结合的方式，拓宽“非遗”的商业化开发渠道。

6.适时运用数字化技术

完善、充实“非遗”保护数据库，制作邹鲁“非遗”资料片、宣传片，提高“非遗”资源的科学归类与管理水平，实现图文音像的信息检索。适时打造虚拟展示平台，采用丰富多样的表达方式将多维度的“非遗”活态文化资源还原、展现出来，针对公共文化、研学旅游等不同应用场景，采用不同的展示方法与手段，实现全维度可视化展示。基于“非遗”数字资源录入、数字资源加工，启动邹鲁“非遗”知识产权的保护登记工作。

7.加快推动“非遗”走进现代生活

丰富传统工艺的创作题材和产品种类、功能，做精做强尼山砚、楷木雕、琉璃瓦、柘沟土陶等具备较高知名度的传统工艺产品，提高其设计、制作水平和整体品质。大力引导大庄绢花、徐弓坊弓箭、扶兴和毛笔等传统工艺改进、创新，开发现代空间软装产品、休闲娱乐产品和创意文具产品，拓展传统工艺在现代生活中的应用范围。扶持平派鼓吹乐、阴阳板、打铁花等“非遗”项目与传统节日、民俗集会相结合，繁荣民间文化。

8.引导社会联动与全民共建

加大对“非遗”研究成果、创新成果的宣传力度，依托新媒体渠道及文创产品等载体，改善“非遗”仅在小众群体内传播和认知的问题。建立引导基金并发挥其作用，吸引社会力量进入设计、生产、营销等链条。深入开展非物质文化遗产“六进”工程，持续开展非物质文化遗产展示、展演活动，鼓励和支持高校、职业院校、中小学设立非物质文化遗产相关课程，构建“平台＋课程＋活动＋实践”的“非遗”课程体系，培育新的传承群体。

9.加强文化生态保护理论研究

探索建立邹鲁文化生态保护研究机构，积极开展与文化生态保护区有关的理论研究和政策研究。利用国内外学术研讨会、论坛、座谈会、交流会等，深入研究文化生态保护区建设中遇到的新情况、新问题，科学稳妥地推进保护区建设。联合山东大学、曲阜师范大学等高等院校和专业研究机构，在文物保护利用、儒家文化传承等方面为生态保护区建设提供理论依据和决策参考。依托孔子研究院、孟子研究院等平台，实施儒家优秀传统文化转化创新重大理论研究工程。依托政协机关、民间组织、研究机构，围绕邹鲁文化遗产的历史与现状、文化艺术价值、开发利用规律，编撰出版系列成果。

（三）加强文化品牌培育与传播

1.实施邹鲁文化品牌培育工程

实施文化艺术精品创作工程，以实验区内的重大历史事件和重点“非遗”项目为创作素材，打造一批邹鲁文化艺术精品，持续实施“礼乐复兴·邹鲁先行”礼乐文化剧全国巡演，将邹鲁礼乐等打造成为全国性文化演艺知名品牌。普及推广“图书馆＋书院”模式，依托尼山书院、孟子书院、圣源书院、洙泗书院等传统书院，挖掘传统书院制教育模式的精髓，打造全国乃至国际知名的文化教育服务品牌。开发优秀传统政德思想精品教材和培训课程，打造全国政德教育基地。深入实施百姓儒学工程，倡导知恩图报、奉献社会、邻里互助，培育文明乡风和新乡贤文化，将乡村儒学讲堂打造成全国示范品牌。依托世界儒学大会、尼山世界文明论坛、孔子文化节、孔子学院总部体验基地、孟子研究院等儒家文化高端平台，打造国际儒家思想文化体验基地。以祭孔大典、孟子圣迹、六艺课程等为核心，构建修学体验课程，组织一批体现儒家文化特色的展览、节庆活动，打造邹鲁研学游品牌。

2.打造邹鲁文化标识性景观

以彰显邹鲁文化形象、历史背景、人文情怀为导向，加强区内历史文化景观和标志性城市景观的建设。将邹鲁文化遗产保护与利用纳入城市发展总体规划,统筹考虑考古挖掘情况,避免城市建设与文物保护相冲突。保护、恢复历史文化街区风貌和传统街巷肌理,协调空间格局、建筑色彩等要素,规划布局一批体现邹鲁文化的标志性建筑和人文景观。以圣贤故事、儒学经典为主题,围绕行政边界、主干道路、重要节点,策划落地集科普性、体验性、参与性、互动性为一体的系列景观小品。加强农村人居环境整治,合理设计房屋结构布局和外观风格,打造一批儒风乡村。结合自然山体水体保护工程,丰富山体水体人文景观,打造纵横相间的邹鲁文化风情展示廊道。

3.构建邹鲁文化现代化传播体系

构建立体多样、融媒发展、传输快捷、覆盖广泛的地域文化传播体系,建设中国孔子网、孔子网络电视台、儒家文化数字馆,打造儒家优秀传统文化传播的主流平台。拓展优秀文艺作品宣传渠道,加强与中央电视台、山东卫视及相关门户网站、视频网站、自媒体等各类传播媒体的合作,探索"互联网+非遗"传播新渠道。提升反映邹鲁文化的起源、发展、繁盛过程的专题片、纪录片、影视剧的质量,落实中华优秀传统文化故事会项目的征集工作,建立健全故事会网络传播平台,广泛开展邹鲁文化故事展演、展播活动。充分利用等新媒体手段,提高邹鲁文化品牌的宣传推广效果。发挥旅游消费与文化宣传的联动效应,依托曲阜新区、孟子湖新区等片区及曲阜文化国际慢城、尼山圣境等重大文化旅游项目,联动推介代表性"非遗"项目。

4.实施邹鲁文化品牌"走出去"战略

积极参与全省齐鲁文化丝路行文化交流活动,综合运用出境综艺表演、文博展览、民俗庙会、图书展销、广播影视等多种形式和渠道,讲好邹鲁故事,创新儒家文化"走出去"模式。落实对外文化交流项目库工程,将"非遗"项目展演、图片实物展览、艺术表演、产品展销等形式有机结合。支持开展邹鲁礼乐世界巡回展演,不断提高邹鲁文化城市联盟的辐射力、影响力。鼓励支持尼山砚、楷木雕、泗水剪纸等"非遗"类产品开拓国际市场。组织传统工艺传承人、企业和团体组织的代表,开展国际交流和研修培训,支持更多文化企业和产品列入国家文化出口重点企业、重点项目目录。加强国内大型博物馆、美术馆、大剧院等的沟通协调,强化馆际、院际合作,实现可移动文物、传统工艺品、美术品及舞台剧目的巡展、巡演。

二、实施计划

邹鲁文化生态保护实验区的建设分为夯实基础、总结提升、巩固发展三个阶段，应合理分解各阶段工作任务并付诸实施。

（一）夯实基础阶段（2018～2020 年）

在《邹鲁文化生态保护实验区总体规划》的基础上，制定出台《邹鲁文化生态保护实验区总体规划实施方案》，分解规划任务，制定实施细则，明确责任单位。发挥邹鲁文化生态保护实验区工作领导小组的主导作用，有序开展国家级文化生态保护区创建工作。

1. 建设目标

（1）制度体系建设逐步完善

使“非遗”资源普查实现常态化，“非遗”四级名录体系进一步健全。濒危项目抢救性记录工程深入推进，抢救性建档保护实现全覆盖，“非遗”数字化资源实现合理利用。

（2）“非遗”项目保护成效显著

落地一批“非遗”展示、传习场所，合作共建一批生产性保护基地、研修研习培训基地，制订邹鲁传统工艺振兴目录，创建若干省级传统工艺工作站、重点实验室。

（3）“非遗”传承机制日趋成熟

代表性传承人认定管理机制不断完善，“非遗”研修研习培训计划有序实施，拓展形成家族传承、团体传承、社会传承、学校传承等多元化、多层次的传承体系。

（4）研究宣传工作成果丰硕

依托“非遗”普查工作，形成调研报告、传承人口述史等一批“非遗”普查成果和保护成果。培育多元化的“非遗”展演展示平台和民俗节庆活动品牌。

2. 主要任务

（1）实施邹鲁文化资源普查计划

全面盘清邹鲁文化资源，建立系统、全面的邹鲁文化资源库。探索建立分类分级文化资源管理制度，制定重点文化资源开发规划，为邹鲁文化资源保护和科学利用奠定基础。

（2）深入开展“非遗”普查、登记工作

建立濒危、已消亡的非物质文化遗产项目库，积极开展各批次国家级、省级、市级“非遗”代表性项目、传承人申报工作,争取使更多的“非遗”代表性项目、传承人晋升国家级、省级名录。

(3)实施国家级、省级“非遗”项目“六个一”保护行动

编制省级“非遗”代表性项目整体性保护规划,加大对重点项目、濒危项目及传承人的资金扶持与政策倾斜力度,建立邹鲁“非遗”传承人协会的组织和定期培训制度。

(4)实施针对“非遗”代表性传承人的抢救性记录工程

对70岁以上、年老体弱的国家级、省级传承人进行全面普查,全面实施省级代表性传承人“五个一”扶持计划,开展扶持100位“非遗”传承人活动、民间艺人收徒传艺活动。

(5)健全“非遗”展示展演设施网络

按照公共文化服务体系建设要求及“非遗”保护实际需求,各县(市、区)至少建立1处非物质文化遗产展示、传习场所,积极申报国家“非遗”保护利用设施建设重点项目。

(6)加强对“非遗”生产性保护的支撑力度

做大做强并持续创建一批国家级、省级“非遗”生产性保护示范基地,对接山东省传统工艺振兴工程,建设一批传统工艺重点实验室、工作站,稳步推进齐鲁优秀传统文化传承创新工程重点项目的建设。

(7)深入推进“非遗”研究及科普宣传

组织专业协会、专家力量编撰调查研究报告及传承人口述史,出版一批重点“非遗”项目研究、科普成果,利用文化遗产日、山东省非物质文化遗产月,策划组织专题科普宣传。

(8)营造全社会参与保护的氛围

制订邹鲁文化生态保护年度推介计划,策划“非遗”传承人对话设计师等主题活动。利用相关媒体渠道及重大节会、文博展览、民俗庙会、图书展销、广播影视等,多措并举,提高社会关注度。

(二)总结提升阶段(2021~2025年)

基于前期建设基础和保护成果,总结邹鲁文化生态保护工作经验。按照循序渐进、分步实施的原则,系统修复非物质文化遗产传承链,着力提升“非遗”创新发展和自我造血等薄弱环节。

1.建设目标

(1)文化生态保护逐步深入

使“非遗”传习场所、展示场馆等基础设施的总量及利用效能全面满足保护需求,形成一批文化生态理论研究成果和实践成果。重大文物保护利用项目实现预期目标,组建一支文化生态保护专业人才队伍。邹鲁文化生态保护全面实现规范化、科学化、法制化。

(2)创新水平大幅提升

数字媒体技术应用能力大幅提升,“非遗”内涵阐发、展演、展示的新形式、新模式层出不穷。“非遗”传承人、从业者的文化艺术修养、审美能力和创新能力显著提高。推出一批具有邹鲁文化特质、适应现代生活的优秀“非遗”产品、传统工艺产品,实现“非遗”走进现代生活、现代元素融入传统“非遗”。

(3)保护利用格局全面优化

打造一批特色显著、载体多元的重点保护区域,推动形成特色鲜明、分布有序、资源互补、内涵一致的空间保护格局。传统“非遗”资源创意转化能力显著提升,建设提升一批特色文化产业基地和文化旅游项目群,以文化生态保护驱动文化、旅游产业实现品牌化、集聚化和规模化发展。

2.主要任务

(1)持续推进“非遗”常规保护工作

逐步加大对各级“非遗”代表性项目及传承人的保护力度,规范“非遗”代表性传承人认定管理制度,完善“非遗”活态传承机制,进一步健全“非遗”保护、展示、宣传、利用的设施网络和载体平台。

(2)大力实施“非遗”版权保护计划

搭建“非遗”基础资源数据库,建立对“非遗”版权的服务、保护体系,指导“非遗”项目传承人、生产性保护企业建立版权机制,依托“齐鲁文化融入‘一带一路’”战略,引导邹鲁“非遗”IP走出去,发展“非遗”版权贸易。

(3)搭建“非遗”保护开发综合平台

发挥政府的主导作用,联合产、学、研各界及相关第三方专业组织,搭建集研究、创意、科技、金融、营销等功能于一体的“非遗”保护开发平台,加速“非遗”资源的转化利用与项目孵化。

(4)夯实乡村文化生态保护基础

深度结合乡村振兴战略,统筹美丽乡村、田园综合体、乡村旅游等相关配套政策和载体平台,加速乡村特色"非遗"项目的传承保护和创新发展,提高"非遗"产业化带动能力,拓宽农民增收渠道,提升乡村文化风貌与内在凝聚力。

(5)加强社区文化生态整体性保护

结合国家新型城镇化进程,将文化遗产保护与传承纳入本地新型城镇化规划建设中,紧密结合人民日益增长的美好生活需要,加强社区文化阵地建设,创新"非遗"传承平台和文化惠民形式。

(三)巩固发展阶段(2026～2030年)

进一步深化整体性保护实践,健全完善邹鲁地区自然生态保护机制和人文生态保护传承机制,推动邹鲁文化生态保护实验区建设迈上自然生态、社会人文环境共生的新台阶。

1. 建设目标

(1)文化生态保护迈上新台阶

使邹鲁地区的文化遗产与人文环境、自然环境实现良好的生态平衡,文化生态保护与经济、社会发展呈现良好的互动效应。"见人见物见生活"的理念得到全面贯彻,民众的文化主体地位和对"非遗"保护的认知度、参与度普遍提高,全面实现遗产丰富、氛围浓厚、特色鲜明、民众受益的建设目标。

(2)邹鲁文化影响更加广泛深入

全面落实中华优秀传统文化传承发展工程、齐鲁优秀文化传承创新工程,并取得丰硕成果。邹鲁文化生态保护实验区的品牌知名度显著提升,邹鲁文化的优秀成果和时代价值得到彰显。邹鲁文化圈内的城市文化交流、产业合作、品牌共建取得丰硕成果,积极融入齐鲁文化"走出去"战略,邹鲁文化的国际影响更加广泛深入。

2. 主要任务

(1)健全自然生态保护和空间治理机制

实施山林、水体生态修复工程,统筹推进文脉、山脉、水脉开发利用,高标准实现生产空间集约高效、生活空间宜居适度、生态空间山清水秀,体现邹鲁地区的山水、文化风情。

树立同城化、全域化的发展理念，统筹实施城乡建设改造提升工程，推动美丽乡村连片治理，提高区域空间科学治理水平。

(2)完善人文生态保护传承机制

依托科学的文化的生态评价指标体系，对邹鲁文化的生态保护效果及保护过程中存在的问题进行准确评估。构建针对文化遗产资源的评价、决策支持平台，创新对文化遗产的保护方式与路径，有效应对文化生态保护工作中的新问题、新挑战。持续梳理、修复现有“非遗”所处的物质环境和人文环境，推动“非遗”从抢救性、单体性保护转化为生态性、系统性、生产性、兼容性保护。

三、保障措施

(一)健全组织协调机制

成立邹鲁文化生态保护实验区工作领导小组，领导小组组长由市人民政府分管领导担任，小组成员包括市文广新局、社科联、发改委、经贸委、财政局、建设局、规划局、公安局、教育局、民政局、环保局、卫生局、体育局、旅游局及各县(市区)人民政府等单位，领导小组办公室设于邹城市。设立专项资金及分配使用规定，实施领导小组联席会议制度，负责审议建设规划和相关实施方案。监督建设规划及各阶段实施方案的落实情况，协调解决文化生态保护实验区建设的重大问题。组织聘请有关学术研究机构、高等院校、企事业单位、社会组织的专家学者，成立邹鲁文化生态保护实验区工作专家委员会，结合工作实际开展理论研究，为文化生态保护区建设提供智力支持。

(二)加大财税支持力度

积极申报“非遗”保护专项资金，为国家级“非遗”项目的保护、传承、展演活动争取国家“非遗”专项经费支持。引导“非遗”保护项目、文物保护项目、古村落保护项目积极争取省、市级相关专项资金支持，统筹利用文化记忆工程等相关专项资金。由市级财政拨款，结合社会和个人出资的方式，设立邹鲁文化生态保护实验区专项引导基金。逐步提高市级财政预算额度，对区内文化遗产保护、重大基础设施建设、特色产业发展等给予支持。引导各级相关专项资金向实验区倾斜，对满足税费减免政策的项目、企业给予相应政策支持。借助中国孔子基金会等平台，建立面向海内外企业、机构、团队、组织等社会力量的资金筹集渠道。加强与金融机构的合作，鼓励金融机构开发多元化、多层次的信贷产品，支持金融机构开发无形资产质押贷款业务，建立邹鲁文化无形资产评估机制。统筹构建金融合作平台，加大政策性金融、开发性金融、商业性金融对实验区建设的支持力度。鼓励条件成熟的文化企业(集团)发行公司债、企业债、集合信托和集合债、中小企业私募债等非金融企业债务融资工具。通过政府购买服务、资产证券化、公私合营等方式，引进社会资本参与实验区保护建设。

(三)完善政策保障体系

宣传并贯彻《中华人民共和国非物质文化遗产法》《中华人民共和国文物保护法》《文化部关于加强国家级文化生态保护区建设的指导意见》《山东省非物质文化遗产条例》等政策法规。针对邹鲁文化生态保护现状及突出问题，制定出台《邹鲁文化生态保护实验区保护和管理条例》《邹鲁文化生态保护实验区非物质文化遗产项目保护单位管理办法》，不断完善有法可依、有章可循的文化生态保护制度体系。制定出台有利于"非遗"生产性保护、整体性保护的产业政策、土地政策、财税政策、金融政策，为实验区建设创造良好的政策环境。编制实验区文化产业发展指导目录，对有利于文化生态保护且符合特色产业发展趋势的企业、园区、项目，在基础设施建设、土地使用、税收优惠、工商登记等方面给予支持。

(四)加强人才智力支撑

构建完善的文化生态保护人才队伍，由县级以上文化主管部门定期举办面向传承人、相关从业人员、基层文化工作者的专业培训，设立传授文化遗产普查、文化遗产保护、文化生态理论知识及相关法律法规、地方文化、管理方法、技术应用等知识的培训课程。建立考察学习机制，组织相关人员学习国内优秀文化生态保护区的实践经验，探索文化生态保护规律，提高其管理能力和业务能力。加强专业人才培养，联合曲阜师范大学、济宁学院、济宁职业技术学院、山东省贸易职工大学、济宁技术学院等高校，开设相关专业课程，设立校外实习基地，培养一批具有专业素养的文化生态保护人才。支持园区、企业与各高校、研究机构建立合作关系，抓好省级传统工艺工作站和重点实验室创建工作，依托国家级、省级"非遗"生产性保护基地，提高特色文化产品、服务的市场竞争力。

(五)加强舆论引导宣传

加强舆论引导,充分利用报刊、广播电视、互联网等媒体渠道,对实验区建设进行宣传报道,依托博物馆、图书馆、文化馆、民俗馆等场所提高邹鲁文化展示、展演、体验活动的频次。将"非遗"资源与原创视频、博客、播客、电子杂志等新媒体形态相结合,创新传播与推广的表现形式和媒体形态,为群众感受和学习邹鲁文化提供便捷优质的资源。鼓励"非遗"传承人与现代创意设计团队合作,通过产品创新研发,提高"非遗"项目的社会认知度。支持民间文化团体参与邹鲁文化生态保护实验区的建设,鼓励依法建立协会、学会、研究会、基金会、联谊会、联合会等学术类团体组织,不断丰富邹鲁文化的研究成果。利用好世界儒学大会、尼山世界文明论坛、孔子文化节、国际青年儒学大会、中华(邹城)母亲节、祭孔大典、祭孟大典等高端平台,提高邹鲁文化的知名度和影响力。围绕文化和自然遗产日,大力开展丰富多彩的群众文化活动,通过辩论、比赛、评比等方式,宣传人文生态与自然生态保护并举的理念,增强民众自觉参与人文生态、自然生态保护的意识。

第二章

滨州邹平美丽乡村建设调研报告

2017 年 4 月 11～13 日，济南泺尚有道文化创意产业规划设计院常务副院长周朋飞、特聘专家昝胜锋博士、规划设计部胡玥、规划设计师窦英固受邀赴滨州邹平西董镇、临池镇调研美丽乡村项目，开启了与山东多地战略合作的新模式。团队先后考察了黛溪办张高村和西董镇的西庵村、西董村、西井村、小西河村，以及临池镇王家村、北山村，并收集了大量的图文资料。泺尚有道文化创意产业规划设计院周朋飞院长、首席专家昝胜锋与当地领导、村民代表交流了当地美丽乡村建设的相关情况。

昝胜锋博士提出，打造旅游道路两侧的特色节点，要立足本地，注重留白，找准当地文化精髓，依托地域民俗特色，统筹差异化文旅资源。差异化策略是进行市场竞争时所采用最多的竞争策略之一，要推动邹平各美丽乡村实施差异化策略，应基于较高的视野和战略基点实施品牌定位，从文化品牌识别系统、视觉形象标识系统等方面对村庄的全域进行系统研究，构建专属的功能区分。

周朋飞院长提出，乡村旅游必将成为未来几年中国旅游的新潮流。每一个村落都有其独特的灵魂，独有的文化资源、自然生态系统是美丽乡村发展的重要基础。他进一步表示，将在实地调研、方案设计、后期设施建设过程中充分尊重政府建议和村民民意，突出“三化合一”，以文旅村镇整体规划为起点，以美丽乡村文化标识性景观、传统村落文旅标识系统、特色农业景区、个性民宿创意设计为突破点，推动文旅项目落地建设，全力打造诸多美丽宜居示范村。

最终，泺尚有道文化创意产业规划团队编制了《滨州邹平美丽乡村建设调研报告》。现摘取报告的部分研究成果，以飨读者。

第一节　柳泉村美丽乡村调研报告

一、基础分析

柳泉村位于滨州市邹平县黄山街道，属县城区，距县府所在地 5 公里，距周村 12 公里，地理位置优越。

柳泉村东西两侧紧邻醴泉五路、246 省道，外围分布西外环路、南外环路、G20 青银高速等道路。333 路公交车在本村设站点，交通便利。

柳泉村西侧的主路南北对接南外环路、鹤伴四路，通行条件良好。村内有三条主路东西横贯，南北街巷密布，交通网格较为完善。

柳泉村通过建筑立面整治、道路硬化、增设景观等前期改造，改变了原来脏、乱、差、散的情况，村容村貌大为改善，但总体看，仍存在许多问题，如：路面硬化面积过大，整体绿化面积过小，设备设施有待美化；村史文化挖掘不到位，人文景观匮乏，村落形象系统尚未建立；公共空间闲置较多，未能充分利用废旧院落，传统建筑保护方式不得当。

二、总体战略

（一）发展方向

注重乡村民俗文化传承，加大对传统村落民居的保护力度，留住美丽乡愁，打造具有品牌影响力的美丽乡村精品示范区。完善文化旅游的吃、住、行、游、娱、购等市场要素，积极融入黄山街道，打造环城市游憩区和综合休闲服务区战略。注重历史、现状和前景的一脉相承，注重生态、文化和现代要素的深度融合，高标准、高质量服务邹平核心城区建设。柳泉村的具体发展方向如图 3-2-1 所示。

生活美——宜居柳泉　　生产美——宜业柳泉　　生态美——宜游柳泉

慢游生活

图 3-2-1　柳泉村发展方向

(二)基本原则

高标准配置基础设施，严格要求文化保护传承工作，高品位塑造特色风貌，长效管护机制全覆盖。

(三)打造策略

挖掘村庄历史文化，依托文化元素进行提炼设计，设计各类人文景观、导视系统等；丰富建筑空间层次，尊重村落肌理，梳理公共空间的层次、疏密关系，提高利用效率；塑造特色景观群落，以柳、泉为核心元素，营造户户垂柳、家家流水的优质生态系统；健全公共服务项目，有效利用现有闲置民居，打造体现乡愁和记忆的村史馆、大讲堂。

(四)理想蓝图

1.“柳 · 泉”印象主题村落

泉流娓娓，垂柳依依，青砖黛瓦，如诗如画，碧水池畔，绿树村边，白云回望，心随雁飞。

2.山东美丽乡村建设示范村

村容村貌美观，生态环境优质；文化传承有序，基础设施完善；公共服务健全，产业发展高效。

三、设计策划

(一)策划思路

充分依托柳泉村的文化资源和自然资源优势，通过文化发掘、建筑改造、绿化美化、设施升级、导视服务、氛围营造等措施，提升村容村貌和文化内涵。

(二)文化主线

传统文化风貌展示线。

1. 核心任务

注重乡村民俗文化传承，加大对传统村落民居的保护力度，留住美丽乡愁。

2. 建设内容

挖掘、展示历史典故、名人遗迹；打造村史博物馆，以保护“非遗”项目，展示传统民俗，复原文化场景。

(三)资源辅线

柳、泉特色资源展示线。

1. 核心任务

依托柳、泉特色资源，提高村容村貌，提高柳泉村的文化意蕴和生态水平，赋予柳泉村名副其实的风貌特色。

2. 建设内容

提高村内绿化、美化水平，增设垂柳、泉景，连通泉水与村内水系。

(四)经验借鉴

1. 竹泉村

竹泉村位于山东省临沂市沂南县铜井镇，始建于明朝末年，迄今已有四百多年的历史。竹泉村的自然生态和其对各种民俗项目的展示保护是当下中国美丽乡村建设的典范。

2. 横山坞村

横山坞村位于浙江省安吉县灵峰山西麓，交通便利，是一个经济繁荣、环境优美的城郊型村庄。村内丘、岗、坡、冲层次分明，村民们依山傍坡而居。横山坞村先后荣获全国十佳小康村、省级文明村、省级文化示范村等诸多荣誉。

（五）总体布局

柳泉村的规划总体布局如图 3-2-2 所示。

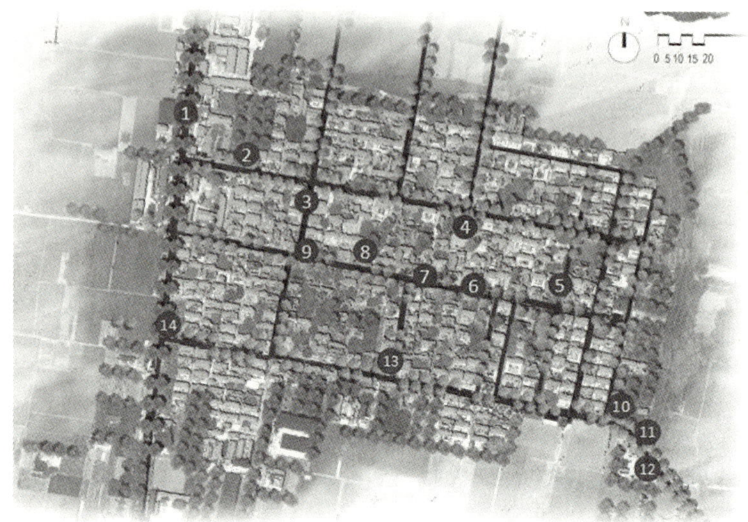

① 入村标识
② 奋斗记忆
③ 胡同街巷
④ 柳泉大戏台
⑤ 双子潭（咏柳潭、咏朱潭）
⑥ 文化广场
⑦ 古枣树
⑧ 大讲堂+餐饮会所
⑨ 村史馆
⑩ 纪念碑
⑪ 游乐场
⑫ 迎宾牌坊
⑬ 微型广场
⑭ 美食街

图 3-2-2　柳泉村规划总体布局

（六）节点设计

1. 入村标识

优化南北大街，设立柳泉村牌坊，增加道路两侧的绿化面积，打造柳泉村的特色大街，如图 3-2-3(1)、图 3-2-3(2)所示。

图 3-2-3(1)　现有的入村标识

图 3-2-3(2)　柳泉村牌坊效果图

2. 东西大街

优化东西主大街，在两侧栽植柳树，增加景观绿化，改善垃圾桶布置，打造柳泉村特色风貌景观，如图 3-2-4 所示。

图 3-2-4　东西大街效果图

3. 胡同街巷

优化路面材质，路两边种植花卉、观赏草、灌木，并选择质地较好的墙面进行墙绘，质地不好的一侧种植观赏类小乔木。

4. 柳泉大戏台

在柳泉大戏台广场两侧种植柳树及其他灌木，并搭配民俗雕塑，以增加广场的活泼性，为村民打造一个美观并富有生气的活动广场。

5. 咏泉潭

在水池中心放置假山，在四个花池内种植荷花，在岸边护坡种植观赏草，以净化水质。在水池周围种植柳树和低矮灌木花卉。设置喷泉，突出本村主题，与假山、水池融为一体。优化路面材质，在廊架两侧种植藤蔓花卉、观赏草、灌木等绿植，丰富水池周边的植物景观，美化环境，如图 3-2-5(1)、图 3-2-5(2)所示。

图 3-2-5(1)　咏泉潭现状图

图 3-2-5(2)　咏泉潭效果图

6. 咏柳潭

在咏柳潭的凉亭前重新铺设地砖，在两个树池种植柳树，在咏柳潭周围种植低矮灌木花卉，将小广场打造成村民的主要游憩场所。在水池中心放置假山，种植荷花，在水池周围种植柳树和低矮灌木花卉。在岸边护坡种植观赏草，以净化水质。设置喷泉，突出本村主题，与假山、水池融为一体。

第二节　张高村美丽乡村调研报告

一、基础分析

(一)项目背景

1. 政策背景

党的十八大报告中首次提出了把生态文明建设放在突出地位，融入经济建设、政治建设、文化建设、社会建设各方面和全过程，努力建设“美丽中国”的任务和目标。美丽中国的建设重点和难点在于农村。2013 年的中央一号文件中提出，要推进农村生态文明建设，努力建设美丽乡村。开展美丽乡村建设，是贯彻落实十八大精神、实现全面建成小康社会目标的需要；是推进生态文明建设、实现永续发展的需要；是强化农业基础、推进农业现代化的需要；是优化公共资源配置、推动城乡发展一体化的需要。国家财政部、国务院农村综合改革办公室、农业部等相关部委纷纷出台措施和政策，推动美丽乡村的建设。国务院农村综合改革工作小组于 2012 年发布了《关于开展农村综合改革示范试点工作的通知》，开展了美丽乡村建设等十项主要改革重点的示范试点工作。2013 年 7 月，财政部发布了《关于发挥一事一议财政奖补作用，推动美丽乡村建设试点的通知》，决定将美丽乡村建设作为一事一议财政奖补工作的主攻方向，启动美丽乡村建设试点。农业部办公厅 2013 年初发布了《农业部办公厅关于开展“美丽乡村”创建活动的意见》。2014 年，国务院办公厅发布了《国务院办公厅关于改善农村人居环境的指导意见》。

2016 年，山东省委办公厅、省政府办公厅印发了《关于推进美丽乡村标准化建设的意见》，意见提出：各级党委、政府要充分认识推进美丽乡村标准化建设的重要性和紧迫性，切实把思想统一到省委、省政府的决策部署上来，以走在前列为目标定位，加强组织领导，强化工作措施，调动各方力量，推进我省美丽乡村建设迈上新水平，为全面建成小康社会打下坚实基础。坚持用标准化的理念推进美丽乡村建设，实现基础设施配置标准化、公共服务功能标准化、工程建设质量标准化、长效管护机制标准化，全面提高美丽乡村建设的科学化水平。要遵循乡村发展规律，依据资源禀赋，体现区域差异，丰富文化内涵，彰显地方特色，分类推进各类村庄建设，形成一村一品、一村一韵、一村一景，坚决避免千村一面、千篇一律。2016 年，山东省质监局发布了《生态文明乡村（美丽乡村）建设规范》，该文件第 7 部分“评价”采取定性和定量相结合的方法，在村庄建设、生态环境、经济发展、公共服务等领域规定了 85 项评价指标，其中量化指标共 20 项，约占 23.5％，提出了省内生态文明乡村建设质量水平的评价准绳，明确了我省生态文明乡村建设的总体方向和基本要求。总的来看，该标准在宏观层面上对美丽乡村建设进行了涵盖，兼顾农村硬件设施建设以及管理服务等多个方面，也在细节上对乡村建设提出了具体要求。

滨州市美丽乡村标准化建设动员会议提出，美丽乡村标准化建设的具体目标是力争到 2020 年，滨州市美丽乡村达标村覆盖率达到 80％，2022 年基本实现全覆盖，提前三年完成省定目标。滨州市美丽乡村建设将重点在规划编制标准化、基础设施标准化、公共服务标准化、建设质量标准化、长效管护机制标准化上下工夫，坚持分类推进，示范引领，突出滨州元素，体现滨州韵味，彰显地方特色。《邹平县国民经济和社会发展第十三个五年规划纲要》中提出，要着力提升新农村建设水平，坚持规划引领、统筹兼顾、城乡一体、全域覆盖，坚持高起点规划、高标准建设，实施美丽乡村建设行动，统筹推进村庄建设与产业发展，依托区位条件、资源禀赋、产业基础和人文传承，对建制村进行分类梳理，按照宜工则工、宜农则农、宜游则游、宜居则居的原则，培育一批以特色农业、专业加工、休闲旅游、商贸流通为主的新型村庄，打造具有品牌影响力的美丽乡村精品示范区。注重乡村文化民俗传承，加大对传统村落民居和历史文化名村名镇的保护力度，留住美丽乡愁。

2. 工作基础

(1)邹平县部署农村环境综合整治工作

近年来，邹平县以硬化、净化、美化为重点，按照分类实施、梯次推进的原则，大力开展了农村环境综合整治工作,累计投资6.5亿元,16个镇街全部整建完成了“三化”建设。邹平县加快基础设施建设,全面推进城乡环卫一体化,逐步形成了村收集、镇清运、县处理的三级网络,城乡环卫管理水平不断提高。

(2)邹平县开展新农村新生活教育

邹平县围绕乡村文明行动的目标任务,大力开展宣传大讲堂、广场舞培训、舞前十分钟、家庭教育专题讲座、农村党员培训等新农村新生活教育培训活动,并以家庭为单位,深化家庭美德教育,组织开展卫生家庭创建活动。

(3)邹平县加大公共文化服务力度

五年来,邹平县财政投入1000余万元,建设农家书屋、文化大院、文体广场,为农民群众搭建自娱自乐的活动平台。目前,各镇街综合文化站建设全部完成,全县95%的村建成了文化大院、农家书屋、文体广场。邹平县还采用图片、漫画、文明标语等表现手法,打造了与周边环境相映成趣的文化墙。

(4)黛溪街道办事处推进农村环境综合整治

黛溪街道围绕创建全国文明城市的目标,全面推进农村环境综合整治工作,集中解决农村脏、乱、差问题。该街道26个村庄严格按照突出重点、整体推进、全面覆盖、标本兼治的要求,迅速根据实际情况制订计划,展开行动,全面动员,全民参与相关的环境整治和综合治理工作。

(5)张高村一体推进新农村生产生活项目建设

张高村是黛溪街道的美丽乡村试点计划村,黛溪街道以水杏为主题,主打乐活乡居品牌,开发凤凰山山地资源,打造水杏文化景观,开展民俗体验项目,截至2017年11月,以乡村特色社区、乡居生活体验为核心的“黛溪杏花村”正在逐步打造成型。

(二)现状分析

1.地理环境

(1)邹平县整体地形地貌

邹平县所在的地貌单元为冲积平原,地形平坦开阔,坡度为1/100~1/500,地面高程为19.69~20.93米。邹平县北起黄河南岸台子镇旧城渡口,南至临池镇郑家村,最大纵距50.15千米;西起码头乡刘平村,东至长山镇韩家村,最大横距57.55千米。邹平县南部是古老的低山丘陵，面积为 196.02 平方千米，占邹平县总面积的 15.66%；东部、西部是山前冲积平原，面积为 364.04 平方千米，占邹平县总面积的 29.09%；北部和西北部都是黄泛平原，面积为 691.69 平方千米，占邹平县总面积的 55.25%。邹平县地势从南向北是由海拔 862.8 米的低山到海拔 11.6 米的平原，呈倾斜式下降。

(2)张高村气候特征

张高村属北温带大陆性气候区，气候温和，雨热同季，四季分明，春季干旱多风，夏季湿热多雨，秋季天高气爽，冬季寒冷少雪。张高村光热资源丰富，但年际变化较大，冷暖旱湿变化剧烈，且有较强的不稳定性和不均匀性，冬夏温差达 29.8 ℃，一月为最冷月，七月为最热月，表现出了明显的大陆性气候特点。

2. 地理位置

(1)黛溪街道

黛溪街道办事处地处邹平县城驻地，总面积 41 平方千米，地理位置优越，交通便利，济青高速公路从境内横穿东西，东距国际港口城市青岛仅 2 小时的路程，西距济南国际机场仅 45 千米，南距胶济铁路 15 千米。

(2)张高村

张高村位于邹平市西郊，紧邻济青高速、321 省道、邹平西外环，是一个半山村，该村由三个自然村(张高、小明家、接官亭)组成。

3. 优质的资源

(1)唐李庵

唐李庵素有齐鲁“小灵岩”之称，始建于晋朝末期，历经数次修缮，整体为四合院式建筑群落，由正门、影壁、大雄宝殿、伽蓝神殿、地藏王菩萨殿、韦陀菩萨神龛组成，大殿屋脊、角、檐均有双龙和吻兽等饰物，殿内梁柱及四壁彩绘关公征战图、菩萨飞升图、五爪飞龙图、墨虎等壁画。

(2)凤凰山

凤凰山在张高村西，隔大李村与九节青龙山相望。凤凰山一山三峰，中锋如凤凰首，高昂挺立，左右两峰似翼，伸展欲飞，因离九节青龙山很近，人们将其与青龙山合称“游龙戏凤”。

(3)水杏

张高村盛产水杏、香椿等农产品。其中张高村水杏的栽植历史可上溯至隋唐时期。明清时,水杏曾作为朝廷贡品。张高水杏个大早熟、味甜香浓,素有“小满三日杏发黄”之说,畅销全国十几个省市,并被销往港、澳、台及东南亚市场。

(4)张高村墓群

张高村墓群位于邹平县黛溪街道办事处张高村南部,现存三座墓冢。1995 年,滨州市文物处与省考古研究所有关专家专程来此进行考察,推断出张高村的墓冢为汉代诸侯墓,颇具保护价值。2012 年 7 月,滨州市人民政府公布了第三批市级文物保护单位,其中包括张高村墓群。2015 年 6 月 23 日,张高村墓群被山东省人民政府确立为山东省第五批重点文物保护单位。

二、总体战略

(一)发展方向

打造体现文化特色和乡愁的乡村旅游目的地,突出张高村的水杏、香椿、土特产等。体现原生态,尽量保持村庄、建筑及物品的原貌,要体现地方特色和乡情乡愁。

(二)规划理念

历史、现实与未来一脉相承,生态、文化与产业深度融合。

(三)建设目标

1. 山东省级美丽乡村示范村

建成生产美、生态美、生活美的宜居、宜业、宜游的美丽乡村。

2. 中国杏林康养度假胜地

做好传统医学养生文章,打造养生养老、体育健身等康养主题的爆款产品。

3. 济—滨—淄城市休闲后花园

融入济南—泰安—莱芜大旅游区和省会城市群旅游圈开发济—滨—淄城郊短途文化观光体验市场。

三、设计策划

（一）策划思路

充分依托张高村的自然资源和特色种植优势，通过文化发掘、建筑改造、绿化美化、设施升级、导视服务、氛围营造等措施，提升村容村貌和文化内涵，服务休闲观光、民俗旅游市场。

（二）文化主线——传统文化风貌展示线

1. 核心任务

注重乡村文化民俗传承，加大对传统村落民居和历史文化名村名镇的保护力度，留住美丽乡愁。

2. 建设内容

水杏的主题诗词展示、情境营造；“非遗”的生产性保护与展示，神话故事阐发，文化场景复原等。

（三）产业主线——乡村旅游特色产业线

1. 核心任务

依托山水特色资源，推进文化旅游与养生养老、修学研修、体育健身融合发展，助推黛溪—黄山街道合力打造环城市游憩区和综合休闲服务区。

2. 建设内容

特色民宿、旅游步道、房车营地、观景平台、创意农业、农业嘉年华等。

四、规划设计

（一）节点设计

1. 适当拓宽河道，靠民居较近的一侧和河道底部做防水工程

增设驳岸石，阶段性设置滞水坝，制造微型瀑布效果。保留原始树木，岸边预留 1 米宽的空间，以备用作草地，水中随机摆放文化石，如图 3-2-6(1)、图 3-2-6(2)所示。

图 3-2-6(1) 河道现状图

图 3-2-6(2) 河道设计图

2.选择本地产青石板硬化路面，部分道路辅以碎石

存有高低落差的路段，可铺设石板阶梯。路面铺设前预留住户排水沟。路两侧民居风格应与路面风格相统一。街道两边的景观由石头雕塑、石磨、碾子、花草组成，布局应错落有致，如图 3-2-7 所示。

图 3-2-7　入村大道设计图

3. 土坯墙的主要改造方式

还原已脱落的白灰墙面，内部用建筑用灌缝胶加固。部分土坯墙可维持原貌，如图 3-2-8(1)所示。破损严重的孤立墙体在加固后，可在其上搭建木质屋顶，搭配茅草，重新利用，如图 3-2-8(2)所示。土坯墙体内部应使用竖向铆杆等工具加固。房屋内部设置横隔板，隔断沙土，减少尘土。

作为小广场的靓丽节点。

图 3-2-8(1)　土坯墙现状

图 3-2-8(2)　土坯墙设计图

4. 在空地设置小广场

可在小广场设置休憩廊架和休闲健身器械，丰富村民的娱乐活动。还可绘制墙绘，作为小广场的靓丽节点。

（二）保障措施

实施保障措施的总体思路是政府引导、市场参与、多方协调、项目推动。

以区交通建设集团为主，联合相关部局、园区、街道，共同组建美丽乡村建设开发总公司，在区政府领导小组的领导下，全面负责、协调、运作该区域的旅游规划、开发、建设、运营和管理。鼓励街道政府、各个农业园区、开发商、村民等主体积极参与，多方协作，投入资金、土地等，通过具体项目来推动美丽乡村建设。

贯彻市、县、街道三级决策精神，由村两委牵头，成立市美丽乡村建设示范村建设领导小组，全面领导和管理张高村建设工作，确定发展方向，制定相关发展方针政策，协调解决示范区建设中的重大问题。依托市场化机制，积极吸收国内美丽乡村建设经验，充分结合智库机构、规划设计企业，推动美丽乡村建设。

第三章

济宁市基层文化设施建设调研报告

2017 年 12 月 18～22 日，济南泺尚有道文化创意产业规划设计院院长周朋飞、规划部李翠萍、院长助理卢霞及设计部王超楠、崔甜雪等一行人受邀赶赴济宁，就济宁市基层文化中心的建设评估进行深入调研，济宁市文化广电新闻出版局公共文化科科长、济宁市图书馆、群艺馆等部门的相关领导在现场进行了监督。12 月 18 日上午，评审组一行人来到济宁，主要采用层次分类法和实地评测法，从全省 17 市自报达标村（社区）中，以社会学调查统计原理和考核工作的要求为指导，按照科学性、均衡性原则，对全省的综合性文化服务中心建设达标村（社区）进行系统梳理，结合各地实际，经过科学计算，制定了抽样方案，对泗水、微山、鱼台、金乡、嘉祥、汶上、梁山等 14 个县（市、区）的综合性文化服务中心建设情况进行考核。

各考核组不畏严寒，不顾劳累，深入基层和山区，在当地文广新局工作人员的大力配合与协助下，对全市各县（市、区）的基层综合性文化服务中心建设情况进行了深入细致的考核。现场考核共历时 5 天，考核了 11 个县（市、区）和 3 个功能区，共获取调查表 343 份，拍摄照片 1200 余张，视频资料 15 份。

济宁是著名的孔孟之乡、运河之都，作为中华文明的重要发祥地和儒家文化的发源地，济宁地区的文化底蕴深厚，文化资源名气大、种类多，其中很多在全国、全省具有唯一性、不可替代性。虽然济宁市的基层文化建设工作已有了很好的成效，但仍存在各地文化建设水平不均衡、文化服务中心功能分区不科学等问题。考核组建议加大对经济欠发达地区的文化建设资金投入，加强对文化设施的综合利用与规范管理，进一步深化基层文化建设。

根据调研结果，泺尚有道文化创意产业规划团队最终编制了《济宁市基层文化设施建设调研报告》，对济宁市的基层文化设施建设情况进行了总结。现摘取报告的部分研究成果，以飨读者。

第一节　总体概述

根据济宁市委办公室、市政府办公室发布的《关于调整 2017 年度全市经济社会发展综合考核指标体系及有关办法的通知》和市考核办发布的《2017 年全市经济社会发展综合考核有关单项工作考核办法及实施细则》中的要求，市文广新局负责对各县(市、区)的村(社区)综合性文化服务中心达标率指标进行考核。为了督促全市基层综合性文化服务中心的建设工作，济宁市文化广电新闻出版局选定并委托济南泺尚有道规划咨询有限公司，于 2017 年 12 月 18～22 日对济宁市的村(社区)综合性文化服务中心建设工作实施独立的第三方现场考核评价。

泺尚有道评估团队严格按照济宁市文广新局的要求，遵循客观、公正、科学、规范的原则，在市文广新局的指导和现场监督下，组建了共有 8 人的现场考核工作组，随机抽取考核样本，对照考核标准，对全市 14 个县(市、区)进行了现场考核。从全市的现场考核总体情况来看，各地高度重视基层文化建设，整体完成了年度基层综合性文化服务中心建设目标，较好地满足了基层群众对公共文化服务的需求，绝大部分文化服务中心的面积、功能分区和文体广场的面积、配套设施达到了省政府关于综合性文化服务中心建设的考核标准。各村均配备了专、兼职文化体育管理人员，负责组织当地的文体活动，并组建了至少一支文化团队，积极利用现有资源组织民众参与有当地特色的文化娱乐活动。

考核中也发现了一些不足,包括各县(市、区)文化建设水平不均衡;一些地方的文化配套设施利用率较低,还没有发挥应有的作用;基层文化工作人员配备不足,不能完全满足人民群众不断增长的文化需求。

针对本次考核工作中发现的问题,考核工作组提出以下几点建议:第一,加大对经济欠发达地区的文化建设资金的投入,重点解决空间功能叠加、配套设施不足等问题。第二,加强对文化场所和设施的综合利用,进一步发挥文化设施的价值和作用。鼓励群众自发地组织各种活动,通过提高活动频率有效提高文化设施的使用效率。第三,加强对基层文化建设工作的规范管理和服务,更进一步提高文化建设规范化水平。针对各地存在的差异情况,制定统一的建设管理标准,加强基层综合文化队伍建设,定期组织业务培训。第四,增强文化建设宣传力度,更进一步深化基层文化建设。发挥基层党组织和党员的模范带头作用,加大问责力度,严格实施目标考核责任制,进一步提高济宁市文化建设整体水平。

一、考核工作背景

(一)政策背景

2015 年 10 月 2 日,国务院办公厅印发了《关于推进基层综合性文化服务中心建设的指导意见》(国办发[2015]74 号)。为了响应国务院办公厅的号召,山东省人民政府办公厅印发了《关于贯彻国办发[2015]74 号文件推进基层综合性文化服务中心建设的实施意见》。该文件在国务院办公厅发布的文件的基础上,增加了对文化遗产保护功能的要求,并计划建成常年开展、群众喜闻乐见、有一定影响力的品牌文化活动,使基层综合性文化服务中心成为山东省现代公共文化服务体系建设的重要阵地和提供公共服务的综合平台。《关于贯彻国办发[2015]74 号文件推进基层综合性文化服务中心建设的实施意见》要求在城镇和城市建设综合性文化服务中心。村(社区)综合性文化服务中心主要采取盘活存量、调整置换、集中利用等方式进行建设,不搞大拆大建,要依托村(社区)党组织活动场所、城乡社区综合服务设施、文化活动室、闲置中小学校、新建住宅小区综合服务设施以及其他城乡综合公共服务设施,在明确产权归属、保证服务接续的基础上进行集合建设,并配备相应器材设备。在城市,鼓励城市社区利用闲置商品房,以购买、租借等方式建设基层综合性文化服务中心。

按照计划，到2017年底，全省范围内乡镇（街道）综合性文化服务中心应全部建成并完成改造提升，达到规定标准，90％以上的村（社区）建成综合性文化服务中心；2018年，实现全省基层综合性文化服务中心基本覆盖；2019年进行查遗补缺；2020年完善提升，形成较为完善的全省基层综合性文化服务中心网络体系。

（二）建设现状

基层是公共文化服务的重点，也是薄弱环节。近年来，济宁市公共文化服务体系建设加快推进，公共文化设施网络建设成效明显，基层公共文化设施条件得到了较大改善。但现有的基层文化设施和服务已难以满足广大人民群众的实际需要。加快基层综合性文化服务中心建设，提高基层文化服务中心建设水平已成为当务之急。自2017年年初以来，济宁市级及县级相关部门加大工作推进力度，基层综合性文化服务中心建设突飞猛进，在各县的自查报告中达标率均达到95％以上。为了切实掌握基层综合性文化服务中心建设的实际情况，在政府职能转换的大背景下，济宁市文广新局通过政府购买服务的方式引入第三方机构，推进考核督导工作的方式创新。

（三）考核依据

考核的依据包括《国务院办公厅关于推进基层综合性文化服务中心建设的指导意见》《山东省人民政府办公厅关于推进基层综合性文化服务中心建设的实施意见》《山东省村（社区）综合性文化服务中心建设服务基本标准（试行）》《山东省文化厅2016年科学发展综合考核目标差异指标》《济宁市人民政府办公室关于印发济宁市推进基层综合性文化服务中心建设实施方案的通知》《关于做好省、市对各县（市、区）村（社区）综合性文化服务中心考核工作的通知》等文件。

二、实施考核的准备工作

（一）确定考核方式方法

1.统一考核标准和打分方法

本次主要考核村（社区）的综合性文化服务中心的文化中心和文化广场的建设面积是否达标，其中文化中心的面积应不低于200平方米（省定贫困村及户籍人口300人以下的村建设综合性文化活动室的面积不低于80平方米),文化广场的建设面积应不低于500平方米,同时考核综合性文化服务中心功能分区是否合理,文化广场是否建有配套设施。偏远地区确实不具备建设文体广场条件的,由当地村(居)出具证明,县级文化行政主管部门审核认可,统一报到市文广新局后酌情安排。

现场考核完成后,根据考核结果计算各县(市、区)实际达标率和综合评分。各县(市、区)实际达标率根据样本达标率和自报达标率进行计算,各市完成或超额完成本市目标值,得满分,未完成目标值的,按照完成目标的比例得分。

2.确定考核样本量,严格执行随机抽样办法

根据各县(市、区)的建设情况和自报达标率,市文广新局科学设定抽取样本比例:按照各县(市、区)上报村(社区)数据的6%抽取样本。样本随机抽取分两个步骤,先抽取乡镇(街道),再抽取村(社区)。抽样现场由县(市、区)相关部门负责人、市文广新局主管部门代表以及第三方机构代表共同参与,全程同步录像、拍照监督,最大程度保证考核工作的公平公正。

(二)制定工作实施方案

考核工作实施前,第三方评价机构经过综合考虑和缜密设计,结合项目实际和相关政策文件,在市文广新局主管部门的指导下,对本次工作的程序和依据进行了规范,阐释了样本抽取方法和现场考核工作步骤。方案确定后,市文广新局和济南泺尚有道规划咨询有限公司根据实际情况将各县(市、区)进行分组,第一组为任城区、金乡县、鱼台县、经济开发区,第二组为汶上县、梁山县、嘉祥县,第三组为微山县、邹城市、高新区,第四组为兖州区、曲阜市、泗水县和太白湖新区。

三、考核工作实施的保障

(一)组织与人力保障

本次考核工作由市文广新局公共文化科领导组织,济南泺尚有道规划咨询有限公司负责具体执行落实并对市文广新局负责。考核工作分配到了三个工作组:协调保障组、实地考核组和文案组。协调保障组负责对考核工作的组织协调和统一调度,提供有力保障。实地考核组,分为四个小组,负责实施现场核验测量,对测量数据的真实性和全面性

负责。文案组在实地核查结束后，负责将所有数据进行整体核算和汇总，依据考核结果撰写《济宁市基层综合性文化服务中心建设情况考核报告》，向市文广新局汇报，征求意见。

现场考核工作实施前，由市文广新局和济南泺尚有道规划咨询有限公司联合对所有调查员进行业务培训，针对考核工作要点和抽样方法进行细致讲解，并统一在鱼台县张黄镇进行现场考核示范和观摩。

（二）纪律保障

全体考核人员在工作过程中，严格执行考核标准和考核纪律，不接受宴请，不接受礼品。公司管理层通过现场抽查、检查督导和咨询被考核单位的方式，随时了解现场考核人员的执行情况，发现问题及时处理，切实保证考核工作的公正性和严肃性。

第二节　情况分析

一、现场考核工作简述

现场考核工作由 4 个项目组完成，共投入 8 名现场调查人员，每组组长 1 人，调查员 1 名。组长负责现场考核打分和数据整理，调查员负责现场测量和拍摄影像。各考核组不畏严寒，不顾劳累，深入基层和山区，在当地文广新局工作人员的大力配合与协助下，对全市各县（市、区）的基层综合性文化服务中心的建设情况进行了深入细致的考核。现场考核前后共历时 5 天，考核了 11 个县（市、区）和 3 个功能区，共获取调查表 343 份，拍摄照片 1200 余张，视频资料 15 份。

二、全市总体建设情况

本次考核前，市文广新局首先组织了各县（市、区）自查工作，并上报了达标村（社区）名单，在此基础上，考核工作组从各县（市、区）的达标村（社区）名单中根据其自报达标率和相应的抽样比例进行了抽样，如表 3-3-1 所示。

表 3-3-1　　各县(市、区)自报达标数及抽样情况汇总　　单位:个

县(市、区)	自报达标数	抽取样本数
任城区	413	25
兖州区	353	21
曲阜市	368	22
泗水县	529	32
邹城市	815	49
微山县	508	30
鱼台县	365	22
嘉祥县	524	31
金乡县	574	34
汶上县	438	25
梁山县	580	35
高新区	95	8
太白湖新区	28	2
经济开发区	86	7
总计	5676	343

全市样本总量 343 个,达标样本 337 个,总样本达标率为 98.25%。如表 3-3-2 所示,其中文化中心面积达标 339 个,达标率为 98.83%;功能分区达标 340 个,达标率为 99.12%;文体广场面积达标 341 个,达标率为 99.41%;配套设施达标 343 个,达标率为 100%。

表 3-3-2　　各指标达标率汇总

项目 指标	文化中心面积	功能分区	文体广场面积	配套设施
达标样本数(个)	339	340	341	343
样本达标率(%)	98.83%	99.12%	99.41%	100%

三、各县(市、区)建设情况分析

(一)任城区

任城区自报达标率为 96.72%,抽样比例为 6%,抽取样本量为 25 个,样本达标率为

100%，实际达标率为96.72%，超过目标值(目标达标率为90%)。

从本次考核的情况来看，任城区的基层综合性文化服务中心建设情况较好，文化广场总体情况较好，一般高于标准要求，配套设施较为齐备；文化中心面积一般高于标准，功能分区较为明确，配套较高，公共财政投入力度较大，职能部门工作到位。

不足之处主要表现为：个别村租借的文化中心条件较差，环境有待改善，极个别村存在声称有文化中心但暂时打不开门的情况；室内文体健身器材利用率不高，存在闲置现象，有待加大在村民、居民中的宣传推广力度。

(二)兖州区

兖州区自报达标率100%，抽样比例6%，共抽取样本21个，样本达标率100%，实际达标率为100%，超过目标值(目标达标率90%)。

图3-3-1　兖州区现场考核照片

从本次考核的情况来看，兖州区基层文化中心建设的主要优势是：设立了每年不少于7000万元的农村和基层文化体育设施建设专项资金，保证了财政对公共文化建设投入资金的增长幅度高于同级财政经常性收入增长幅度，投入力度大，各项文化设施较新颖、利用率高，新社区设施先进，文体广场面积大，文化服务中心发挥了较好的作用，文化氛围较浓郁。

与此同时，兖州区也存在一些不足之处，主要是部分偏远县、区、乡村因经济基础较薄弱，地理位置较偏僻，存在综合性文化中心功能分区叠加，利用率不高，室内文体活动项目不丰富,农家书屋效能发挥不理想等问题。

(三)曲阜市

曲阜市自报达标率97.09%,抽样比例6%,共抽取样本22个,样本达标率100%,实际达标率为97.09%,超过目标值(目标达标率90%)。

图 3-3-2　曲阜市现场考核照片

从本次考核的情况来看,曲阜市依托当地形成的传承发扬优秀文化的良好氛围,用优秀传统文化激发了基层文化服务的新活力,完善、提升了本地村(社区)文化大院、文化广场,形成了村村讲儒学,户户颂和风的新景象。尤其是书香农家的建设和文化志愿者队伍的组建,一方面补充、更新了图书及配套设施,另一方面使基层文化服务能力有了很大提升,广大群众确确实实享受到了文化发展的成果。

不足之处主要表现在部分乡镇的基层文化建设工作不够深入细致,比如部分县区虽然组织了较为丰富的文体活动,但未形成翔实的记录,或者记录不够规范。

(四)泗水县

泗水县自报达标率99.62%,抽样比例6%,共抽取样本32个,其中1个不达标,样本达标率96.87%,实际达标率为96.50%,超过目标值(目标达标率90%)。

从本次考核的情况来看,泗水县率先开办乡村儒学讲堂,先后出台了《济宁市"乡村儒学讲堂"建设实施方案》《济宁市"乡村儒学讲堂"建设与服务标准》《关于建立济宁市"乡村儒学讲师"专家库的通知》等文件,为村民讲授"敬老爱亲""修身齐家"等优秀的儒家思想,镇(街道)及乡村(社区)儒学讲堂、基层综合性文化服务中心的建设也取得了显著成绩。此外，泗水县还完成了全县省定贫困村的农家书屋完善提升工作，得到了当地群众的热烈欢迎。

存在的问题主要有：基层文化投入不足，各县（区）财政能力差异较大，不能完全满足基础设施提升、文化活动开展、文化队伍培养等多方面的需求；群众需求反馈渠道不够畅通，文化建设的投入方向应更体现群众诉求。

（五）邹城市

邹城市自报达标率为96.10%，抽样比例为6%，抽取样本量为49个，样本达标率为100%，实际达标率为96.10%，超过目标值（目标达标率为90%）。

图3-3-3　邹城市现场考核照片

从本次考核的情况来看，邹城市的基层综合性文化服务中心建设运营成效显著，主要表现为：邹城市以高标准建设城区文化广场、大型休憩公园、社区（村居）文化广场、文化中心等文化基础设施，超过90%的广场的面积达2000平方米以上，超过90%的文化中心的面积达400平方米以上；文化服务功能齐全，广场舞培训、孟子学堂、书画培训、体育健身、儿童休闲娱乐等业态体系成为区域发展特色；软件配套设施功能齐全、丰富多元，室内装修、空间摆设体现生活美学与人性化服务，群众参与度较高。

不足之处主要表现在：本次考核发现邹城市有少部分村的综合性文化服务中心的文化遗产保护、优秀传统文化传承内容设置较少；部分综合性文化服务中心存在闲置现象，有待针对不同季节开展差异化活动，提升利用率。

（六）微山县

微山县自报达标率为96.58%，抽样比例为6%，抽取样本量为30个，其中1个不达标，样本达标率为96.67%,实际达标率为93.36%,超过目标值(目标达标率为90%)。

图 3-3-4 微山县现场考核照片

从本次考核的情况来看,微山县基层综合性文化服务中心建设运营情况尚可,主要表现为:微山县基层综合性文化服务中心建设实效显著,能有效满足群众的读书、看报、书法、教育、娱乐、健身等需求;微山岛镇作为文化旅游核心区,其文化景观、文化广场、文化中心建设与渔民文化、特色历史文化相结合,为打造文化与旅游的同向发展高地作出了重要努力。

不足之处主要表现在:微山县多数基层综合性文化服务中心基本上符合达标的硬件要求,但有部分文化中心缺少软件设施,文化广场使用率不高;存在重形式轻实效的现象,文化中心内容陈旧,更新较慢;院内文化广场较多,不利于服务群众的文化生活。

(七)鱼台县

鱼台县自报达标率为99.46%,抽样比例为6%,抽取样本量为22个,其中1个不合格,样本达标率为95.45%,实际达标率为94.94%,超过目标值(目标达标率为90%)。

从本次考核的情况来看,鱼台县的基层综合性文化服务中心建设情况尚可,文化广场和文化中心基本达到或略高于标准要求,配套设施基本齐备,具备服务公共文化活动的能力。

不足之处主要包括:鱼台县村(社区)文化广场建设较早,普遍以300平方米的标准建设,一般分为两个或三个场,地较为分散;文化中心建设情况较好的村集中在较大面积的新建楼体建筑中,多数分布在两个院落,条件较差的村更为分散,不利于集中活动。

(八)嘉祥县

嘉祥县自报达标率100%,抽样比例6%,共抽取样本31个,其中3个不合格,样本达标率90.32%,实际达标率为90.32%,达到目标值(目标达标率90%)。

从本次考核的情况来看，嘉祥县的基层综合性文化服务中心建设情况不甚理想。但其亮点在于，文化服务中心丰富了乡村历史文化展示这一功能板块，对于保留乡村记忆具有积极意义，但在展示内容、效果上还需加大投入力度。其次，嘉祥县的家祠等宗亲文化遗产保护情况良好。

存在的问题主要有：少部分综合性文化中心、文化广场面积不达标，且出现多处累加情况；部分村综合型文化服务中心租用民建新房，但未有效利用，部分历史文化展示流于形式，展示手段简单粗糙。

（九）金乡县

金乡县自报达标率为95.67%，抽样比例为6%，抽取样本量为34个，样本达标率100%，实际达标率为95.67%，超过目标值（目标达标率为90%）。

从本次考核的情况来看，金乡县的基层综合性文化服务中心建设情况尚可，除个别村的文化广场分布零散外，多数文化广场相对集中且高于标准要求，配套达到基本要求；文化中心面积情况尚可，多数面积达标或略高于标准要求，配套达到基本要求。

不足之处主要有：有些文化中心房屋条件较差，有待改善、提升环境条件，个别村租赁企业库房，位置较为偏僻，相对来讲不便于村民参与活动；虽设有四德榜、阅报栏，但其位置往往不在文化广场上；个别村的文化广场建设推进不力。

（十）汶上县

汶上县自报达标率95.63%，抽样比例6%，共抽取样本25个，样本达标率100%，实际达标率为95.63%，超过目标值（目标达标率90%）。

图3-3-5　汶上县现场考核照片

从本次考核的情况来看,汶上县的基层综合性文化服务中心建设情况较好,主要表现为:文体广场规模较大,配套设施较为完备;农村居民业余文化活动丰富,特别是广场舞等文艺节目组织到位,文化团队工作扎实有效;贫困村文化建设成绩显著,移风易俗的宣传引导工作突出。

不足之处主要有:个别新建文体广场工期进展缓慢,替代广场使用条件较差;个别村的文化服务中心面积较小,闲置了大量公共室内场所,空间利用率低;功能分区及配套设施利用率较低。

(十一)梁山县

梁山县自报达标率97.64%,抽样比例6%,共抽取样本35个,样本达标率100%,实际达标率为97.64%,超过目标值(目标达标率90%)。

图3-3-6　梁山县现场考核照片

从本次考核的情况来看,梁山县的基层综合性文化服务中心建设情况较好,主要体现在:从县到镇(街道)的分管领导同志与相关部门狠抓工作力度,层层考核,大力支持村(社区)综合性文化中心的建设;多数文体广场面积大大超出考核标准,为广大村民的业余文化生活提供了强有力的设施保障。

不过,根据考核情况看,梁山县各村落之间的贫富差距大,相应的,综合性文化建设层次的差别也比较大。文化服务中心除文体活动室外,其他功能板块利用率较低。

(十二)高新区

高新区自报达标率为96.93%,抽样比例为8.4%,抽取样本量为8个,样本达标率为

100%,实际达标率为 96.93%,超过目标值(目标达标率为 90%)。

从本次考核的情况来看,高新区基层综合性文化服务中心的发展情况较好,主要表现为:综合性文化服务中心建设把文化惠民项目与群众文化需求衔接,不断拓展服务功能,农家书屋、游艺活动室、书画功能室、器材室、舞蹈训练室等活动场所的作用得以凸显。

不足之处主要有:高新区部分村落文化中心的文化内涵挖掘、文化展示、文化遗产保护、儒学讲堂等功能设置不完善;部分文化中心的功能划分不明确,文化场地利用率有待提升。

(十三)太白湖新区

太白湖新区自报达标率 96.55%,抽样比例 7%,共抽取样本 2 个,样本达标率 100%,实际达标率为 96.55%,超过目标值(目标达标率 90%)。

图 3-3-7　太白湖新区现场考核照片

从本次考核的情况来看,太白湖新区的基层综合性文化服务中心建设情况良好,所抽取的 2 个村(崔院村、靳庄村)的文化服务中心、文体广场面积均达标,各项功能分区及配套设施均达到考核标准。

(十四)经济开发区

经济开发区自报达标率为 100%,抽样比例为 8%,抽取样本量为 7 个,样本达标率为 100%,实际达标率为 100%,超过目标值(目标达标率为 90%)。

从本次考核的情况来看,经济开发区总体的重视程度和投入力度较大,基层综合性文化服务中心建设情况比较好,文化广场和文化中心普遍高于标准要求,广场配套设施严格按照要求配备,普遍达到 6 项标准要求;文化中心面积一般较大,功能分区普遍达到

5项标准要求。

不足之处主要有:经济条件较好的村,其综合性文化服务中心的建设普遍高于标准要求,经济条件较差村则仅为符合标准要求,发展不均衡。

第三节 评价建议

一、综合评价

此次考核共在济宁全市抽取343个样本村(社区),达标样本337个,总样本达标率为98.25%。2017年度济宁市各县(市、区)综合性文化服务中心考核的达标率情况见表3-3-3、表3-3-4。

表3-3-3 2017年度济宁市各县(市、区)综合性文化服务中心第三方考核数据统计

县(市、区)	抽取样本数	达标样本数	样本达标率	自报达标率	实际达标率
任城区	25	25	100%	96.72%	96.72%
兖州区	21	21	100%	100%	100%
曲阜市	22	22	100%	97.09%	97.09%
泗水县	32	31	96.87%	99.62%	96.50%
邹城市	49	49	100%	96.10%	96.10%
微山县	30	29	96.67%	96.58%	93.36%
鱼台县	22	21	95.45%	99.46%	94.94%
金乡县	34	34	100%	95.67%	95.67%
嘉祥县	31	28	90.32%	100%	90.32%
汶上县	25	25	100%	95.63%	95.63%
梁山县	35	35	100%	97.64%	97.64%
高新区	8	8	100%	96.93%	96.93%
太白湖新区	2	2	100%	96.55%	96.55%
经济开发区	7	7	100%	100%	100%

表 3-3-4　2017 年度济宁市各县(市、区)综合性文化服务中心考核最终达标率、得分统计

县(市、区)	第三方考核实际达标率	第三方考核占比(90%)	平时考核及迎省考核占比(10%)	最终达标率	得分
任城区	96.72%	87.05%	10.00%	97.05%	10
兖州区	100%	90.00%	10.00%	100.00%	10
曲阜市	97.09%	87.38%	10.00%	97.38%	10
泗水县	96.50%	86.85%	8.00%	94.85%	10
邹城市	96.10%	86.50%	9.00%	95.50%	10
微山县	93.36%	84.02%	7.00%	91.02%	10
鱼台县	94.94%	85.45%	9.00%	94.45%	10
金乡县	95.67%	86.10%	8.00%	94.10%	10
嘉祥县	90.32%	81.29%	6.00%	87.29%	9
汶上县	95.63%	86.07%	9.00%	95.07%	10
梁山县	97.64%	87.88%	6.00%	93.88%	10
高新区	96.93%	87.24%	7.00%	94.24%	10
太白湖新区	96.55%	86.90%	7.00%	93.90%	10
经济开发区	100%	90.00%	7.00%	97.00%	10

总体来看，各县(市、区)的文化建设整体达标率较高。在文化服务中心的面积、功能分区和文体广场面积、配套设施等方面，基本能达到省、市关于基层综合性文化服务中心建设的考核标准要求，各县(市、区)政府和文广新局对基层文化建设高度重视，绝大部分单位能够严格贯彻省、市两级关于基层文化服务中心建设工作的部署和要求。各村都配备有专、兼职文化体育管理人员，负责组织当地的文体活动，并组建了至少一支文化团队，利用现有资源定期组织和参与有当地特色的文化娱乐活动。

虽然全市的基层文化建设工作目前已有了很好的成效，但仍无可避免地存在一些不足：

(一)各地文化建设水平不均衡现象较为突出

总体来说，主城区、周边经济发达地区及曲阜传统文化传承发展示范区(核心区)建设水平较高，工作比较扎实，多项指标远超考核标准。但西北部、南部等地区的文化建设

仍需进一步提高和深化。同时,即使在同一地区,也不同程度地存在发展不平衡、强弱对比明显的现象。

(二)文化服务中心功能分区普遍不科学

首先,功能叠加问题严重。受制于原有建筑面积和空间格局,宣传文化、党员教育、科技普及、普法教育等功能集中在一个房间,设施及物料利用较为混乱。其次,空间过于分散,且文体活动多限于棋牌这一种形式,活动内容亟须丰富。

(三)配套设施利用率还有待提高

大部分村(社区)的农家书屋(图书室)书籍较少,分类不清晰,且缺少借阅、归还等必要的流程管理规定,未能切实有效地发挥其文化教育的作用。个别村(社区)存在广场被占用、阅报栏和四德榜被损坏的现象,需切实加强各地区对对文化服务中心及文体广场的管理工作。

(四)相关设施在租赁、共用中缺乏统筹协调

部分村(社区)存在与学校、企业共用文化服务中心的现象,在实际利用中相互影响,容易发生时间和空间上的冲突。部分村租赁民房作为文体活动室,但桌椅等必要设备数量少,水电暖等配套设施不能满足利用需求,实际利用效能较差。

(五)文化服务单位存在较大的人才缺口

不少基层单位的文化服务工作人员数量不足,素质不够高,还不能满足和适应群众的文化需求。考核中发现,不少村的文化服务人员由计生员兼任,他们大多年龄偏大、文化素养偏低、服务热情不高,难以胜任文化服务工作。

二、对策建议

针对本次考核工作中发现的问题,现提出以下几点建议:

(一)加大经济投入,进一步提高整体水平

部分地区的基层综合性文化服务中心建设虽然达标,但是文化体系还不够完善,相关配套设施较简陋。建议市局进一步重视经济欠发达地区的文化建设工作,从全市高度提出有针对性的指导性意见和建议,不仅要制定专门政策加强对落后地区建设工作的督导,还要协调市级财政加大对基层综合性文化服务中心建设工作的资金支持。同时鼓励

各县(市、区)从自身条件出发,建设有当地特色的文化中心和文化服务队伍,并适时组织各县(市、区)之间进行文化建设交流和学习,互相借鉴对方在文化建设中的经验,不断完善自身的文化建设工作。

(二)加强对文化设施的综合利用,进一步发挥文化设施的价值

进行基层文化建设是为了满足人民群众的文化需求,方便人民群众的日常生活。如果不能得到充分的利用,就成了一种资源浪费。因此,建议举行一些更贴近基层生活的文化活动,使文化设施能够真正融入人民群众的生活。同时,除村(社区)居民委员会统一组织文化活动外,更应鼓励人民群众自发地组织各种活动,通过提高活动频率来有效提高文化设施的使用效率,发挥其价值。

(三)加强规范管理,进一步提高文化建设规范化水平

在基层综合性文化服务中心建设工作中,宣传文化、提供农家书屋、科技普及等功能是文化服务供给的重要部分,但相关设施、人员、配套服务尚存在较大的规范提升空间。因此,建议主管部门针对各地存在的具体情况,制定统一的建设管理标准,在各县(市、区)推广实施。应加强基层综合文化队伍建设,适当增加基层文化工作人员编制,同时应当定期组织针对文体管理员的业务培训,提高其综合素质。同时,应强化对文化建设过程中的监督检查,对基层单位的工作方法进行规范,必要时可引入第三方机构,借助社会力量加强过程性的监督检查。

(四)增强文化建设宣传力度,进一步深化基层文化建设

虽然多数县(市、区)的村(社区)文化服务中心的面积、功能分区和文体广场面积、配套设施这四个方面的指标达标率均较高,但是相对于文化服务中心面积和文体广场面积两项指标,功能分区和配套设施两个指标在实际考核中普遍存在缺项问题,如仅有个别县推动了文化遗产保护的相关工作。针对此类情况,建议市局加大宣传力度,发挥基层党组织和党员的模范带头作用,在基层群众中进行相关理念的普及;提高党员干部对基层文化建设工作的认识,使其真正从思想上提高对这项工作的重视;加大问责力度,严格实施目标考核责任制,确保各级主管部门积极发挥工作积极性和能动性,从而促进文化建设工作的深入开展。

第四篇

泺尚年度评选榜单

第一章
2017 年度十大文体产业关键词

十九大报告中提出，要坚持中国特色社会主义文化发展道路，激发全民族文化创新创造活力，建设社会主义文化强国，要广泛开展全民健身活动，加快推进体育强国建设。2017 年末，回首一年来文体产业的发展历程，有惊艳，有没落，有高歌猛进，有黯然沉寂。《泺尚·创意中国调研报告(2018)》编委会、泺尚中国创意产业网、文体产业圈知识共享平台联合发布了“泺尚年度榜单 2018”，榜单的诞生经历了大数据计算分析、网络投票和专家评审团评审等环节，具有扎实的数据基础、广泛的社会参与性和学术研究的严谨性，在很大程度上反映了 2017 年中国文体产业发展的趋势，希望能帮助业内外人士了解 2017 年的文体产业。

一、二次元

上榜评语：从《十万个冷笑话》到《大圣归来》，从 bilibili 弹幕视频网(B 站)获得融资到进军影视业，二次元经济的呼声越来越高。二次元为什么这么火？第一，IP 已被过度消费，能做的 IP 不多；第二，伴随着年轻人的迅速成长，适应时代及年轻人主张个性的精神消费也应运而生；第三，流量稀缺。2017 年或许能成为二次元向主流受众进击的一年。

二次元作品改编为网剧的风口已吹起，二次元迈入科技领域，进行AR(增强现实技术)、VR等技术尝试也是行业未来趋势之一。此外，以B站为代表的视频平台正在向文化社区、IP孵化与影视制作平台转型。

二、运动休闲小镇

上榜评语：2017年5月9日，体育总局办公厅下发《关于推动运动休闲特色小镇建设工作的通知》，启动了运动休闲特色小镇建设工作。经对各省、自治区、直辖市体育局及体育总局有关直属单位和中国足球协会推荐的运动休闲特色小镇申报项目进行筛选，体育总局办公厅决定将北京市房山区张坊运动休闲特色小镇等96个项目列为第一批运动休闲特色小镇试点项目。

三、体育+X

上榜评语：2017年的体育产业，符号化的现象愈发凸显。体育的边界在不断地扩大，与游戏、娱乐、地产、教育、医疗乃至共享经济都发生了密切的联系，这也都是影响体育产业的变量。体育不再作为一个孤立的元素出现在我们的生活中，体育+X在今年或发生，或加速，或成为风口。跨界合作、交错联合，都预示了体育产业未来的无限可能，这在今年的体育产业中尤为明显。

四、跨界IP

上榜评语：以IP开发为核心，文学、游戏、影视、动漫、音乐等文化相关产业链已经日益交叉，界限日益模糊，融合更加紧密。目前，文化产业不仅要与其他产业、实体经济跨界融合发展，还要在文化产业体系内不断进行扩界发展、深入结合。位居产业链最顶端的IP，不但拥有庞大粉丝群和超高的话题热度，而且在影视、游戏等领域均具备极强的可塑性，这为后续的电影、电视剧、戏剧、音乐、游戏产品开发提供了盈利保证。随着围绕IP进行的资本运作越来越多，跨界IP也犹如雨后春笋般充斥在各大网站的头条上。

五、城市体育综合体

为有效解决我国体育场馆普遍存在的建成后运营体制、机制不适应，运营效能不佳，服务能力不强，利用水平不高，配套政策不健全，持续发展动力不足等问题，近年来，鼓励体育场馆革新运营模式的一系列政策陆续出台，体育场馆 2.0 时代已经到来。北京、广州等城市正全力打造城市体育服务综合体。依托体育消费综合体具备的多角度生态链条，可推动体育与住宅、休闲、商业综合开发，将在丰富体育产品供给、推动产业快速发展、培育新的消费增长点、完善提升城市功能等方面发挥重要作用。

六、"一带一路"文化发展行动计划

上榜评语：为深入贯彻十八大和十八届三中、四中、五中、六中全会精神以及习近平总书记系列重要讲话精神，落实经国务院授权，由国家发展改革委、外交部、商务部联合发布的《推动共建丝绸之路经济带和 21 世纪海上丝绸之路的愿景与行动》，以加强与"一带一路"沿线国家和地区的文明互鉴与民心相通，切实推动文化交流、文化传播、文化贸易创新发展，文化部制订了"一带一路"文化发展行动计划。

七、电竞时代

上榜评语：随着互联网的发展和应用的普及以及流媒体技术的革新，观众观看电竞比赛的方式也变得更加多样。各种网络直播平台提供了专业的转播和解说，电竞比赛在人们心中的地位和观念也在不断提升。由于移动电竞等新项目的出现，电竞产业未来也将更加专业、更加成熟。巴黎申奥委员会的联合主席 Tony Estanguet 在接受美联社记者采访时表示，将会与国际奥委会商讨电子竞技列入 2024 年奥运会比赛项目的可能性。Estanguet 表示，奥运会需要与时俱进，和新一代青年的关注点相契合，电子竞技应该被视为合理的运动项目。

八、运动黑科技

上榜评语：作为升级体育运动的平台，各类体育科技的融合应用一直是市场关注的焦点。2017 年，VR 转播将从构架技术平台转换至产品开发、交互体验升级这一维度。在国内，像暴风、微鲸这些押宝 VR 科技的公司，也会继续紧跟国际潮流，在体育转播领域继续拓展市场。与此同时，VR 模拟培训、VR 体育游戏等也将继续升级。除 VR、可穿戴设备这两大体育科技阵营外,智能场馆科技、门线鹰眼科技、球场 DBR(数字板)广告科技,都是 2017 年体育科技的应用热点。

九、泛娱乐

上榜评语:"泛娱乐"一词被文化部、新闻出版广电总局等中央部委的行业报告收录并重点提及。随着小米、华谊、阿里数娱、百度文学、艺动、通耀、360 等企业纷纷将"泛娱乐"作为公司战略大力推进,"泛娱乐"也被业界公认为是互联网发展八大趋势之一。在互联网时代,文化产品的连接融合现象明显。近几年来,以 IP 为核心的横跨游戏、文学、音乐、影视、动漫等领域互动娱乐内容逐渐增多,"明星 IP"成为泛娱乐产业中连接和聚合粉丝情感的核心,而以 IP 为核心的"泛娱乐"布局正成为中国文化产业的趋势。

十、体育产业生态实验室

上榜评语:在体育产业已经上升到国家战略层面并将成为国民经济的支柱性产业之一的背景下,山东大学体育学院计划筹建体育产业生态实验室,目标是建成国内首家集教学科研、成果展示、产业转化为一体的开放型体育产业生态实验室,该实验室聚焦体育科技研发、体育产品与服务、体育项目孵化、体育产业组织与平台、体育大数据等领域,致力于推动教育教学、人才培养、科学研究、社会合作等的发展。

第二章
2017年度十大文体产业焦点事件

一、国家体育总局公布首批运动休闲特色小镇试点名单

上榜评语：2017年5月9日，体育总局办公厅下发《关于推动运动休闲特色小镇建设工作的通知》，启动了运动休闲特色小镇建设工作。经对各省、自治区、直辖市体育局，体育总局有关直属单位和中国足球协会推荐的运动休闲特色小镇申报项目进行筛选，体育总局办公厅决定将北京市房山区张坊运动休闲特色小镇等96个项目列为第一批运动休闲特色小镇试点项目。

二、第二届中国文体产业高峰论坛开幕

上榜评语：2017年11月18日，由西安高新区和中国文体产业联盟联合主办的第二届中国文体产业高峰论坛在西安召开。这次论坛的主题为“文体旅游产业新动能——‘一带一路’”“EPC/PPP(工程总承包/政府和社会资本合作)”“数艺科技”。山东大学体育产业研究中心作为中国文体产业联盟新晋会员单位，受邀参加了中国文体产业联盟大会和本次高峰论坛。本次论坛有力推动了中国文体产业在项目规划、设计咨询、技术深

化、建设和管理、赛事运营、PPP 建设等领域的深入合作。

三、企鹅智酷发布《2017 中国体育产业白皮书》

上榜评语:2017 年 11 月 8 日,企鹅智酷发布了《2017 中国体育产业白皮书》。该书在体育产业的全新增长周期里,探索全新增长动力与模式创新,深度剖析了七大体育界高价值领域。根据体育总局发布的各省汇总数据,到 2025 年,中国体育产业总规模将达到 7 万亿元,按照规划,未来十年内体育产业有 5.3 万亿元的市场增量。未来中国体育产业将全面进入竞技商业双创新的新增长周期。

四、苏宁成为体奥动力控股股东

上榜评语:2017 年 3 月,华人文化产业投资基金确定将所持有的体奥动力股份出让给苏宁,苏宁成为了体奥动力的控股方。至此,该平台取得了中超、亚冠、亚洲杯以及中国之队的足球赛事版权,加上目前已经拥有的西甲和英超的独家全媒体版权,苏宁系将进一步占据国内体育版权市场上游更有力的位置。同时,苏宁围绕体育产业链上下游的布局也更加完善,苏宁的足球体育帝国呼之欲出。

五、中国首家智能体育产业专项基金成立

上榜评语:2017 年 11 月 25 日,浙商金汇信托、浙报传媒、华运智体产业运营管理有限公司等企业共同发起、设立浙江智能体育产业专项基金,该基金分为母基金(200 亿元)与专项基金(30 亿元),主要用于智能体育产业创新项目的孵化与培育发展。智能体育作为横跨多个产业领域、蕴含万亿市场规模的蓝海市场,其巨大的商业前景吸引了众多"玩家"的进入,而嗅觉灵敏的互联网品牌在这方面的布局也走在了前面。

六、IBF"一带一路"体育与经济融合发展论坛召开

上榜评语:2017 年 10 月 28 日,IBF(国际拳击联合会)"一带一路"体育与经济融合发展论坛在中国澳门举办。本次论坛由 IBF 中国区委员会和人民网人民体育平台共同发起,旨在响应"一带一路"倡议,基于澳门的有益经验,探讨利用以拳击为代表的体育运动

促进跨区域、跨文化、跨领域的融合发展，与各方构建一条共建、共享、共赢的繁荣之路。

七、腾讯电竞与超竞互娱联手落地国内首家泛娱乐电竞综合体

上榜评语：2017 年 6 月 20 日，腾讯电竞与超竞互娱合作打造的首个泛娱乐电竞综合体——北京朝阳合生汇正式揭幕。这是一个涵盖游戏、文学、动漫、影视、电竞五大泛娱乐内容板块于一体的商业生态圈。该项目紧邻国贸、华贸两大商圈，位于朝阳 CBD（中央商务区）东区金角，处在广渠路和西大望路两大交通主动脉交汇之处，拥有近 20 平方米的商业面积，进驻了 600 余家为年轻人所热衷的品牌，能够满足不同消费群体在电竞、购物、餐饮、娱乐、休闲方面的不同需求。

八、京津冀国际体育产业发展大会召开

上榜评语：2017 年 12 月 7～8 日，2017 京津冀国际体育产业大会在北京召开。本次大会由京津冀三地体育局联合主办，北京体育产业协会承办，以“开放、合作、共享”为主题，不仅对京津冀协同发展、冰雪产业、体育小镇、体育休闲、体育旅游、青少年培训、大健康产业、体育竞赛表演及职业体育俱乐部等体育产业发展的焦点问题进行了探讨，还搭建了政府与企业、企业与企业沟通交流的平台，有利于促进京津冀体育产业健康、可持续发展。

九、第二届中国文化产业管理创新论坛及系列研讨会召开

上榜评语：2017 年 1 月 11 日，2017 第二届中国文化产业管理创新论坛济莱文化产业协同发展研讨会召开。我国文化产业近年来如悬河泄水般高速发展，文化多样化、社会信息化持续推进，科技革命引领文化产业新突破，多元合作向全方位拓展。中国文化产业管理创新论坛及本届研讨会的举办让人们更加直观、深入地了解到济莱协同发展的重要性与紧迫性。

十、动因体育刷新 2017 年体育产业融资额度

上榜评语：2017 年 9 月 29 日，动因体育宣布完成 5 亿元融资。本轮投资由前篮球巨

星姚明和其他 4 位资深投资人士发起成立的曜为资本领投,达到了 2017 年体育产业最高融资金额。动因体育是“体育＋教育”的典型代表,是一家体育培训服务提供商,主要为 4～17 岁青少年提供体育培训服务,形成了以培训、赛事和场馆为基础的三大业务,其在继续深耕体育培训及相关业务的同时,还致力于打造中国最有价值的体育消费人群生态圈。

第三章

2017 年度十大文体产业特色小镇

一、长寿湖小镇

上榜评语：重庆长寿湖镇是全国唯一以“长寿”命名的区，运动、浪漫、养生是长寿湖镇的三大发展主题。2017 年，长寿湖镇先后举办了铁人三项赛、中国长寿湖水上特技表演活动、重庆长寿湖半程马拉松赛，通过这些集娱乐、运动、全民健身于一体的活动向全国乃至世界展现了长寿湖完善的水面条件和设施，当地优美独特的自然和人文景观，以及当地百姓乐观向上、追求健康的良好精神风貌，而这也是长寿湖镇打造全国特色小镇的重要内容，准确地展现出当地“运动、浪漫、养生”的主题。

二、第什里风筝小镇

上榜评语：第什里是中国宫廷风筝的发源地，起源于明朝永乐年间，该地制作的风筝集京、津流派的特色于一体，被誉为我国风筝中的绝品之最。第什里风筝小镇位于廊坊市城区正南 20 千米处，占地面积 10 平方千米，集文化、生态、旅游、产业功能于一体，是乡村旅游和现代农业新地标，也是都市休闲的新乐园。

三、即墨温泉田横运动休闲特色小镇

上榜评语:即墨温泉田横运动休闲特色小镇是青岛唯一入选第一批国家运动休闲特色小镇的试点项目。项目位于即墨区温泉街道办事处辖区的四舍山周边及钱谷山南侧,小镇规划有“两核两带”,即以四舍山户外运动中心和钱谷山水上运动中心构成的两大核心区,以及以环公路运动带、沿海岸线走向的滨海休闲运动带构成的“两带”。小镇总占地面积约8.97平方千米,依托即墨的山、海、林、泉自然环境优势,对标德国巴登巴登小镇、意大利蒙特贝卢纳小镇,目标是建设集“体育+”“生态+”“休闲旅游+”为一体的创新型国际共享运动健康小镇,规划建设户外体育运动中心、体育赛事中心和体育产业创新中心等五大功能板块。

四、遵义海龙屯传奇土司小镇

上榜评语:遵义海龙屯传奇土司小镇有着高大威严的军事城楼、古色古香的建筑群、小桥流水的美丽景致,这是游人走进海龙屯传奇土司小镇的第一印象。这个有着土司文化风情的小镇,坐落在贵州唯一的世界文化遗产海龙屯附近,不仅拥有得天独厚的自然环境和旅游生态,还蕴含着古代中国土司文化。小镇重点打造的仿古房屋在打造中没有用到一颗钉子,建筑结构是残垣断壁加上木结构,它代表着一种生生不息的理念。小镇中还设有仡佬市集、苗寨市集、傩艺术展等展示贵州多民族文化的区域。游人畅游其中,既可以品尝风味独特的地方美食,更能开启一趟传奇文化之旅。

五、苏州太仓天镜湖电竞小镇

上榜评语:天镜湖电竞小镇集聚了具有较强竞争力的电竞企业32家,业务覆盖电竞赛事运营、节目制作、俱乐部运营、主播经济、游戏开发等领域;入驻了知名战队20个,集聚了超300名从业人员。小镇电竞产业的集聚度、赛事的密集度和整个行业的影响力正在不断提升。天镜湖电竞小镇计划通过3～5年时间实现“产业+文化+旅游+社区”四重功能的融合,打造长三角电竞体验旅游首选地、中国顶级电子竞技赛事首选地、中国电子竞技产业生态集聚区,最终建成具有全球影响的电子竞技特色小镇。

六、铜陵镇

上榜评语：铜陵镇位于福建省东山县东山岛的东北端，三面濒海，唯西部与康美村毗邻，是一座有600余年历史的文化古城。铜陵镇物华天宝，人杰地灵，素有"海滨邹鲁"之称，是东山县的经济、文化中心。铜陵市政府与阿里体育、东方世旗召开战略合作，就打造国家级生态体育名片展开合作，依托阿里体育在IP资源及赛事运营方面的经验，以及东方世旗在文化、体育、大健康产业的投资运营管理能力，共同打造智慧体育小镇，实现国家级体育产业示范基地的战略目标。

七、无锡灵山小镇·拈花湾

上榜评语：无锡马山是佛文化、吴文化和湖岛风光完美结合的大善大美之地，灵山胜境享誉世界，向来有净空、净土、净水之称，生态秀美，环境优越，一草一木皆禅味十足。灵山小镇·拈花湾靠山面湖，与灵山大佛相邻，可以说是得尽天地人文灵气，是一个自然、人文、生活方式相融合的旅游度假小镇。灵山小镇·拈花湾追求一种身、心、灵层面的人文关怀，让人们体验无处不在的禅意生活，从而开创让心灵度假的休闲旅游新模式。

八、德清莫干山裸心体育小镇

上榜评语：德清莫干山裸心体育小镇位于浙江德清莫干山，小镇以"裸心体育"为主题，将体育、健康、文化、旅游等有机结合，以探索运动、户外休闲、骑行文化等为特色，带动生产、生活、生态融合发展。体育特色小镇呈现了"一心、一带、两翼、多区"的功能布局。"一心"位于镇区核心区域，规划为产业文化中心，主要承担高端商务、技术研发、产品展览、会议研讨、商业配套、体验娱乐等功能。"一带"主要是沿黄郛路形成的以体育文化为主题的产业展示带，集中了体育产品、文化创意、休闲娱乐、餐饮美食、主题住宿等多种产业形式。"两翼"即位于镇区北侧的户外极限探险基地和镇区南侧的久祺国际骑行营。"多区"包括竹海登山区、骑行天堂区、森氧居宿区、莫干门户区和历史创意区。

九、福建汀溪温泉小镇

上榜评语：汀溪镇地处厦门同安区西北部，是厦门及闽南地区的"后花园"。汀溪乐活小镇以乐活内涵休闲度假产业为主导产业,塑造了典型的度假型特色小镇,丰富整合了产品体系,实现了资源有机整合、产业整合发展、社会共建共享。汀溪镇还有着丰富的海丝文化,可以串联半岭闽南特色村落、珠光青瓷窑址、隘头海通码头古渡口、褒美匣钵体古厝,形成海丝主题文化带。

十、威海南海体育休闲特色小镇

上榜评语:威海南海体育休闲特色小镇项目是由乒乓球大满贯得主刘国梁、王楠等体育明星发起,项目定位为以高端体育产业为主导,以休闲体验活动为补充,围绕全民体育、全民健身、全民参与的目标,突出专业体育培训服务、运动导师资源、国际性体育教育平台,同时融合滨海休闲度假、医疗康养服务、高端教育配套、主题商业配套等功能,打造出了体育特色鲜明、产业优势突出、康养休闲结合的体育休闲示范基地。

第四章

2017年度十大文体产业新业态公司

一、米哈游科技(上海)有限公司

上榜评语:主要由三位热爱技术和ACGN(次元文化)的上海交通大学学生创立,公司是一家以动画、漫画、游戏和小说等产品为载体,深耕二次元文化的互联网文化企业。公司的主营业务是基于其原创的"崩坏"IP开发和运营游戏、漫画、动画和轻小说等互联网文化产品,各类型产品的人物角色、世界观体系和故事主线相互统一。公司的核心团队现拥有200多人,分布于上海、东京,公司通过互联网进行信息传播,在二次元文化下搭建了一条以优质IP为核心的文化产业链。

二、温州青鸟体育文化传播有限公司

上榜评语:温州青鸟体育文化传播有限公司的业务范围覆盖节庆活动运营、文化建设、展示系统规划、体育赛事运营、微电影拍摄制作等领域,是一家集广告、体育互动娱乐和影视娱乐业务于一体的文化产业公司,近年来致力于体育项目开发、体育营销和赛事推广、体育传媒经营,在体育户外运动产业的创意策划、运营推广、全案执行、媒体发布、后期服务等方面一直处于地域行业的领先地位。温州青鸟体育文化传播有限公司以精湛的策划创意、出色的设计和强有力的执行力备受客户的认可和业界的好评。

三、上海力盛赛车文化股份有限公司

上榜评语:上海力盛赛车文化股份有限公司是国内汽车运动及赛车文化行业的领军企业。公司拥有国内汽车运动行业内最高级别的赛事专营资质、享誉全国的专业车队、遍布北上广的专业赛车场、全国规模最大的专业赛车手培训中心以及一流的汽车公关活动策划及执行团队。公司拥有 CTCC(中国房车锦标赛)、Polo 杯中国挑战赛、中国卡丁车锦标赛、天马论驾、风云战、TMC 房车大师挑战赛、华夏赛车大奖赛、力盛赛车培训中心等赛车界知名品牌,在国内外汽车运动领域享有较高的知名度和行业美誉度。

四、北京东方嘉诚文化产业发展有限公司

上榜评语:北京东方嘉诚文化产业发展有限公司是由北京东方信达资产管理有限公司与阳光嘉诚投资有限公司共同出资成立的一家以文化地产为核心业务的文化产业专业运营公司。伴随着中央政府扶持文化产业的力度不断增强,文化大发展所带来的大量文化需求给固定资产运营领域带来了一场不小的震动,在寻求文化、科技、空间(建筑)三者之间的融合的新兴模式中,以主题文化表现为核心特征的多元复合型建筑空间产品——文化地产,越来越引起众多专业人士的关注。

五、北京顶象技术有限公司

上榜评语:顶象技术拥有由国内外顶级的互联网安全专家、人工智能和大数据科学家组成的强大技术团队,是中国领先的业务安全产品与解决方案提供商,专注于业务安全领域,在互联网、云计算和大数据等领域构建了端到端、全环节、全链路和全维度的全景式业务安全风控体系,为航空、银行、保险、电商、互联网金融、智能硬件、游戏、社交等行业提供智能风险感知和经济实效的安全防护,让企业免受薅羊毛、账号盗用、刷榜炒信、欺诈交易等威胁,保护消费者的业务安全。

六、北京岁月桔子科技有限公司

上榜评语：北京岁月桔子科技有限公司（IT 桔子）是关注 IT 互联网行业的结构化的公司数据库和商业信息服务提供商。IT 桔子致力于通过信息和数据的生产、聚合、挖掘、加工、处理，帮助目标用户和客户节约时间和金钱、提高效率，以辅助其各类商业行为。IT 桔子当前的主打产品为网站，提供公司、创业者、细分领域、投资机构、投资者、投资事件、新闻等方面的信息，其最大的特点是任一模块都是结构化的，并且提供了实时数据统计功能，比如“公司”可以分为细分领域、发展阶段、融资状态、地点、时间等；用户可以围绕“金融支付”领域，查看该领域所有的公司、相关新闻报道和投资事件等。IT 桔子充分利用了微博和媒体的公开新闻报道等数据，数据来源相比同类数据产品更为全面。

七、北京羽扇智信息科技有限公司

上榜评语：北京羽扇智信息科技有限公司是 Google 投资的一家中国人工智能公司，其旗下产品“出门问问”涉及 AI 技术自然语言处理领域。出门问问与中科院自动化研究所模式识别国家重点实验室共同成立了语音智能与人机交互联合实验室，专注于自然语言理解、多轮对话管理、问答系统、机器翻译等人机语音交互核心技术研发领域，也就是所谓的 NLP（自然语言处理）。自成立以来，出门问问致力于以人工智能为中心，通过软硬结合产品落地到生活场景，来打造下一代人机交互方式。

八、莲李文化传播有限公司

上榜评语：上海莲李文化传播有限公司是一家聚焦大众娱乐商业舞台剧的剧目策划、投资出品、承接、制作、执行及品牌形象的宣发制作，以实现优秀文学、影视、游戏等文化产品的多媒体舞台转化为目标的制作公司。该公司致力于将高新科技与新兴的多媒体技术相融合，注重舞美设计，结合前沿尖端科技、极致视听特效以及国内外艺术装置等媒介进行舞台视觉转化，打造出顺应市场发展、符合现代审美趣味的高品质舞台盛宴。2016 年，莲李文化制作出品了与“雨果奖”获得者刘慈欣的科幻小说《三体》同名的系列舞台剧，在社会上引起强烈反响，并迅速上升成为行业内的新锐力量。

九、微马体育控股有限公司

上榜评语:微马体育控股有限公司成立于2016年5月,通过微马体育的移动网,传播一种健康的慢跑文化理念。"微马"是一项以5千米慢跑为基础的微型马拉松运动,中共深圳市微马跑步协会是这项运动的发起者与引领者。微马平台聚集了来自五湖四海的热爱跑步的跑友,已经影响到全国180多个地区和城市,在中国香港、台湾地区,新加坡、北美、西非等多个国家及地区也纷纷成立了微马队,将微马"公益、平等、健康、阳光"的核心价值观传播到了祖国大江南北、大洋彼岸。为了让更多的跑步爱好者参与到微马这项健康的运动中来,微马体育控股有限公司将借助移动互联网科技,为广大慢跑运动爱好者提供一个专业的运动健康管理和交流分享平台,让微马成为真正的全民健康运动项目。

十、浙江康莱宝体育用品股份有限公司

上榜评语:浙江康莱宝体育用品股份有限公司作为国内主要休闲及健身体育器材制造商之一,是第一批挂牌新三板的体育行业公司,也是我国首家进入资本市场的健身体育器材供应商。2017年,该公司取消体育用品制造业务,对其经营范围进行了战略性的变更布局,并充分布局以体育产业为重点的全行业产业链,着重推进优质体育基金、政府引导基金、PPP项目的发展,并购智能体育产品研发、运动游戏开发的百源软件,将虚拟化的信息网络技术和物理化的智能制造技术进行融合,成功研发出了智能健身车、智能跑步机等智能运动硬件以及动联网云健康平台。

第五章

2017 年度十大文体旅游赛事

一、2017 年“寻找美丽中华”全国旅游城市定向系列赛

上榜评语:2017 年“寻找美丽中华”全国旅游城市定向系列赛是由国家体育总局航管中心、中国定向运动协会主办,北京乐恩嘉业体育发展有限公司承办,中国定向运动协会普及与发展委员会全方位支持的大型定向运动赛事。该赛事在青岛、苏州、大理、深圳等城市巡回举办,以推动“体育+旅游”的主旨,将旅游资源、城市建设与体育运动有机结合,促进城市社会经济、文体和旅游产业和谐互动,共同发展。

二、第十二届环海南岛国际公路自行车赛

上榜评语:2017 年 10 月 28 日,由国家体育总局和海南省人民政府共同主办的碧桂园杯 2017 第十二届环海南岛国际公路自行车赛在海南第三大旅游城市万宁开赛。比赛于 10 月 28 日～11 月 5 日进行,分设 9 个赛段,总奖金达 35 万美元。该比赛共吸引了来自 13 个国家和地区的 20 支车队参赛,其中有 4 支洲际职业队、15 支洲际队和 1 支国家队,是亚洲顶级赛事。

三、上海劳力士大师赛

上榜评语:2017 年 10 月 15 日,为期 9 天的上海劳力士大师赛在上海旗忠网球中心圆满落下帷幕。经过两盘大战,最终男单 2 号种子选手罗杰·费德勒击败了头号种子选手拉菲尔·纳达尔,夺得了个人第二个上海劳力士大师赛冠军。男双比赛冠军则由男双头号种子选手亨利·孔蒂恩与约翰·皮尔斯夺得。上海劳力士大师赛是全球最高级别的网球赛事之一,每年都将亚洲网球巡回赛事推向高潮,大力促进了上海城市形象在全球的传播,为上海打造全球卓越城市、国际体育赛事之都起到了重要的助推作用。

四、中华龙舟大赛

上榜评语:中华龙舟大赛是国家体育总局和中央电视台为弘扬中华民俗文化,大力发展传统体育项目而重点推广的重大体育赛事之一,从 2011 年开始举办。目前,该项赛事已经成为国内赛事级别最高、竞技水平最高、奖金总额最高的顶级龙舟赛事。海南陵水因其美丽的风光和优异的自然条件成为了 2017 年总决赛的举办地,这也是陵水第四次举办这项赛事。这次中华龙舟大赛总决赛全方位展现了富有地方文化色彩的开幕式、比赛过程以及海南陵水的民俗风情和旅游资源。

五、环青海湖国际公路自行车赛

上榜评语:2017 环青海湖国际公路自行车赛于 2017 年 7 月 15～29 日在青海、甘肃、宁夏三省(区)举行。环湖赛自 2002 年创办起,经过 16 年的发展,已成为世界闻名的亚洲顶级赛事,是国家体育总局确定的 A 类赛事。2017 年,环湖赛还入选了中国体育旅游十佳精品赛事,位居中国最具影响力自行车赛榜首,在中国 TOP 100 自行车赛综合评分中被评为第一名。环青海湖国际公路自行车赛保持着中国自行车运动赛事中的领军地位,形成了业界关注和思考的“环湖现象”。环湖赛不仅仅包含赛事本身,更多的是要和旅游、文化深度融合,丰富环湖赛的文化内涵,强化品牌辐射作用,带动青海体育产业做大做强。环湖赛不仅是宣传青海的金名片和促进三省(区)相通相融的纽带,也是国家品牌的骄傲。

六、北京国际山地徒步大会

上榜评语：北京国际山地徒步大会是经北京市政府批准的第一个国际化山地品牌活动，是按照建设有中国特色的世界城市和建设国际化体育中心城市的发展目标打造的群众性国际品牌活动的重要组成部分，是继北京国际马拉松赛、中国网球公开赛、斯诺克公开赛之后推出的又一国际精品体育品牌，每年举办一届。自 2010 年创办以来，徒步大会已成为北京的国际品牌赛事。2015 年，主办方开始与国内其他省、市、区合作办赛，比赛首次延展至京外。2017 年的徒步大会除门头沟斋堂站、妙峰山站、清水站比赛外，还设立了河北易县站、山西阳城站和广东梅州站。

七、中国郑州国际少林武术节

上榜评语：中国郑州国际少林武术节是一项集武术、旅游、文化交流于一体的大型综合性节会。自 1991 年以来，中国郑州国际少林武术节遵循“以武会友，共同进步”的宗旨，已成功举办了 9 届，走过了近 20 年辉煌的历程，来自世界五大洲 60 多个国家和地区的运动员参加过这一武术盛会。中国郑州国际少林武术节是国家体育总局体育文化发展中心公布的 2017 中国体育旅游精品项目，这是中国郑州国际少林武术节继 2016 年获得“中国体育旅游十佳精品赛事”称号后获得的又一殊荣。

八、CTCC（中国房车锦标赛）

上榜评语：从 2009 年赛季开始，原全国汽车场地锦标赛（CCC）正式更名为中国房车锦标赛，英文全称为 China Touring Car Championship，新缩写为 CTCC。十几年的风雨历程，CTCC 在推动中国赛车运动发展、培育国内赛车专业人才的进程上，影响力当仁不让。2017 年 11 月 26 日，随着中国杯挥下方格旗，2017 长城润滑油 CTCC 中国房车锦标赛所有回合比拼完毕。经过了一整年跌宕起伏的积分争夺，CTCC 2017 年度奖项也各归其主。超级杯年度车手总冠军得主为北汽绅宝车队朱戴维，年度厂商杯冠军是以大比分获胜的上汽大众 333 车队。而在中国杯的激烈争夺中，广汽丰田车队刘洋摘得了年度车手总冠军，一汽丰田威驰 FS 车队提前一回合斩获年度厂商杯。

九、The Color Run(彩色跑)

上榜评语:The Color Run 被誉为“地球上最欢乐 5 公里跑”,旨在宣传健康、快乐、大众参与的跑步理念。The Color Run 是当今全球最大型的跑步系列活动,自创办以来发展迅猛。2015 年,The Color Run 在全球 35 个国家举办了超过 225 场跑步活动。与追求速度不同,在 The Color Run 活动中,参与者得到的是一种前所未有的跑步体验。The Color Run 活动并不计时,跑者会经过 4 个色彩站,经过时会被从头到脚地抛洒上不同的颜色。在 The Color Run 的终点,有一场更加壮观的色彩派对,大家会一起把手中的彩色粉向空中抛洒,每个人都会像色板一样色彩缤纷,这快乐又神奇的时刻将深深印在每个人的脑海里。

十、中国·张掖祁连山国际超百公里户外挑战赛

上榜评语:2017 年 8 月 9 日,中国·张掖祁连山国际超百公里山地户外运动挑战赛在张掖市山丹峡口古城开赛,来自国内外的 309 名山地长距离耐力跑运动员齐聚张掖,挑战自我。2017 中国·张掖祁连山国际超百公里山地户外运动挑战赛是国家体育总局登山运动管理中心确定的年度国际山地户外运动赛事,也是近年来张掖市重点打造的体育品牌赛事之一,已在张掖市连续举办四届。本次比赛由中国登山协会、甘肃省体育局、张掖市人民政府共同主办,设立男子 100 公里组、女子 100 公里组、男子 50 公里组、女子 50 公里组山地长距离越野跑 4 个竞赛项目。线路起点位于山丹峡口古城,途径焉支山、山丹马场、最终到达民乐县任家庄,赛程长度 102.8 公里,最高海拔 3080 米,累计爬升高度 3800 多米。

第六章

2017年度十大文体产业著名人物

一、鲍仲良

上榜评语：鲍仲良，杭州乐毅体育文化发展有限公司总经理，浙江省体育产业联合会副会长。2016年，鲍仲良以“从校园出发，强少年组织，圆足球梦想”为宗旨创立乐毅体育，并聘请前国脚黎兵担任总导师、绿城前队长汪嵩出任形象大使，扩大了乐毅联赛的知名度和影响力。目前，乐毅体育已与10所校区展开联赛合作。自成立以来，乐毅体育已经组织足球赛事2100余场，参与人数11998人次；各类宣传活动总计410次；开闭幕式42次；赛事直播80次。

二、顾大我

上榜评语：73岁的顾大我因常年在马拉松和铁人三项等极限运动中的卓越贡献，成功入选2017体坛风云人物。顾大我从20世纪90年代开始跑步锻炼身体，1997年，他在参加长跑比赛时获得了50岁组的第8名，自此与马拉松和铁人三项等极限运动结缘。在2017年1月的厦门马拉松赛中，顾大我跑出了4小时35分的个人全马最好成绩，10

月 10 日,他在美国田纳西州查塔努加市举行的铁人三项赛中,以 16 小时 7 分 16 秒的成绩顺利完赛并夺得分龄组第五名。凭借这一成绩,顾大我创造了国内完成铁人三项赛事最年长选手纪录,同时拿到了 KONA 世锦赛参赛资格。

三、侯世栋

上榜评语:侯世栋,温州东方健身俱乐部股份有限公司董事长、浙江省体育产业联合会副会长,曾担任警校教官,系国家级健身指导员、世界泰拳理事会一级专业教练。侯世栋创办的温州东方健身俱乐部是温州地区最大的健身行业企业,也是浙江省规模大、最具影响力的健身俱乐部之一,作为浙江省唯一一家入选国家体育总局评定的"体育行业职业资格培训基地"的民营企业单位,已培养和输送了 500 多位持有国家级健身教练资格证的健身教练人才。

四、姚明

上榜评语:在经历前一年的巨大变革后,2017 年,中国篮球继续改革势头。2017 年 2 月,姚明全票当选第九届中国篮协主席。在他的带动下,中国篮协在管办分离和实体化进程中实现了多项关键举措。7 月,姚明正式被推选为 CBA(中国男子篮球职业联赛)公司董事长。他上任后,积极推动 CBA 联赛的商务开发工作,在短短几个月内就敲定了多家赞助商,使 CBA 在该赛季的商务开发总收入达到历史之最。在 CBA 管办分离后独立运营的第一年,联赛在赛制、赛程以及裁判等多环节上实现了创新与突破,姚明引导的改革仍在继续。

五、姜华

上榜评语:姜华,昆仑决创始人,昆尚传媒董事长。昆仑决的全称为"昆仑决世界极限格斗系列赛",是首个中国原创的世界顶级搏击品牌。2015 年,昆仑决被国外权威媒体评为全球最佳站立格斗赛事。至今,昆仑决已经登陆过十几个国家近 50 个城市,无论是从赛事的数量、质量,还是现场镜头运用、灯光舞美方面,昆仑决都已经达到甚至超越了国际顶级搏击赛事标准。姜华以弘扬中华传统文化、传承尚武精神为己任,开创了中国搏击产业的新局面，使中国武术走向世界，让世人再一次见证了中国力量。

六、蒋立章

上榜评语：蒋立章，当代明诚第一大自然人股东，双刃剑体育的创始人及总裁。2017年，蒋立章所在的当代明诚与双刃剑体育在体育圈内动作频繁。7月，当代明诚收购新英体育，并与苏宁体育合资建立武汉当代明诚体育文化传播有限公司，进一步将苏宁体育的版权资源与新英体育的版权分销优势结合，提升了双方在版权市场的地位。10月，双刃剑体育获得了2018年俄罗斯世界杯在亚洲地区的独家市场销售权利，成为了与FIFA（国际足球联合会）签订独家代理合同的第一家营销类公司。此外，双刃剑体育还以600万元的资金投资了专注于智能足球手环的T-Goal公司。

七、赵依芳

上榜评语：赵依芳，华策影视集团创始人、总裁。自2005年创办华策以来，赵依芳积极倡导文化传播，打造爆款影视剧，在其运作下，华策已成为中国顶级的娱乐内容提供方之一，连续5年蝉联全国文化企业三十强名单，被誉为"电视剧第一股"。为响应"文化走出去""一带一路"国家战略，华策积极推动"华流出海"，累计发行、授权一万多小时的作品，覆盖全球180多个国家和地区。2017年，赵依芳凭借她在文化传播方面的突出贡献获戛纳电视节荣誉勋章。

八、吴京

上榜评语：吴京，《战狼Ⅱ》的导演、编剧、主演、动作指导，带领《战狼Ⅱ》这部国产军事动作片"引爆"了暑期档。《战狼Ⅱ》以56.8亿元收官，打破了周星驰执导的《美人鱼》此前创下的33.92亿元的记录，也打破了国产电影历史最高票房纪录和全球单一市场单片票房纪录。吴京凭借该片获得第十四届广州大学生电影节最受大学生欢迎的导演以及最受大学生欢迎的男演员奖、第四届丝绸之路国际电影节突出贡献个人奖。2017年12月，吴京被评为年度吸引力明星。

九、吴文辉

上榜评语:吴文辉,阅文集团 CEO,网络文学奠基人,网络文学商业模式、运行体系、版权拓展机制创立者,国内网络文学领先门户网站起点中文网创始人之一,曾任盛大文学总裁、起点中文网 CEO、腾讯文学 CEO。吴文辉提出的网络文学商业模式成为全球数字出版经典案例,受到业界学者和诸多研究机构的一致认可。在吴文辉的领导下,起点中文网成为业界第一网站,实现了从小众阅读到核心数字内容品类的迈进,并成为文化产业核心 IP 来源之一,也成为少数成功的本土互联网模式之一。

十、李旻

上榜评语:李旻,《王者荣耀》游戏制作人。2017 年,腾讯旗下最成功的 MOBA(多人在线战术竞技游戏)电竞手游《王者荣耀》曝光出 1900 万 DAU(日活跃用户量)、300 万人同时在线的数据,稳居同类产品第一。3 月 29 日,《王者荣耀》正式发布了“嗨电竞”计划,开始进军移动电竞领域。《王者荣耀》制作人李旻在主题为“势在·必燃”的《王者荣耀》文创共生行业发布会上,回顾了《王者荣耀》对传统文化传承演绎的尝试和探索,并公布了游戏接下来在弘扬传统文化上的系统性规划。

第七章
2017 年度十大文体产业投融资案例

一、网鱼网咖完成融资

上榜评语:2017 年 1 月 22 日,网鱼宣布完成 2.1 亿 D 轮融资,投资方为达晨创投、一村资本以及明嘉资本。这是网鱼在获得普思资本、联众、顺网科技等战略投资入驻之后的又一轮融资,如此大规模的资本投资尚属网咖行业首例。网鱼成立于 1998 年,2009 年率先提出“网咖”概念,引领行业转型升级。2013 年起,网鱼开放加盟连锁,品牌由原来的直营模式转变为全加盟模式,进入了品牌高速发展时期。截至 2017 年,网鱼拥有 854 家门店,进驻了全球 100 多个城市,累计会员 800 万,年服务人次 2600 万。

二、华人文化基金投资国际汽联电动方程式锦标赛

上榜评语:2017 年 2 月 14 日,华人文化控股集团董事长黎瑞刚宣布,要用数千万欧元的资金收购国际汽联电动方程式锦标赛的官方推广公司。此次投资由华人文化领投,其旗下公司盛力世家参与。国际汽联电动方程式锦标赛诞生于 2014 年,是第一个使用纯电力驱动单座方程式赛车的系列比赛。入股国际汽联电动方程式锦标赛后,华人文化

计划联手盛力世家的体育推广资源,帮助国际汽联电动方程式锦标赛加强赛事媒体运营开发能力,扩大其影响力。华人文化旗下的其他体育赛事投资与运营方则可通过与该赛事建立合作,获得最新的国际赛事运营经验,共同发挥作用。

三、万名扬传媒完成融资

上榜评语:2017 年 3 月 13 日,万名扬传媒对外宣布已完成超亿元 A 轮融资。本轮融资由华人文化控股集团与红杉资本中国基金联合发起的健盛体育专项基金领投,数名个人投资者跟投。除投资万名扬传媒外,健盛体育专项基金同样也完成了对中国电竞赛事运营商"英雄体育"的投资。万名扬传媒由中国资深搏击人郭晨冬创立,成立于 2016 年 4 月,发展至今,打造了世界格斗殿堂级赛事"勇士的荣耀"、世界职业搏击黄金联赛"勇士的荣耀—崛起"和世界综合格斗黄金联赛"勇士的荣耀—征途"三档赛事,并与北京卫视和深圳卫视达成战略合作关系。

四、悦动圈完成融资

上榜评语:2017 年 4 月 26 日,跑步移动应用悦动圈获得 1 亿元人民币 C 轮融资。此次融资由诺基亚成长基金(NGP)领投,小米集团跟投。融资完成后,悦动圈将围绕"计步"这一功能继续做透,并将主要聚焦"健走"这一核心领域。悦动圈在体育产业爆发的 2014 年起步,除了常规的计步功能外,悦动圈的特点在于游戏化运营,团队核心人员分别来自腾讯互动娱乐,迅雷游戏大厅以及 MMORPG 游戏运营等。客户端的线上升级打怪和奖品、红包、勋章、证书等一系列游戏化的运营,让悦动圈的日活跃用户数量保持在较高水平。目前,悦动圈的 DAU 在 600 万以上,在 AppStore 免费榜单中排名 50 位左右,在同类 App(手机应用软件)中居于前列。

五、超神互动完成融资

上榜评语:2017 年 6 月 13 日,电竞企业超神互动获得新加坡华璞毅恒资本 3 亿元的 A 轮投资。此次融资后,超神互动将在电竞游戏、电竞教育、电竞赛事、内容制作、传播渠道等方面实现深度布局,并将以温州电竞产业网的发展方式为模板,在全国投资建设 10

个网点。温州超神互动网络科技有限公司成立于2016年，旗下包含派克维尔电竞学院（与各大学进行全日制学历合作）、盘古电子竞技俱乐部、盘古文化传媒、超神互动电竞综合体，覆盖了培养、就业、深造包装以及电竞旅游的所有系统功能。

六、动因体育完成融资

上榜评语：2017年9月28日，体育培训企业动因体育宣布完成5亿元人民币融资。此次融资由前篮球超级巨星姚明和其他4位资深投资人士发起成立的曜为资本领投，汉能投资担任本轮融资的独家财务顾问。这是2017年体育产业最大的一笔融资。同时，动因体育还发布了全新的品牌战略，将在继续深耕体育培训及相关业务的同时，全力打造中国最有价值的体育消费人群生态圈。动因体育成立于2010年，专门为4～17岁的青少年提供体育培训服务，目前，动因体育形成了以培训、赛事和场馆为基础的三大业务，并不断加强完善。

七、觅跑完成融资

上榜评语：2017年10月11日，觅跑宣布于今年9月完成了7500万元A轮融资。此次融资由国家中小企业发展基金（国中创投）领投，上两轮投资方经纬创投、合鲸资本和信中利资本全部跟投。此前，觅跑曾于2017年5月获得来自经纬中国的1000万元人民币种子轮融资，于2017年8月获得来自信中利资本、猎鹰创投、合鲸资本、经纬中国的1500万元人民币天使轮融资。觅跑成立于2017年7月，是一家共享自助运动仓提供商。创始人毕振是前饿了么创始成员，后创立饿势力网上订餐和人人地推。目前，其团队成员有20人左右，大部分为人人地推成员。觅跑运动仓模式的特点是4平方米场地容纳1～2人、配置跑步机等运动器械、自助门禁按时付费。这一模式的关键点在于社区场景和运动需求。

八、乐刻运动完成融资

上榜评语：2017年10月13日，健身平台乐刻运动完成3亿元人民币C轮融资。此次融资由高瓴资本领投，上一轮的投资方华晟资本（华兴新经济基金）、IDG资本跟投。

即便大多数人还看不太懂乐刻的商业模式，但获得3亿元人民币融资的乐刻运动，已经是互联网健身领域融资规模最大的一家。乐刻运动成立于2015年4月，是一家专注于提供企业员工健康管理、运动健身服务的O2O(线上到线下)平台。通过共享自有场地，乐刻将用户、健身教练、健身房三者匹配起来，采用24小时开放、99元包月健身等方式降低用户入门消费门槛。乐刻现已在杭州、上海、北京、南京、济南实现布局，拥有200家线下门店，并即将在深圳、广州、重庆、武汉落地，覆盖成都、沈阳、西安等全国一二线城市。

九、第一体育完成融资

上榜评语:2017年10月16日，运动健身服务商第一体育完成A轮8000万元人民币融资。此次融资的领投方为深创投和中金公司，第一创业和包括东北证券等在内的多家券商跟投。第一体育在此前两个月挂牌新三板，短期内又完成了8000万元的A轮融资。截至2017年底，第一体育的健身门店数仅为9家，高估值的原因在于第一体育背后强大的社区物业资源。第一体育母公司为当代置业，当代置业为港股上市房地产公司。其子公司第一资产旗下的公司，有包括第一体育、第一物业、第一教育等在内的多家科技公司。其中第一物业为新三板挂牌企业，在早些时候获得鼎晖和中金公司的1亿元融资。资本的入局，不仅关注第一体育本身的健身业务增长，也关注当代置业和其生态体系内的第一物业和第一教育等公司相关业务的增长。

十、蜂狂运动完成融资

上榜评语:2017年11月27日，蜂狂运动对外宣布，公司已完成了千万元级别的Pre-A轮融资。此次融资由壹号资本领投，梅花天使跟投，投后估值超亿元。根据网络公开资料显示，蜂狂运动成立于2015年底，以一二线城市、20～35岁的年轻人为主要市场及目标。成立初期，公司即获得来自薛蛮子和暴龙基金的300万元种子轮融资。2017年7月，公司宣布完成700万元的天使轮融资。截至2017年底，蜂狂运动的线下店面已有5家，还有1～2家仍在筹备中。蜂狂运动单店面积150～200平方米，主打社交属性较强的团课，采用按次付费的定价模式，用户可直接从微信端预约课程并完成付款，团课的客单价为48～108元。

第八章

2017 年度十大体育产业黑科技

一、VR 科技

上榜评语：VR 在体育产业中的发展和应用如火箭般迅速。VR 技术应用于体育游戏领域，优势十分明显，VR 技术可以模拟体育项目的运动场景，将其还原成虚拟的立体游戏环境，供玩家娱乐。在极限运动领域，VR 技术可以帮助人们体验更加刺激的运动项目。VR 技术与具体运动项目结合的案例有很多，比如 VR＋网球，VR＋赛车，VR＋力量训练。VR 技术将不断改变体育产业的发展模式。随着 VR 产业的发展，技术将不断渗入体育产业链条的各个环节，越来越多的公司也开始渗入 VR 产业链的各个环节。

二、子弹时刻

上榜评语：视频回放已不是什么新鲜事，但是在比赛中常常需要将视频精确到毫秒，使用不同角度的回放，这就很难。如今，出现了被称为“子弹时刻”的回放技术，应用这种技术，所有的图像会经过处理形成 3D 画面。这样，无论是比赛中哪一个瞬间，哪一个角度,都能重新观看,确保精准。如今,篮球、棒球、网球比赛中都开始使用这种技术。在过去几年中,一些科技公司正在通过该技术改变我们的观赛方式,其中就包括英特尔和鹰眼公司。虽然他们开发了不同的产品,但每一次创新都是在改变体育产业。

三、BodyPlus 运动衣

上榜评语:博迪加科技公司的 BodyPlus 是一系列以服装为载体的获取人体运动生理数据的智能可穿戴产品。通过服装上面的智能硬件,可以采集心率、呼吸和表面肌电信号,监测肌肉激活程度,同时,依托人工智能算法,可以在手机端自动生成运动分析报告,为用户提供完美的科技体验。BodyPlus 在给用户带来完美科技体验的同时,实现了人、机、云端的无缝交互,实现了情景感知,让可穿戴智能设备拥有“智慧”。

四、CHOOCH 智能电单车

上榜评语:CHOOCH 智能电单车由苏州赛诺伊电动科技有限公司发布,属于中高端助力骑行电单车,该车的核心技术“中置驱动力矩传感电机系统”结合了在新能源汽车上使用的空间矢量控制算法,使中置电机与轮毂分离,保证任何状态下电机没有磁阻,避免了轮毂电机的磁阻对骑行的影响。CHOOCH 系列产品使用了隐藏式中置电机、碳纤维超轻材料、曲面设计的科技核心和极简风格,独有的立体面造型设计突出了金属的质感。此外,即便是在无电状态,整车的仪表和灯光仍然能工作,保证了骑行者的安全。仪表的设计采用了禧玛诺指拨的设计原理,骑手不需要将手离开车把就能更换档位,更不需要用视力去寻找换挡按钮,极大地提高了骑行中的安全性。

五、Q JACKER 智能场馆

上榜评语:从路线引导到比赛期间的商品购买,再到实时提供比赛的数据,这些要求使智能化成为场馆升级的必然方向,而如果有大批的场馆要进行智能化改造,除了在基础设施上需要进行升级,在移动端也要研发相关的应用软件。而 Q JACKER 智能场馆,就属于一种即插即用的万能解决方案。无论是室内还是室外场馆,无论运动项目属于何种类别,Q JACKER 都能够在原有技术基础上开发出相应的智能应用软件。目前,这项技术已经能够实现球票扫码和饮料、小吃的远程购买，以及车位寻找和提示最佳入场、散场路线的功能。

六、SAP Sports One 系统

上榜评语：SAP 技术能够对运动员进行实时的数据追踪和采集，并在瞬间反馈到屏幕前。SAP 能够通过运动员的跑动线路、奔跑速度以及心率和体能情况量化运动员的表现。目前，德甲的霍芬海姆和冰球世界冠军队伍捷克国家队都已经使用了 SAP Sports One 系统。首先，SAP 能够为教练团队呈现日常训练中球员的具体表现和身体状况，以此来帮助教练制订训练计划和比赛中的战术。不仅如此，通过 SAP 生成的数据，球探能够对球员的能力有更加准确的了解，在进行转会谈判的时候，关于球员的报价也有了新的参考标准。

七、超宽带无线技术

上榜评语：超宽带技术是一种新型的无线通信技术，以这项技术为基础的数据监控设备体积小，重量几乎可以忽略不计，能够与球员在比赛场上穿戴的装备或球衣合成一体。通过超宽带技术，体育比赛的数据传送速度也得到了提升，而有了这种技术，球员在赛场上的精确定位也不再只依赖 GPS 设备。对于那些室内体育比赛的数据采集而言，这可以说是革命性的变化。目前，体育数据的巨头 STAT Sports 已经开始对西班牙男足、巴萨和芝加哥公牛队的客户提供通过超宽带技术采集来的数据。相比传统的方法，这种技术所提供的数据更加精确。

八、eROCK 智能篮球

上榜评语：此款篮球搭载全方位运动识别芯片、计算模块和蓝牙模块，支持开球取“芯”。这款篮球可实时获取篮球使用者的运动数据，通过蓝牙发送给手机端的应用软件，将数据呈现在手机上，并通过语音播报给出相应的教学建议，是篮球爱好者晋升为篮球达人的篮球训练神器。eROCK 篮球具备六大功能，分别是数据记录、动作识别、随身教练、场景模拟、挑战球星、训练课程，从这些功能上不难看出，它可以同时采集大量的运

动数据,并加以分析和模拟,最终让使用者受益。

九、Trops-1 足球数据核芯

上榜评语:Trops-1 足球数据核芯来源于深灵科技旗下的 TROPS 足球黑科技产品系列。以传感器技术、人工智能和大数据应用为技术核心的智能足球可穿戴设备已经造福诸多业余赛事、球场、民间球队和足球爱好者。它可以识别多达 15 种足球运动状态,包括带球、传射、转身,冲刺等,从而精确分析出球员在控球、传射、爆发力、速度、耐力、活跃度等 6 大维度的 20 项数据,准确地反映出球员的技术特点和训练成果。Trops-1 给运动员们提供精确的数据,可以为他们带来更多的乐趣,提高他们对足球的关注度。这样的智能科技还可以帮助人们更加全面地了解自己,也可以帮助教练制定科学合理的训练方案。

十、Loop 智能跳绳

上榜评语:Loop 智能跳绳运用国际知名的低功耗蓝牙芯片技术,通过电磁感应计数核心配合精确算法,实现跳绳时的实时数据传输,摆脱了传统跳绳计数方法的麻烦、不准确等问题。Loop 智能跳绳通过将传统运动与智能科技相结合,以智能硬件搭配专属应用软件,为用户提供多样化的训练模式、趣味性的竞技挑战,不但改变了大众对跳绳的原有认知,也从一定程度上给健身人群带来了新鲜感和趣味感,从而使他们能够更好地坚持运动。

主要参考文献

一、期刊论文

[1]陈浩等:《京杭运河生态体育旅游可持续发展研究》,《北京体育大学学报》2015 年第 4 期。

[2]顾江等:《江苏文化产业竞争优势及其发展战略》,《艺术百家》2009 年第 4 期。

[3]黄鹤:《重庆市主城区运动休闲系统构建研究》,《重庆师范大学学报》2011 年第 2 期。

[4]庞学铨:《休闲学研究的几个理论问题》,《浙江社会科学》2016 年第 3 期。

[5]水海刚、赵德银:《中国近代旅游业与区域经济的新思考——读〈滨海型城市青岛旅游业的演进〉》,《中国社会经济史研究》2015 年第 2 期。

[6]孙思哲等:《我国城市群众体育赛事改革研究》,《体育文化导刊》2016 年第 5 期。

[7]王学彬、郑家鲲:《基本公共体育服务标准化建设:内容、困境与策略》,《体育科学》2015 年第 9 期。

[8]韦凯、张星:《华县皮影雕刻艺术造型研究》,《艺术理论》2008 年第 1 期。

[9]吴承忠:《国外休闲政策实践及其启示》,《武汉大学学报(哲社版)》2015 年第 2 期。

[10]张大超、李敏:《我国公共体育设施发展水平评价指标体系研究》,《体育科学》2013 年第 4 期。

[11]张冬菜:《从民间传说的视角看皮影戏的起源》,《当代戏剧》2008 年第 3 期。

[12]张峰、王茜:《中国民间皮影艺术人物造型分析》,《桂林电子工业学院学报》2005 年第 8 期。

[13]张振峰:《体育消费需求升级视角下体育产业转型发展路径》,《西安体育学院学报》2017 年第 4 期。

[14]郑道振:《构建运动休闲城市的动力因素分析》,《广州体育学院学报》2016 年第 4 期。

二、政策文件

[1]工业和信息化部、财政部:《关于推进工业文化发展的指导意见》,2017 年 1 月。

[2]国家发改委、体育总局:《“十三五”公共体育普及工程实施方案》,2017 年 1 月。

[3]国家发改委:《“十三五”国家战略性新兴产业发展规划》,2017 年 2 月。

[4]国家发改委:《服务业创新发展大纲》,2017 年 6 月。

[5]国家发改委等 8 部委:《“十三五”时期文化旅游提升工程实施方案》,2017 年 3 月。

[6]国家发改委等 9 部委:《支持社会力量举办马拉松、自行车等大型群众性体育赛事行动方案(2017 年)》,2017 年 7 月。

[7]国家旅游局:《全域旅游示范区创建工作导则》,2017 年 6 月。

[8]国家体育总局:《“一带一路”体育旅游发展行动方案》,2017 年 7 月。

[9]国家体育总局:《全国综合性运动会组织管理办法》,2017 年 2 月。

[10]国家体育总局:《全民健身指南》,2017 年 8 月。

[11]国家体育总局办公厅、教育部办公厅:《2017 年全国青少年体育活动计划》,2017 年 2 月。

[12]国家体育总局办公厅:《2017 年青少年体育工作要点》,2017 年 3 月。

[13]国家体育总局办公厅:《2017 年体育文化工作要点》,2017 年 5 月。

[14]国家体育总局办公厅:《体育总局办公厅关于推动运动休闲特色小镇建设工作的通知》,2017 年 5 月。

[15]国家文物局:《国家文物事业发展“十三五”规划》,2017 年 2 月。

[16]国务院:《“十三五”国家知识产权保护和运用规划》,2017 年 1 月。

[17]文化部:《“一带一路”文化发展行动计划(2016～2020 年)》,2017 年 1 月。

[18]文化部:《关于推动数字文化产业创新发展的指导意见》,2017 年 4 月。

[19]文化部:《文化部“十三五”时期文化发展改革规划》,2017 年 2 月。

[20]新闻出版广电总局:《关于进一步加强网络视听节目创作播出管理的通知》,2017 年 6 月。

[21]中共中央办公厅、国务院办公厅:《关于深入推进农业供给侧结构性改革 加快培育农业农村发展新功能的若干意见》,2017 年 2 月。

[22]中共中央办公厅、国务院办公厅:《关于实施中华优秀传统文化传承发展工程的意见》,2017 年 1 月。

[23]中共中央办公厅、国务院办公厅:《国家“十三五”时期文化发展改革规划纲要》,2017 年 5 月。

[24]中共中央办公厅、国务院办公厅:《中共中央国务院关于实施乡村振兴战略的意见》,2018 年 2 月。

[25]中宣部、财政部:《中央文化企业国有资产监督管理暂行办法》,2017 年 3 月。

三、专著

[1]傅谨:《草根的力量——台州戏班的田野调查与研究》,广西人民出版社 2001 年版。

[2]高承:《事物纪原》,中华书局 1989 年版。

[3]高小康:《霓虹下的草根:非物质遗产与都市民俗》,江苏人民出版社 2008 年版。

[4]刘德龙:《民间俗信与科学文化》,山东教育出版社 2001 年版。

[5]孙楷第:《傀儡戏考原》,上杂出版社 1953 年版。

[6]魏力群:《中国皮影艺术史》,文物出版社 2007 年版。

[7]昝胜锋:《泺尚·创意中国调研报告(2016)》,山东大学出版社 2016 年版。

[8]昝胜锋:《泺尚·创意中国调研报告(2017)》,山东大学出版社 2017 年版。

[9]昝胜锋:《文化产业商业模式》,福建人民出版社 2016 年版。

[10]昝胜锋:《文化经济学》,中国人民大学出版社 2016 年版。

[11]张士闪:《乡民艺术的文化解读》,山东人民出版社 2006 年版。

[12]张未:《续明道杂志》,中华书局 1990 年版。